# 从『国富』到『民富』

## ——日本『国民收入倍增计划』的历史意义与启示

刘绮霞 著

武汉大学出版社
WUHAN UNIVERSITY PRESS

**图书在版编目(CIP)数据**

从"国富"到"民富":日本"国民收入倍增计划"的历史意义与启示/刘绮霞著.—武汉:武汉大学出版社,2020.12(2022.4 重印)
ISBN 978-7-307-21992-2

Ⅰ.从…　Ⅱ.刘…　Ⅲ.国民收入—研究—日本　Ⅳ.F131.347

中国版本图书馆 CIP 数据核字(2020)第 239589 号

责任编辑:韩秋婷　　责任校对:汪欣怡　　版式设计:韩闻锦

出版发行: **武汉大学出版社**　(430072　武昌　珞珈山)
(电子邮箱: cbs22@ whu.edu.cn　网址: www.wdp. com.cn)
印刷:武汉邮科印务有限公司
开本:720×1000　1/16　印张:18.25　字数:297 千字　插页:1
版次:2020 年 12 月第 1 版　2022 年 4 月第 2 次印刷
ISBN 978-7-307-21992-2　定价:60.00 元

# 前　　言

日本在经济高速增长时期实施的“国民收入倍增计划”，也是日本社会在转型过程中所实施的一项长期发展计划，它涵盖了政治、经济、教育、科技、人才培养以及社会保障等多方面当时日本社会急需解决和发展的一些焦点问题。

正是通过“国民收入倍增计划”的实施，日本解决了在20世纪50年代末所面临的农业与非农业之间、大企业与中小企业之间、地区之间的发展不平衡，社会各阶层收入差距较大，过度依赖海外市场，内需严重不足，自主科技实力不强等一系列社会问题。至20世纪70年代，日本企业已显著提高了劳动生产率、增强了企业的技术创新能力，居民收入整体得到了显著提高，拉动了内需消费，在社会上形成了一个庞大而稳定的中产阶层，收入分配上打造了突出中间部分的“橄榄型”社会结构，在经济快速发展的同时合理分配了社会财富，为日本成功跨越“中等收入陷阱”打下了坚实基础，从而推动日本步入了高收入发达国家之列。“国民收入倍增计划”的成功实施开启了日本经济腾飞的黄金时代，该计划在日本经济史上具有重要的战略地位和意义。

进入21世纪以来，依据中国的国情和经济发展的状况，中共十六大报告和十七大报告分别提出了“国内生产总值到2020年力争比2000年翻两番”和“实现人均国内生产总值到2020年比2000年翻两番”，确立了以此为基础的全面建设小康社会的目标。中共十八大报告提出了“在发展平衡性、协调性、可持续性明显增强的基础上，实现国内生产总值和城乡人均收入比2010年翻一番”的目标，首次对“城乡居民收入”提出了“翻一番”的具体量化指标，而且首次将国内生产总值(GDP)倍增与居民收入倍增同时提出。① 中共十九大报告中进一步指出，“到 2020 年是全面建成小康社会的决胜期”。当前我国正处于经济转型的关键时期，随着收入分配制度改革的日益深化，我国正待解决的问题及设定的发展目标为：实现“居民收入倍增”，提高居民收入，拉动内需，解决收入分配不合理的问题；推动我国跨越“中等收入陷阱”，提高科技创新的综合实力，进入高收入发达国家的发展目标；在“国富”的同时实现“民富”，通过“藏富于民”使普通劳动人民同步享受到我国经济增长红利的愿景。为实现以上的宏伟经济目标，有必要参考和借鉴日本在 20 世纪六七十年代实施“国民收入倍增计划”这个十年长期规划中的成功做法，从中获取启示和对策。

本书首先揭示日本“日本国民收入倍增计划”产生的历史背景及其政策出台的全过程，然后解析计划的核心内容，聚焦日本在这一时期引导产业结构高度化、推动中小企业现代化、振兴科学技术发展及培养科技人才等具体举措及实施路径，并进一步探讨“国民收入倍增”计划的实施对日本社会经济发展模式大转型所产生的推动效果和负面效应，总结该计划在日本经济史上重要的战略定位和历史意义。同时，本书将参考和借鉴日本在实施“国民收入倍增计划”中的成功做法，吸取其经验和教训，通过分析研究得出切实制定中国式“居民收入倍增计划”，跨越“中等收入陷阱”，打造科技创新型强国，促进中小企业的现代化发展等目标的政策和实施路径，力图为推动我国经济的成功转型、实现经济的高质量发展建言献策，努力使经济增长与居民收入增长相协调，使人民能真正分享到经济增长的红利，实现“国强民富”。

对日本“国民收入倍增计划”的研究，从经济层面上给我国最大的可借鉴之处应该在于，用提高居民收入来带动经济总量的持续增长，以居民收入倍增为第一目标，实现居民收入的增加和经济增长有效平衡的发展。市场经济的目的就是要调动人的积极性、拉动内需、拉动人均消费，只有这样，经济才能获得持续发展的动力。同时，从经济与社会协调健康发展的长远视角来看，为防止经济发展逐渐失去比较优势，我国可以借鉴日本

① 康成文：《中日国民收入倍增计划及其意义的差异分析》，载《哈尔滨商业大学学报》(社会科学版)2018 年第 1 期，第 77~78 页。

在实施“国民收入倍增计划”期间的相关经验，缩小贫富差距，增大消费需求，加快技术创新，引导产业升级，力求通过调整产业结构与科技创新打造新经济增长模式；并通过提高对外贸易开放度、配置与建立一系列的关注民生福利的社会保障制度，以确保经济和开放型社会的协调健康发展。只有这样，才能成功跨越“中等收入陷阱”，实现经济的成功转型，实现财富积累由政府向民间的有序转移，实现个体的福利水平与国力和财力的同步提高，真正做到“藏富于民”和“国强民富”。

本书能为我国实现居民收入倍增、跨越“中等收入陷阱”、建设科技创新型强国、实现“国强民富”等目标，提供政策制定的依据和可供借鉴的启示，包括宏观发展战略和微观实施路径。本书能为我国经济发展所面临的来自收入分配方面的问题提供重要支撑和理论依据，并能成为为全面建成小康社会宏伟目标建言献策的重要资料，产生广泛的社会影响和效应。建立收入分配的合理格局、提高科技创新综合实力、在“国富”的同时实现“民富”、使普通劳动者享受到经济增长红利等目标的实现，将为我国社会的发展注入新的生机和活力，也将有助于深化改革、维护社会稳定并加速经济体制的成功转型。

# 目　　录

## 第二部分　日本"国民收入倍增计划"对我国的启示

# 绪　论

## 第一节　相关文献综述

日本于20世纪六七十年代制定并实施的“国民收入倍增计划”在其经济史上具有重要的战略地位，对于“国民收入倍增计划”的制定过程、核心内容、实施举措以及产生的社会效果等方面的问题研究早已引起了日本乃至我国学术界的广泛关注，且研究成果也颇丰。以下主要就中日两国学者对“国民收入倍增计划”的相关研究进行概述性综述。

### (一)日本对“国民收入倍增计划”的研究现状及评述

日本对“国民收入倍增计划”的研究主要集中在20世纪60年代。研究多从促进公共投资、提高工业化程度和社会福祉水平、促进中小企业现代化发展等方面进行了探索。具有代表性的论文研究如下：京都大学教授岛恭彦早在“国民收入倍增计划”实施之初就在《收入倍增计划和公共投资》一文中提出，日本当前最主要的问题是由收入、行业及地区间差距造成的二重结构，而解决这些问题最有效的手段就是公共投资；一桥大学山田雄三教授在《收入倍增的意义》一文中，从经济学的角度阐述了收入倍增的意义不仅体现在国民收入、国民总生产、经济增长率等的增加上，对当前日本而言，更应该体现在提高工业化程度和社会福祉水平的经济发展模式的探索上；武藏大学藏园进教授则在《收入倍增计划和中小企业》一文中指出，在该计划的实施过程中，中小企业应该通过充实资本、扩大规模、改进设备、改善劳动环境等缩小与大企业的差距，从而推动日本产业结构的转型；京都大学青山秀夫教授在《国民收入倍增计划中的计划表及对其的再评价问题》一文中，通过评价“收入倍增计划”中制定的26项数值目标与经济发展的实际进程，强调长期计划的制定应考虑实施过程中经济要素的变化。

随后，伴随着日本经济高速增长的终结，日本社会进入低速增长时期，开始面临着经济发展战略转型、贸易摩擦、泡沫经济及其崩溃等一系列新的经济问题。因此，在20世纪七八十年代对于经济高速增长的特定背景下所实施的“国民收入倍增计划”的关注整体上有所减少。

尽管如此，该计划在日本经济史上的地位不容忽视。日本政界一直在追踪并关注该计划的实施状况，对计划实施前后的经济状况进行比较及分析。在诸多关注中具有代表性的是1970年5月日本经济企划厅综合计划局计划科副科长远山任人在日本经济评论社发行的杂志《经济研究会》上发表文章《收入倍增计划的目标和实绩》，该文对计划实施前(1960年)制定的目标和实施后(1970年)的实绩进行了比较和分析，并对计划目标的达成度进行了评价，同时指出了今后日本经济发展所面临的问题。

其后，20世纪90年代末，以东京大学林健久教授、伊藤正直教授为核心的综合研究开发机构(NIRA)“二战”后经济政策资料研究会的成员们，再次评价了这一由当时日本2 000余名社会各界精英制定的长期经济规划。他们普遍认为该计划在日本经济史上具有划时代的战略地位，并用三年半的时间编辑出版了《国民收入倍增计划资料》。这是一套包含“国民收入倍增计划”制定和实施过程，以及各部会、小委员会的审议过程和具体数据等核心内容的详细资料，合计91册。遗憾的是，该资料仅停留在对史料的收集和整理上，缺乏对该计划整体上的功过评价和负面效应的反思。

最后，应该提及的是东京大学教授武田晴人于2014年5月出版的专著《解读日本收入倍增计划》，该书较为全面地概述了收入倍增计划的立案过程，简单地对其内容进行了归纳，通过比较揭示了该计划的达成度，并在书后附上了“国民收入倍增计划”的原文资料。可以说该书的出版在当代日本社会再次确立了“国民收入倍增计划”的重要地位，并增加了日本社会对该计划的关注度。但一方面该书存在对于当时日本产业政策、科技政策、中小企业发展以及财政、金融等相关具体措施研究不够深入的问题；另一方面因作者缺乏对中国经济发展情况的了解，书中未曾涉及对中国实施“收入倍增计划”的影响及意义的探讨，因此略显遗憾。

### （二）中国对“国民收入倍增计划”的研究现状及评述

在我国最先关注“国民收入倍增计划”的是经济学家孙执中教授。孙执中从事日本经济研究近50年，早在20世纪70年代末邓小平同志提出“要使中国经济在20年内翻两番”的号召时，为了给中国经济发展提供借鉴和参考，他就率先翻译了《国民收入倍增计划》一书。其后，孙执中陆续发表了有关该计划的背景、理论、实施效果等多篇论文，为我国制定“翻两番”的战略决策提供了参考。

近年来随着收入分配制度改革的日益深化，我国学者再次聚焦日本“国民收入倍增计划”。邓聿文、金柏松、张车伟、顾建平、周长城、张凤林、刘宗平、康成文等学者先后就日本“国民收入倍增计划”发表论文，他们的研究一方面集中在对该计划的出台背景、核心内容和实施效果的评价上，另一方面则力图探讨其对我国深化收入分配制度改革、实施中国式“收入倍增计”的相关启示和借鉴意义。其中，学者邓聿文撰文将对日本“国民收入倍增计划”的评价上升到促进整体经济大转型、构建新经济发展模式的高度，认为通过实施该计划，日本得以构建良性循环的国民经济运行体系。对日本经济有深入研究的金柏松则认为，就该计划而言，有四点经验可供我国借鉴：促进中小企业现代化；提高国家创新能力、培养技术人才；加大公共服务设施建设投入；缩小和缓解各种收入差距及经济发展不平衡问题。学者康成文基于比较的视角，在对中日两国实施“国民收入倍增计划”的异同点进行分析的基础上，指出日本实施“国民收入倍增计划”的成功经验及其教训对中国实施倍增计划具有重要的参考和借鉴价值。①

此外，我国有一部分学者已经在关注收入分配改革中出现的“中等收入陷阱”问题，部分学者认为中国经济面临的最大风险来自收入分配方面。华南师范大学经济研究所所长刘志铭教授指出：收入分配改革的进度

---

① 康文成：《中日国民收入倍增计划及其意义的差异分析》，载《哈尔滨商业大学学报》（社会科学版）2018年第1期。

已成为影响中国经济体制改革整体进度的一个重要环节，也是中国能否摆脱“中等收入陷阱”的关键。国家发改委宏观经济研究院副院长王一鸣在《跨越“中等收入陷阱”的战略选择》一文中，提出拉美地区和东南亚一些国家是陷入“中等收入陷阱”的典型代表，而日本在由中等收入国家迈向高收入国家进程中，较好地控制了收入差距的扩大。日本通过20世纪六七十年代实施的“国民收入倍增计划”较好地缩小了居民收入差距、城乡差距、地区间差距，使初次分配更趋向均衡，基本完成了收入分配改革，为跨越“中等收入陷阱”创造了较为稳定的社会环境。诺亚财富管理中心研究员袁力在专题研究报告《中国：增长潜力仍巨大》中设立专章研究“日本突破‘中等收入陷阱’的特点”，提出20世纪60年代的“国民收入倍增计划”使工人实际工资高速增长，日本居民收入的迅速提高为日本突破“中等收入陷阱”提供了条件，同期日本经济也经历了高速增长。李华教授在《新常态下我国跨越中等收入陷阱的挑战与对策》一文中，指出我国已经进入经济增幅放缓的新常态，为避免陷入“中等收入陷阱”，有必要借鉴日本跨越“中等收入陷阱”的成功经验，而其间日本通过“国民收入倍增计划”的实行加大了对农业现代化的支持力度，提高了农业生产率和农民收入，加大了对中小企业的支持力度，提升了劳动者最低工资，协调了大小企业之间的分工合作。①

以上研究表明，日本的“国民收入倍增计划”在日本和我国的学术界引起了广泛关注，研究成果也颇多。但日本的研究多针对该计划的部分内容或某一经济现象进行阐述和分析，存在缺乏与时俱进的现实意义的研究盲点。尽管NIRA收集和整理了大量该计划的相关资料，但缺乏对其所产生的负面效应的论述及反思；武田晴人教授的专著虽然再次引起了日本国内对于该计划的重视，但因缺乏对中国经济发展情况的了解而未曾涉及对中国实行“收入倍增计划”的影响及意义的探讨，这一点略显遗憾。我国的研究则多侧重于对该计划内容和相关启示的概述性分析，缺乏对该计划制定和实施全过程的系统把握和全面分析，更缺乏对

① 李华，马进：《新常态下我国跨越中等收入陷阱的挑战与对策》，载《技术经济与管理研究》2018年第8期。

计划中产业政策、中小企业发展等具体措施的深入剖析。所以，两国的研究都具有各自的侧重面，并具有一定的片面性。本书在中日两国有关日本“国民收入倍增计划”研究的基础上，取各方研究之所长，从宏观和微观两个层面进一步展开研究和探讨。

## 第二节　本书的研究意义与主旨

### (一)研究意义

本书以日本在20世纪六七十年代实施的“国民收入倍增计划”为研究对象，纵观20世纪50年代末的日本社会，当时也面临着农业与非农业之间、大企业与中小企业之间、地区之间的发展不平衡，社会各阶层收入差距较大，过度依赖海外市场，内需严重不足，自主科技实力不强等一系列中国现阶段所面临的诸多类似问题。正是因为“国民收入倍增计划”的成功实施，至20世纪70年代日本企业显著提高了劳动生产率、增强了企业的技术创新能力，日本社会整体的居民收入得到了显著提高，从而拉动了内需消费，形成了一个庞大而稳定的中产阶层，收入分配上打造了突出中间部分的“橄榄型”社会结构，在经济快速发展的同时合理分配了社会财富，为日本成功跨越“中等收入陷阱”打下了坚实基础，并推动日本步入了高收入发达国家之列。可见，“国民收入倍增计划”开启了日本经济腾飞的黄金时代，在其经济史上具有重要的战略地位。

本书立足于当前我国正处在经济转型的关键时期，随着收入分配制度改革的日益深化，探讨我国如何实现居民收入倍增、提高居民收入、拉动内需、解决收入分配不合理的问题；如何推动我国跨越“中等收入陷阱”，提高科技创新的综合实力，进入高收入发达国家行列；如何在“国富”的同时实现“民富”，使普通劳动人民同步享受到我国经济增长红利，真正做到“藏富于民”的发展愿景。这些问题的解决及目标的实现，有必要参考和借鉴日本在实施“国民收入倍增计划”的十年长期规划中的成功做法，并吸取其经验教训，制定出有效的宏观发展战略和微观实施路径，为我国经济社会的发展提供必要的政策制定依据。这就是本书的研究意义之所在。

### (二)研究的主旨

本书遵循从问题提出到条件分析、史料核实、实证分析、实践检验、理论归纳，再到对策分析的研究思路和方法，基本形成了较为完整的分析框架，研究日本“国民收入倍增计划”在其经济史上的地位，以及该计划为我国经济发展提供的借鉴性启示。因此，本书的研究具有较强的学术价值。

“国民收入倍增计划”在日本经济史上具有重要的战略意义，通过实施该计划，日本不仅实现了国民收入的快速增长，而且有效规避了收入分配差距扩大这一世界性难题，实现了“国强民富”。他山之石可以攻玉，作为日本经济腾飞的基础和转折点的“国民收入倍增计划”能够为我国经济的发展和成功转型提供有益的借鉴和启示。我国可参考和借鉴日本的成功做法，吸取其经验和教训，切实制定并实施中国式“居民收入倍增计划”，使经济增长与居民收入增长相协调，使人民真正分享到经济增长的红利，这将对我国实现居民收入倍增，跨越“中等收入陷阱”，打造创新型强国，实现真正的“国强民富”具有重要的现实意义。因此，本书的研究具有重要的应用价值。

本书通过揭示“国民收入倍增计划”的核心内容和主要措施，归纳该计划实施后对日本社会经济所产生的推动效果和负面效应，主张从中吸取经验教训，制定出相应的宏观发展战略和微观实施路径，为我国经济社会的发展提供必要的政策制定依据和有益的借鉴参考，这就是本书的研究主旨。

## 第三节　本书的研究方法与创新之处

### (一)本书运用的研究方法

本书运用的研究方法有理论文献研究法、数据分析法、实践调研法、实证分析法、比较研究法等，具体包括：

(1)理论文献研究法：通过阅读大量日文的第一手资料，整理该计划实施的历史背景、社会环境以及经济状况等相关资料，对国内外的研究成果进行收集、归纳、整理，提升本书的理论性。

(2)数据分析法：通过收集、整理，将计划实施前后的主要经济指标和实绩等相关数据进行比较和分析。

(3)实践调研法：走访日本贸易振兴机构、日本中小企业机构、中国社会科学院的相关研究所、财政部财政科学研究院等研究机构，全面把握中日两国关于提高居民收入、实现国民收入倍增、跨越“中等收入陷阱”、促进中小企业现代化发展等的相关政策。

(4)实证分析法：选取代表我国经济发展水平和日本经济发展实况的面板数据，运用计量模型进行实证分析，从制度变量的视角探讨收入分配差距与经济增长的相关性。

(5)比较研究法：把握我国现阶段经济社会所面临的困境和发展难题，通过与当时的日本社会进行比较和分析，得出具有借鉴性的经验。

### (二)研究思路

(1)收集并查阅有关日本“国民收入倍增计划”的日文资料和经济发展的相关数据，全面了解日本“国民收入倍增计划”出台的历史背景、相关政策的制定过程及其实施路径。

(2)关注该计划中“助推产业结构高度化和缓和二元结构”“推动中小企业现代化”“振兴科学技术”“培养科技人才”等具体举措，探讨适合我国实现产业结构高度化、提高企业技术创新能力、实现中小企业现代化发展的策略和实施路径。

(3)通过关注并分析该计划实施后给日本社会和经济发展带来的较大正面效应，以及计划给日本社会带来的通货膨胀、大都市人口过密、环境公害等负面效应，综合解析来自日本各界的评价及反思，总结其经验教训。

(4)通过实地调研，把握中日两国关于提高居民收入、收入分配制度改革、跨越“中等收入陷阱”、建设科技创新型强国等相关政策，为我国经济转型期政策的制定和实施提供理论依据。

(5)收集和整理处于经济转型期的我国经济发展所面临的困境和难题，厘清我国现存的内需不足、居民收入分配不合理、科技创新能力不强等问题，提出实现居民收入倍增，在经济快速发展的同时实现财富的合理分配，做到“藏富于民”，跨越“中等收入陷阱”，迈入高收入发达国家之列的发展目标。

(6)立足于我国经济发展的现状、难题及目标，通过对日本实施“国民收入倍增计划”的经验分析，运用理论研究和实证分析相结合的研究方法，探讨我国实现居民收入倍增、跨越“中等收入陷阱”、打造科技创新型强国、促进中小企业现代化发展等的宏观战略、微观策略和路径。

### (三)主要的创新之处

本书以我国收入分配制度改革的日益深入为背景，围绕实现居民收入倍增、跨越“中等收入陷阱”、实现“国强民富”等主题，通过分析日本“国民收入倍增计划”出台的历史背景和决策过程、计划的基本框架、核心内容以及助推产业结构高度化和中小企业现代化、振兴科学技术等的具体举措，同时追踪日本各界对其的整体评价及反思，通过比较分析归纳其经验教训，意图为我国实现居民收入倍增、成功跨越“中等收入陷阱”、建设创新型强国、实现“国强民富”的发展目标提供政策性启示和参考。

本书遵循从问题提出，到条件分析、史料核实、实践检验、理论归纳，再到对策分析的研究思路和方法，形成了较为完整的分析框架。本书既是关注中国现代民生重大问题的时事研究，又是纵观“二战”后日本60余年经济发展进程的系统性经济史研究，同时还含有关注该计划中对中小企业高度发展的具体举措及实施路径的微观研究，这是本书的主要创新之处。

## 第四节　本书的结构安排与主要观点

### (一)结构安排

本书通过揭示日本“国民收入倍增计划”的核心内容和主要措施，归纳该计划实施后对日本社会经济所产生的推动效果和负面效应，主张从中吸取经验教训，制定出有效推动我国实现居民收入倍增、跨越“中等收入陷阱”、建设科技创新型强国、实现“国强民富”等发展目标的宏观发展战略和微观实施路径，为我国经济社会的发展提供必要的政策制定依据和有益的启示。

基于以上的研究思路，本书的正文部分将从两大部分展开，每个部分包含四章。结构安排如下：

第一部分是日本“国民收入倍增计划”及其在日本经济史上的战略意义。主旨为解析“国民收入倍增计划”的核心内容及其在日本经济史上的战略意义，围绕这一主旨，本部分由第一至第四章的内容构成。

第一章：日本“国民收入倍增计划”出台的历史背景与决策过程。本章中，笔者首先详解该计划出台时的国内外历史背景，然后从决策指导思想、决策目标、决策组织、决策者等诸方面逐层剖析决策过程中的各项决策要素，并详细解析计划制定的方式及其出台所经历的决策过程。最后指出，实施中国式“收入倍增计划”应从指导思想、决策组织、制定方式、实施路径等方面结合中国的国情，可借鉴日本“国民收入倍增计划”的具体做法，从而为中国经济选择健康的发展方式、实现进一步稳定增长提供经验启示。

第二章：解析日本“国民收入倍增计划”。本章中，首先阐述“国民收入倍增计划”的构想，然后从第一部分计划的总论、第二部分政府公共部门的计划、第三部分民间部门的预测和引导政策、第四部分国民生活这四个部分分别阐述其核心内容，并就产业结构高度化、中小企业现代化以及财政金融问题的具体措施进行详细分析。

第三章：日本“国民收入倍增计划”的实施成果与功过评价。本章首先从整体和局部的经济发展态势和数据，详细解析“国民收入倍增计划”实施之后所取得的实绩成果和达成度，然后针对计划实施后出现的阶段性问题所进行的“补充性探讨”的相关内容进行阐释和归纳；其次，在肯定“国民收入倍增计划”是“二战”后对日本经济高速增长最具成效的长期经济规划的前提下，分析该计划对日本社会和经济发展产生的积极的正面效应，并剖析该计划实施后导致的工农业生产率差异较大、通货膨胀严重、大都市人口过密、环境公害等负面效应；最后归纳并阐述了社会各界对该计划的整体评价及所进行的反思。

第四章：日本“国民收入倍增计划”的历史地位与战略意义。本章首先肯定了“国民收入倍增计划”是“二战”后对日本经济高速增长最具成效的长期经济规划，分析了该计划在决策和制定过程中的理论逻辑和依据，指出它为日本经济呈现出一个新的发展模式。其次，表明“国民收入倍增计划”的实施取得了空前的成效，通过计划实施前后具体数据的比较分析，指出日本国民经济各部门提高了劳动生产率、实现了国民收入倍增，直接刺激了日本国内需求的增长，实现了国民经济和国民生活的均衡发展，在日本经济史上具有重要的历史地位。最后，总结“国民收入倍增计划”实质上也是日本经济社会大转型时期实施的一项具有举足轻重意义的发展规划，该计划的实施成功开启了日本经济腾飞的黄金时代，在日本经济史上具有重要的战略意义。

第二部分是日本“国民收入倍增计划”对我国的启示。主旨为通过比较和分析，从宏观到微观的不同层面诠释“国民收入倍增计划”对我国经济发展可参考的启示。本部分由第五至第八章构成。

第五章：对实现居民收入倍增的启示。本章首先分析我国经济发展现阶段所面临的来自收入分配问题的困境和难题，提出我国应实施“居民收入倍增”的课题。其次，在比较分析中日两国实施“收入倍增计划”的环境异同点的基础上，通过理论分析和实证研究相结合的方法得出其对我国缩小收入分配差距、实现居民收入倍增的路径和策略上的相关经验启示。最后指出可根据我国国情，参考日本制定和实施“国民收入倍增计划”的路径及经验，实施中国式“收入倍增计划”，在保持经济高速增长的同时努力实现居民收入水平与经济发展相协调。

第六章：对跨越“中等收入陷阱”的启示。本章首先提出跨越“中等收入陷阱”这一国际性课题，通过国际比较和形成要因的分析，从理论分析和实证研究相结合的视角解析了假设要素对经济增长的影响程度。其次，参照“跨越国”日本通过实施“国民收入倍增计划”为其跨越“中等收入陷阱”创造了较为稳定的社会环境和经济基础的历史经验，为我国跨越“中等收入陷阱”提出了可借鉴的对策和建议。

第七章：对构建科技“创新型强国”的启示与对策。本章首先提出我国建设科技“创新型强国”、构建科技创新体系的发展目标，指出有必要探悉“二战”后日本构建科技创新体系的演进历程。其次，纵观“国民收入倍增计划”中“振兴科学技术”“培养科技人才”的具体举措，其旨在确立日本自主科学技术的基础，当时通过引进国外先进技术并逐步革新日本国内相对落后的技术与生产方式，日本的产业得到大幅度升级，出口产品的国际竞争力也逐步提高，至 20 世纪 70 年代日本顺利完成了“经济追赶”，可以说科学技术创新促进了日本经济的恢复和振兴。最后，分析得出有必要借鉴日本不断提升科技创新能力以推动经济发展的有效经验，构建具有我国特色的科技创新体系，从而提高我国的综合科技实力。

第八章：对促进中小企业现代化的启示与路径选择。本章表明实现中小企业现代化是日本“国民收入倍增计划”的核心内容之一，日本中小企业现代化的发展历程、政策体系、法律法规以及实施路径对我国中小企业现代化发展具有重要的借鉴意义。首先分析了 20 世纪 50 年代日本经济所面临的问题以及中小企业的发展状况，指出了中小企业现代化发展对当时日本经济发展的重要性；其次阐明了 20 世纪 60 年代日本“国民收入倍增计划”中实现中小企业现代化的构想、制定的重点对策和相关法律法规，并着重剖析了其实施路径；最后通过分析 20 世纪 70 年代中小企业基本实现现代化后在缩小与大企业的差距、提升企业技术创新能力、提高企业经营绩效等方面所取得的成效，旨在为我国中小企业现代化发展的路径选择提供可参考的政策建议。

本书指出，既要借鉴日本“国民收入倍增计划”的成功经验，获取有益的启示，也要对其产生的负面效应和社会问题进行冷静的批判和反思，总结其经验教训，从负面效应归纳得出负面的启示，同样也能为我国的经济社会发展以及实现“国强民富”提供可参考的启示。

### (二)本书的主要观点

本书认为，对日本“国民收入倍增计划”的研究，从经济层面上给我国最大的启示在于，用提高居民收入来带动经济总量的持续增长，以居民收入倍增为第一目标，实现居民收入增加和经济增长有效平衡的发展。市场经济的目的就是要调动人的积极性、拉动内需、推动人均消费，经济才能获得持续发展的动力。同时，从经济与社会协调健康发展的长远视角来看，为防止经济发展逐渐失去比较优势，我国应该借鉴日本在实施“国民收入倍增计划”期间的相关经验，缩小贫富差距，增大消费需求，加快技术创新，引导产业升级，力求通过调整产业结构与科技创新打造新经济增长模式；并通过提高对外贸易开放度、配置与建立一系列关注民生福利的社会保障制度，以确保经济和开放型社会的协调健康发展。只有这样，才能成功跨越“中等收入陷阱”，推动经济结构的成功转型，实现微观个体的福利水平与国力的同步提高，真正做到“藏富于民”。

# 第一部分　日本“国民收入倍增计划”及其在日本经济史上的战略意义

日本在20世纪六七十年代实施的“国民收入倍增计划”，在日本经济史上具有重要的战略意义。正是通过该计划的实施，解决了20世纪50年代末日本面临的农业与非农业之间、大企业与中小企业之间、地区之间的发展不平衡，社会各阶层收入差距较大，过度依赖海外市场，内需严重不足，自主科技实力不强等一系列社会问题。为日本成功跨越“中等收入陷阱”打下了坚实基础，开启了日本经济腾飞的黄金时代。

# 第一章　日本"国民收入倍增计划"出台的历史背景与决策过程

"国民收入倍增计划"是日本在20世纪60年代经济高速增长时期制定的一项长期的经济计划，由当时的池田勇人内阁在1960年12月27日的内阁会议上通过审议后开始实施，该计划的成功实施，破解了一系列的难题，开启了日本经济腾飞的黄金时代。

本章详解该计划出台时的国内外历史背景，从决策指导思想、决策目标、决策组织、决策者等诸方面逐层剖析决策过程中的各项决策要素，并详细解析计划制定的方法以及出台所经历的决策过程。

## 第一节　"国民收入倍增计划"出台的历史背景

20世纪50年代中期开始，日本政府面临着降低失业率、实现充分就业、扭转不合理的收入分配格局等亟待解决的社会问题，国际环境的影响以及日本国内经济学家、政府和国民对于这些社会问题的普遍关注直接催生了"国民收入倍增计划"的出台。

"二战"结束后，日本通过实施"国民经济复兴计划"和"国民经济自立五年计划"等，并受惠于"朝鲜战争带来的特需"、美国支持等因素，到1955年经济已经基本恢复到战前水平，开始进入经济高速增长时期。之后，由于受"神武景气"①、"岩户景气"②的影响，日本经济更是连续实

① 是指"二战"后日本经济史上的第一个经济高度繁荣的阶段，从1954年11月到1957年6月，持续了31个月，其中1955年实际GDP比上年增长10.8%，1956年比上年增长7.5%，该时期以日本古代神武天皇的名字命名。

② 是指日本经济史上的又一个经济高度繁荣的阶段，从1958年6月持续到1961年12月，持续了42个月，其间实际GDP增长率在1959年为9.4%，1960年为13.1%，1961年为11.9%。

现年均10%左右的高速增长，国家整体经济实力大为增强。

同一时期，世界发达资本主义国家均处于经济发展的黄金时期，“二战”后科技革命和廉价的原油为各国的经济发展提供了动力，各国的经济增长率均在5%左右。而日本当时整体的技术水平和产业结构均落后于欧美，国际竞争力薄弱，对外贸易长期处于逆差，劳动者的工资水平、收入以及生活水平等与欧美发达国家相比仍存在相当大的差距，可以说普通国民并没能享受到经济高速增长的成果，社会上存在着国民收入较低、收入差距悬殊、地区间发展不平衡、大小企业间发展差距大等一系列问题。①1955年到1960年，日本所有产业的平均年工资增长率只有5.6%，低工资问题不仅让日本国民怨声载道，使劳资关系日益紧张，而且直接导致了消费水平的长期低迷。日本经济陷入企业劳动生产率低下、产能过剩、需求不足的困境，严重阻碍了经济的持续性发展。以上国内外经济状况促成了“国民收入倍增计划”的提出。②

在经济思想上，20世纪50年代中期建立“福利国家”体制、关注弱势群体和提高全民生活水平等成为国际社会经济发展的主流。为了解决前述的社会问题，日本社会各界开始对经济发展的目的进行深刻反思并展开了深入的探讨。在日本国内的经济思想上，“福利国家论”逐渐取代“强国论”，大家普遍认识到建立福利国家必须从提高国民收入水平、关注民生问题做起。为此，经济学家中山伊知郎提出“工资翻番”的理论，其指出可将工资翻番作为劳资双方的共同目标，而提高劳动生产率则是实现该目标的重要手段。同年，时任大藏省财务调查官、国民金融公库理事的下村治提出“有效需求带动经济增长”的理论，并大胆表明“日本经济正处于历史上未曾有的蓬勃发展时期，可望长期实现11%增长”③的观点。国际社会的发展主流和上述经济学家的观点为“国民收入倍增计划”的形成提供

---

① 藤井信幸:『池田勇人—所得倍増計画でいくんだ』，株式会社ミネルヴァ書房，2012年1月10日。

② 刘绮霞，赵晋平:《日本“国民收入倍增计划”出台的历史背景及其决策要素》，载《日本学刊》2016年第2期，第108~109页。

③ 下村治:「日本経済の基調とその成長力」（上），『金融財政事情』，昭和34年2月16日。

了一定的理论武装作用。

在政治上，1960年日本时任首相岸信介和美国总统艾森豪威尔在华盛顿签订了《日美共同合作和安全条约》，该条约引发了日本国内大规模的游行，参加人数之多、规模之大、时间之久、涉及阶层之广泛，在日本历史上是前所未有的，结果迫使艾森豪威尔取消访日行程，这就是日本历史上的"安保运动"。受该运动的影响，时任首相岸信介于1960年7月辞去首相一职，随后池田勇人被指定为新的日本首相和自民党总裁。池田勇人秉持柔和的政治姿态，致力于缩短政府和国民间的距离，努力倾听国民的声音，以期缓和社会紧张、挽回人心，从而尽快恢复公平有序的社会秩序。池田勇人早在参与首相竞选时就已接纳中山伊知郎的观点，在《日本经济新闻》上发表了《我的"月收入翻番论"》一文。面对企业界的普遍反对，池田勇人从实证角度对"10年之内实现国民月收入达到现在两倍"的观点进行了论证，并强烈呼吁国民理解和支持。在池田内阁成立之初，他马上提出了优先发展社会保障的观点，其指出：为充实社会保障，有必要保持经济的长期正常化发展，这是保持国民热情和行动能力的本源。可以说，在政治上，首相池田勇人的支持和推动为"国民收入倍增计划"的出台和顺利实施打下了基础。①

1960年9月5日，自民党颁布了《新政策大纲》。以此为基础，池田勇人发表了《新政策大纲》的演讲，为国民总生产在今后10年实现倍增指明了方向。为此，所有国民应该充分发挥能力，以期实现与西欧各国同等的生活水平和收入水准。作为增长目标，今后3年保持9%的年增长率是不容置疑的，为达成该目标，政府的任务应该是"创造实现经济增长的条件、减税、完善社会保障制度"，并将"实现每年收入的自然增长"作为重要任务。②

关于"国民收入倍增计划"，池田勇人认为并不是简单地将收入提高至两倍，而是要创造实现收入倍增的环境及条件。其观点具体表述为：

① 刘绮霞，赵晋平：《日本"国民收入倍增计划"出台的历史背景及其决策要素》，载《日本学刊》2016年第2期，第109页。

② 「日本経済新聞」，昭和35年9月6日。

“经济增长需要通过国民自身的努力实现，而政府的任务就是提供顺利实现增长目标的条件和环境”。① 在池田勇人看来，相对于增长率这样的数字目标，更应该在维持经济高速增长的环境和条件上努力。池田首相和下村治所提出的“经济增长”和“国民收入倍增”的理论逐渐为日本民众所接受，并得到了日本舆论界较高的评价。

## 第二节　“国民收入倍增计划”的决策及其制定

### 一、“国民收入倍增计划”决策的前阶段

#### （一）决策指导思想：“月收入翻番论”

20 世纪 50 年代中期，日本社会各界对经济发展的目的开始进行反思并展开了深入的探讨。经济思想上，“福利国家论”逐渐取代“强国论”，经济界人士普遍认识到建立福利国家必须从提高国民的收入水平做起。日本经济学界和政府官员所展开的探讨对池田勇人“月收入翻番论”的形成产生了较大的影响。其中，具有代表性的人物是东京大学教授中山伊知郎和时任政府官员下村治。

中山伊知郎在 1959 年 1 月 3 日的《读卖新闻》发表了“工资翻番论”，中山伊知郎认为：提高劳动生产率是经济增长的必要条件，为了促进日本经济的进一步增长，应树立将劳动生产率提升至可让工资增长两倍的目标。同年，时任大藏省财务调查官、国民金融公库理事的下村治也相应提出了“有效需求带动经济增长”的理论。在以上理论的基础上，池田勇人在当年的参议院选举中阐明了个人观点，提出在加大社会基础设施投资的同时，通过降低利息和减税、有效利用民间创意等政策，建立有利于经济发展的制度，让日本经济实现持续性增长和经济总量的扩大。此后，池田勇人在《日本经济新闻》上发表了《我的“月收入翻番论”》，文章指出：并

① 藤井信幸：『池田勇人―所得倍増計画でいくんだ』，株式会社ミネルヴァ書房，2012 年 1 月 10 日，239ページ。

不是马上实现月收入翻番，而是通过国民的努力和政府出台较好的政策来提高生产力，并增加国民总生产(GNP)和国民收入，从而实现月收入增加一到两倍。①

“月收入翻番论”反映出池田勇人极为相信来自民间的增长力。他认为即使没有强有力的政策引导，经济规模依然会自然扩大。政府需要做的仅仅是通过不断充实社会基础设施来预防和消除经济发展瓶颈的产生。“国民收入倍增计划”是在池田勇人“月收入翻番论”的指导思想下制定和决策的。

### (二)岸信介内阁的作用

谈到日本“国民收入倍增计划”，笔者与以往学者看法不同的是，在重视池田勇人内阁所起的推动作用的同时，应该指出20世纪50年代末期的日本首相岸信介及其内阁是该构想的最早提出者。

1959年5月末，当时日本内阁总理大臣岸信介明确指示“制定10年后国民收入倍增为目标的长期经济计划”，并向当时的干事长福田赳夫、政调会长中村梅吉发出了指示。最终，该时期长期经济计划的基本构想为：

(1)今后的10年将国民经济的规模扩大为现在的两倍，并争取在前5年内实现该目标的40%。

(2)再次探讨财政所应有的状态，与当年度的预算合并制定5年度的财政计划。

(3)关于国际收支应制定5年的长期目标。

(4)有必要形成经济圈，特别是要将同东南亚各国的经济合作纳入长期计划中。

在岸信介内阁的长期经济计划构想中已提出了“国民收入倍增计划”的目标和方案。该构想在被内阁会议通过后，作为政府“国民收入倍增计划”的制定方案开始执行，由日本经济企划厅负责执行，并行机构是自民党的政调会新设立的经济调查会，该调查会由青木一男任会长，两组织紧

① 「日本経済新聞」，昭和35年9月6日。

密配合，共同推动该计划的实施。

从上述过程可看出，一直以来众所周知的作为池田勇人内阁基本政策的“国民收入倍增计划”，其实是在岸信介内阁的政策构想基础之上发展而来的。一方面可以看出，日本政府在制定政策和计划方案时具有连贯性和继承性特点，而这一继承性使实际执行计划制定方案的部门——经济企划厅成为关注的焦点；另一方面，岸信介内阁的构想是后来“国民收入倍增计划”的前身，其提出了与“国民收入倍增计划”相似的观点，但对于当时日本经济状况的认识还存在一些实质性观点上的差异。

具体而言，岸信介首相曾表示：预计1959年国民经济的增长为10%虽是件好事，但正如同最近股票的动向等所体现出的状况一样，有必要注意经济过热的情况。因此，选举后应该实施有利于切实扩展国民经济基础的政策。① 可见，这位首相的构思与中山伊知郎、池田勇人等“扩大有效需求”的观点还存在着很大的差异，他的经济主张中更多地表现出担心“经济过热”的态度，这和当初制定“国民收入倍增计划”的构想之间是有差异的。

### (三)池田勇人入内阁

1959年6月5日，日本举行了参议院议员选举，作为执政党的自民党增加了10个议员席位，最终获得132个议员席位，超过了半数。自民党在这次选举中虽然取得了大胜，但党内对于岸信介首相的批判逐步增强，特别是池田勇人、河野一郎等围绕“安保问题”不断向其施压。为控制住第二年“修改安保法”后的局面，并制造出全党上下一心的局面，岸信介首相开始尝试将池田勇人、河野一郎等纳入内阁。

池田勇人虽然顺利加入了经过第二次改造后于1959年6月18日成立的岸信介内阁，但实际上一开始池田勇人对加入内阁并不是很积极。而河野一郎则一直期待下一任政权转到自己手中，与岸信介首相一派做了事前的交涉。在河野看来，此次池田勇人应该不会加入内阁，因此他们一方一

① 「日本経済新聞」，昭和34年6月1日。

直到最后也不表明态度，其目的在于提高其自身在自民党内的存在感。在这种紧迫的形势下，作为岸信介首相使者的田中角荣到池田勇人家中进行了拜访，田中角荣曾这样说：“我此次拜访的目的是因为考虑到政局的安危，特邀请您加入内阁，携手合作共事。目前，在您之外的任何人加入内阁都是没有作用的。请您为了国家的发展而进入内阁吧。如果您这样做了，下一任政权将由您来组阁。请不要犹豫，拜托您快下决心吧。”①这一番话说服了池田勇人，最终他决定加入到内阁中来。

在决定劝说池田勇人加入内阁之前，岸信介首相周围的财政部长石野信一、自民党干事长福田赳夫等认为，岸信介内阁提出的“倍增计划”的构想与池田的“倍增计划”的内容虽有不同之处，但这属于党内政策上的分歧，应该是可以相互妥协的。于是，在“安保骚动”造成的不稳定局势下，岸信介首相同意池田勇人进入内阁，也是为了打开实施“国民收入倍增计划”的道路。在此意义上，岸信介内阁起草的倍增计划应该是接受了池田勇人的“倍增论”中的观点。

实际上，池田勇人的“倍增论”与岸信介内阁经济政策上的“倍增”之间存在着观点上的根本分歧。按照福田赳山的构想，岸信介内阁的“收入倍增”是把“国民收入倍增计划”作为一个“10 年经济计划”的经济政策而制定的，认为该计划是一个在政府方针指引下制定的“长期经济计划”，即福田赳山和岸信介内阁仅局限于它是“经济计划”的认识；而池田勇人内阁正式决定的“国民收入倍增计划”虽然在名称上继承了前任政府的说法，同时在实施倍增计划的过程中继承了“计划性”的特征，但应该提及的是“计划性”只是“国民收入倍增计划”的特征之一。池田勇人的“倍增论”反映了他极为信赖“民间强有力的增长力”的思想，他认为即使没有强有力的政府政策的引导，日本的经济规模依然会自然扩大，收入翻番的力量会给日本经济带来十二分的增长力，所以政府需要做的仅仅是通过不断充实社会基础设施来预防和消除经济发展瓶颈的产生。

---

① 藤井信幸：『池田勇人—所得倍増計画でいくんだ』，ミネルヴァ書房，2012 年 1 月 10 日，207ページ。

池田勇人于1960年当选为首相后，马上任命下村治为开发银行理事，并采纳了他和中山伊知郎的建议，重新探讨经济增长预期值的问题。随后，池田首相召集了2000余名社会各界精英制定以均衡国家经济增长与国民生活水平、建立新经济发展模式为目标的长期经济规划“国民收入倍增计划”。

## 二、“国民收入倍增计划”的制定方法

“二战”后的日本经济，从复兴计划开始到现在论及的倍增计划，已经出台了10个以上的经济计划。不管是哪个计划，其共通点在于制定时会有两个基本的思考问题：第一个是经济增长率的问题，第二个是经济增长制约条件的问题。第一个问题实际上是弄清楚经济增长的可能性及其结构的变化。即分析至今为止经济发展的内容，再预测其未来如何发展的问题。第二个问题在第一个问题的基础上展开，预测到的状况包含一些不被期待出现的要素，在可能的情况下找出它产生的原因，再根据政策方向寻找解决的方法，从而进一步找到期待的经济模式。通过寻找解决方向和方法，能够预测到政策实施之后的经济状态，并能够显示政策方向的就是所谓的“计划经济”。

### (一)日本“计划经济”的主要推算方法

在日本开始实施“国民收入倍增计划”之前，日本经济史上的“计划经济”由于对以上两个问题把握程度的不同，产生了不同时期各具特色的推算方法。其中，在方法论上具有显著特征的是日本昭和30年(1955年)“独立五年计划”中所使用的科尔姆方式，以及昭和32年(1957年)“新长期经济计划”中提出的假定增长率法这两种。

1. 科尔姆方式

这个方法是从供给和需求两方面来研究经济并意图构建经济的整体框架。所谓经济的供给面是指从劳动、资本、土地等生产要素的动向来探讨经济的可能增长率，且经济的增长率采用国民总生产的增长率来表示，把作为生产要素的劳动力特别列举出来。首先，劳动力的推移可从人口推算中预测，然后乘以人均国民总生产额，从而算出国民生产总值。制定方式

如图 1-1 所示。

生产模型

A 总人口(厚生省人口问题研究所推算)

↓

B 生产年龄人口(厚生省人口问题研究所 14 岁以上人口)

↓

C 劳动人口[ B×劳动力率 ……(1960 年为生产年龄人口的 67.8%)]

↓

D 就业人口[ C—完全失业者人数 ……1960 年为劳动人口的 1%]

↓

国民总生产 ←(D×就业人数人均年国民总生产额)

支出模型 (在此须考虑生产性的提高)

→ 投 资

国民总支出 (从选择的模型中进行判断)

→ 消 费

按部门计划

↓

进口规模(GNP×进口依存度)

〉矿工业生产水准

出口规模

说明：

①从人口中计算出劳动力(就业人员)，考虑到生产性的提高，从 GNP 中减除。

②考虑到 GNP=GNE，看支出结构(构成比引用资本系数的概念)。

③从①、②中求进出口值，以下按照不同部门来引导计划。

图 1-1 科尔姆方式的经济计划的制定方式①

如图 1-1 所示，首先必须决定的重要系数是用劳动力率和从业人员人均国民总生产来表示的劳动生产率。该系数能对将来经济的推移、存

① 资料来源：[日] 大来左武郎：『所得倍増計画の解説』，日本経済新聞社，昭和 35 年 11 月 7 日，141ページ。

在方式等做一定的判断，例如将完全失业者的数量停留在劳动人口中的1%，表示向完全雇佣靠近的含义。再算出国民总生产，必须决定下来的是与之相应的国民总支出的存在方式，同时把资本系数、消费倾向等系数作为媒介来决定支出的内容，但应注意的是国民总支出的内容必须与之前算出的国民总生产所期望的形式对应。支出的形式有几种可供选择的模型，政策性判断模型都是从中选择出来的。其次，从国民总支出的计算式中运用进口依存度，决定进口的规模，再决定能够维持这个模型的出口规模，并向更高程度进行提升，这样就形成了出口政策的目标。

如上所述，在各种预测值中以确定性比率较高的生产年龄人口的推移状况为基础，首先要探求可能增长到什么程度，然后明确实现它的条件，再在此基础之上把实现增长的政策给导出来，这就是该计算方式的一大特色。

暂且不论这个方法是否具有纯理论推算的特点，就其本身而言就存在一些问题。其中一个问题是在预测增长率的同时，使用劳动力作为生产要素。原本经济增长要被限定在一定水平，即要了解不能把经济增长推向更高水平的制约条件是什么。比如说，“二战”后日本所经历的国际收支的最高限度，如果过于注重提高经济增长率，不仅相应的进口会增加，出口也必须不断增加，最终会出现国际收支赤字，这样导致不可能出现超出现状的经济增长。同时，尽管人口很多，但因为资本有限，劳动力不能得到充分利用，最终经济增长只能在资本储蓄的限度内进行，而劳动力只能被不完全地利用。因此，经济增长通常要受到最低制约条件的限制。

如何解决最低制约条件限制是政策上的问题。同时，在预测经济增长时根据最低制约条件，来探讨可能性的增长成为一个重要课题。如果按照这种方式，当时日本采用所谓的科尔姆方式从劳动力这一方面来预测经济增长其实并不合适，因为根据丰富的生产要素来预测经济增长在理论上是有问题的。而发达国家能够采用科尔姆方式是相对资本所对应的劳动力不足的条件而进行的论证，这是劳动供给成为最低制约条件的证明。但在当时的日本，出现了资本相对不足的状况，则应该以预测资本的动向为基础来预测经济增长的能力。这意味着后来下村治展开的经济长期发展可能性研究中所采用的方法具有一定的合理性，即以投资额乘以产出力系数，算出国民总生产增加额的方法。①

2. 假定增长率法

以经济形势为依据假定几个增长率，探讨在各种增长率下会产生怎样的制约条件，到什么程度有解决的可能性，最终判断出合适的经济增长率，并以此为基础，制定各经济领域具体的计划，这种方法就是在“新长期经济计划”中所采用的假定增长率法。“新长期经济计划”的实施顺序的如表1-1所示。

表 1-1 **假定经济增长率法(新长期经济计划的方法论)**②

| 判定基准 / 增长率 | A (4.5%) | B (6.4%≑6.5%) | C (8.9%) |
|---|---|---|---|
| 投资储蓄平衡 | ○ | ○ | × |
| 雇佣平衡 | × | ○ | ○ |
| 贸易平衡 | ○ | ○ | × |
| 能源、钢铁、运输等被认为成为阻碍的行业 | | | |
| 综合判断 | 雇佣需求过少 | 雇佣略少，努力使贸易稍微增大有解决的可能 | 贸易层面上很难(出口过大) |

注：表中的A、B、C分别为假设的经济增长率。

A. 4.5%，与“二战”前的平均增长率相近的水平；

B. 6.4%≑6.5%，处于A、B的中间水平；

C. 8.9%，与1954—1955年的高速增长率相近的水平。

首先，以前期的经济发展势态为基础选定几个增长率(从中去除景气

① ［日］大来左武郎：『所得倍増計画の解説』，日本経済新聞社，昭和35年11月7日，142-143ページ。

② 资料来源：［日］大来左武郎：『所得倍増計画の解説』，日本経済新聞社，昭和35年11月7日，144ページ.

变动因素后延长的“基准状态”)，确定假定目标年份的经济规模。其次，进行与其经济规模所对应的主要平衡要素(包括雇佣、储蓄投资、贸易等)以及被认定为阻碍性行业的预测。为计算出各平衡数据，应使用资本系数和人口数据等媒介进行推算，以这些媒介所算出的平衡结果，最终选定使之处于平衡的最适宜的增长率。

根据这种方法得出的粗略结论是，5年后暂时达到平衡雇佣状态需要6.5%的年增长率，并且此增长率不会对储蓄投资平衡、贸易平衡产生阻碍。也就是说，若想实现进一步的增长，必然会受到储蓄投资和贸易平衡的条件制约。这表明目标年份的1962年左右，在投资、国际收支上体现出较低的制约条件。

1960年春季发表的《二十年后日本经济的展望》也基本采用了假定增长率法。其假定日本20年后几乎达到与西欧相等的经济规模。展望长期的经济发展，与其说是探讨能不能达成这样的增长率，倒不如说是找出如果实现这样的增长率会产生什么样的问题。根据这样的思路，社会间接资本的发展速度能够保持现状而不产生阻碍的话将是最好的状态。另外，关于就业问题，从今后生产年龄人口的变动来看，与高涨的就业需求相对应的是劳动供给不足的状况，如果劳动生产率不大幅提高的话，劳动力将会成为经济增长的瓶颈，进而影响产业结构高度化的进程。

综上所述，作为判断依据的各种预测数字，不管在什么情况下都是以资本系数、劳动力率、进口依存度这些系数为媒介来推算经济增长率的。以上两种计算方法在“国民收入倍增计划”中都不同程度得到采用。

### (二)“国民收入倍增计划”的制定方法

1. “国民收入倍增计划”的制定顺序

“国民收入倍增计划”是指在近10年内将经济规模翻倍作为目标，主要用于解决两个问题：第一，这样的经济增长能否达成；第二，为了实现该计划并避免对今后的增长产生阻碍，在政策上应采取什么样的经济发展方向。

为解决这两个问题，日本设立了方法论讨论小委员会和政策讨论小委员会，并进行了一系列的探讨研究。这两个小委员会得出的一致结论以计划的“主体框架”和“政策支柱”形式提交给了日本综合政策部会。“主体框架”包括今后约10年内日本的经济增长率究竟是什么样的程度，在此增长率基础上经济结构会变成什么样，并按照国民所得收入计算的大项目进行探讨的结果。“政策支柱”是指现在有必须解决的各种问题，例如从本质上探讨完善社会基础设施、改善企业体制等问题，还要体现出经济增长中应发展的方向，选出政策的中心课题。整个探讨过程中，在“主体框架”的基础上表明“政策支柱”的方向，且两者之间可互相取长补短。

经过以上两大方面的阶段性探讨，日本的17个小委员会再把政府公共部门和民间部门分开，并就各自不同的专业领域进行了详细的探讨。例如，工业高度化小委员会探讨的是今后矿工业生产的推移及工业高度化存在的方式；投资分配小委员会探讨的是如何进行投资的分配、怎样投资才能对经济的发展有益等各种外部条件的整备问题。在这些小委员会的探讨中，“政策支柱”和“主体框架”作为显示整体框架以及体现整体框架之间相互关系的两大部分被作为标准来参照和运用。例如，租金雇佣小委员会在独自推算雇佣需求时，运用了“主体框架”中以生产收入为基础的计算方法和过程。当然，也出现了各部会在各专业领域探讨出的结果与“主体框架”的预期值不同的情况。于是，各部会将讨论的结果综合起来，进一步修改“主体框架”的内容。实行这项操作的是计量部会，基于修正的态度，计量部会从各部会得出的结果是否与经济整体发展状况相契合这一点出发，来考虑计算结果是否妥当并进行修改。也就是将最初的“主体框架”与各部会的结论相对接，在探讨各自妥当性的同时描绘出经济发展的整体态势，从而进行修正。不言而喻的是，各部会提出的数字涵盖了各自的政策主张。①

2. 经济增长率的预期值

制定“国民收入倍增计划”，首先涉及预测经济增长率的问题，而研究经济增长率，有必要了解至今为止日本经济增长的主要因素。

众所周知，20世纪50年代中期是日本经济的复兴阶段，旺盛的复兴需求成为经济增长的强劲动力。然而一旦经济复兴阶段结束，必然会产生

① ［日］大来左武郎：『所得倍增計画の解説』，日本経済新聞社，昭和35年11月7日，145-146ページ。

需求过剩的问题，因此必须挖掘新的消费需求、实施技术革新，并使之成为维持经济高度增长的新元素。而挖掘新的消费需求，需要提高消费支出的增长率并增加消费支出项目；实施技术革新则是通过投资需求的增加速度、投资对象行业和设备种类等指标来判定的。投资有需求效应和供给效应这两方面的内涵，前者需要考虑投资乘数，后者必须考虑与投资产出系数的关系；而产出力系数和投资乘数并非固定值，它们受各种因素影响而产生变动。

关于产出力系数，通过技术革新导入更加有效率的设备是该系数提高的原因之一。在以往对劳动力依存度很高的产业向对资本依存度高的产业变化的过程中，随着产业构造变化，产出力系数会下降。并且，随着道路和铁路运输部门整备程度的提高，每个单位的设备资本效率也会提高，部门整备如果比设备资本的增加更迟缓，该系数也会下降。

关于投资乘数，如果消费增长呈现钝化的状态，投资乘数的值就会变小，即使产生同样的需求，却需要用到更多的投资。而需求的均衡是指通过投资来形成需求与供给的均衡状态。如果遇到投资乘数变小、产出力系数增大的情况，为增加需求而加大投资的这种行为会造成供给过剩、需求不足的状态。这样就决定了与之相应的经济规模，并且由于下一时期的投资又由这一时期已形成的经济规模所决定，所以就形成了通常所说的"加速度理论"。某种经济规模相应地会引来投资，但投资也并不一定只会受之前的经济规模的限制，资本的现存额、预测将来的收益性等同样都会对投资决议产生影响。

接下来经济将会进入下一个循环，会重新进行再投资，上述的产出力系数、投资乘数等要素会推动经济的继续发展。这是在经济增长过程中应该被提及的循环状况。按照以上的顺序来看日本经济的发展状况：第一，消费增长比投资增长缓慢；第二，产出力系数逐步下降。这样的倾向表明，一方面为促进经济增长应增加更多的投资从而增加需求，另一方面为弥补产出力系数的低下必须增加投资。这要求企业家在设备投资上为应对激烈的竞争和技术的变化，为在竞争中获胜以获取更多的收益，就必须更大程度地增加投资。

此外，有必要考虑的是产生供给过剩的危险后果。要消除这个危险后果，必须提高投资乘数，换句话说，就是让消费的增加率接近投资的增加率，从而防止产出力系数下降。为此，应该充实相对不充足的社会基础设施，让技术革新顺利进行。这是让企业的设备投资不白白浪费、能够有效率地促进经济增长的关键。从当时的消费倾向、消费增长率、投资乘数及产出系数的下降等方面综合判断，1960—1970 年的年均增长率预期为 6.5%~8%。

纵观经济的整体发展状况，根据设备投资和产出力系数算出增长率，同时用科尔姆方式，根据劳动力和劳动生产率算出增长率，并根据以上论及的要素得出结论。首先，1960—1970 年的劳动力平均年供给增加率预计达到 1.2%，并将呈现出前高后低的趋势。劳动生产率的年上升率在第二、第三产业部门中预计达到 5.5%~6%，而设备资本的增加率是 9%~10%。为对应劳动力需求的增大，仅仅依靠增加和补充新劳动力是不够的，还需要加大劳动力在产业间的流动。其次，结合需求层面和供给层面进行综合性探讨，结果显示，企业设备固定资本系数受产业结构高度化的影响虽略有提高，但进入“国民收入倍增计划”实施的后半期，随着社会资本、基础设施的充实，将会出现水平发展的趋势。而革新性技术的导入也会带来与产出力系数上升相抵消的状况，投资乘数随着消费增长率的上升也会变大，但是整体经济有望高速增长，以及企业对于劳动力的旺盛需求有可能推动工资的上涨和消费需求的增加。①

3. 计量部会的“主体框架”

完成了经济增长率的预测后，接下来主要探讨经济增长的政策性课题或制约条件，计量部会提出了主要经济项目的相关试算，这些被统称为“主体框架”。

“主体框架”有两个作用。第一，作为第一次试算，向各部会提出与整体经济规模相对的经济增长率，推测主要参数，对经济关系进行分类。其中重要的是决定参数，并对经济状况不发生冲突的关系进行分类。

例如，以过去的经济发展态势为基础，通过国际比较、定性判断等决定资本系数，算出与给出的经济规模相适应的投资需求。算出具体的投资额之后，可以推算出各产业中分配性的生产收入，进而从生产收入中算出

① ［日］大来左武郎：『所得倍増計画の解説』，日本経済新聞社，昭和 35 年 11 月 7 日，148-149ページ。

劳动收入、法人收入等分配性收入。算出分配性收入后也可以推算出个人收入，然后根据决定的个人税率得出个人可支配收入，进而得出个人储蓄额。然后，对照所推算出的支出方面的投资需求、分配方面的个人储蓄额和法人保留等储蓄额，观察是否会出现与储蓄投资平衡不相符的地方。如果有不相符的情况，应立即修改投资需求，使其与储蓄额相符。

因为经济整体是处于因果关系之中且相互关联的，如果某个部分变动，会导致整体发生变动。所以，在整体达成一致之前必须纠正试算中的错误，根据达成的一致调整与所给出的经济规模预期值相应的经济结构。于是，作为第一次试算所算出的数据和具体情况，会分配到各部会，其会在各专业领域进行更为详细的探讨。

第二，模型体系具有能够运用整体的互相关联性得出结论的作用。被决定参数都是具有预测性的因素，例如资本系数、就业的收入弹性值等，同时还有行政投资率、间接税、直接税等政策上能够变换的制度性参数。

在各部会的研究中，如果出现部会中探讨出的数值与"主体框架"中的数值不相符的情况，一般会把各部会算出的替代方案放入"主体框架"中进行尝试。例如，如果有人提出"主体框架"中的第二产业收入过低的意见，就会把部会所预期的比该数值更大的数值放入"主体框架"中进行试算。这样必然会引起支出方面的投资额的变化，进而对就业需求、分配结构也会产生影响。最终会出现依据修改后的数字重新尝试研究经济整体的契合性问题。要考虑这个结果对其他部门的影响，一般会进行相关参数的修改。例如，在财政方面，如果出现与其他各项相比对行政投资更为期盼的预期值，与此相应，可改变行政投资率，并且也有可能通过改变税率维持其经济整体的契合性。①

所以说，"主体框架"具有对各部会的意见、相关的政策（通过改变参数）进行探讨并检查各部会见解正当性的职责。与此相对应，精确地决定几个重要参数是至关重要的。关于制度性参数，依据"政策支柱"的主旨来决定，其他几个参数则作为"一次性预测"的数据来进行调整。所谓"一次性预测"，是指从各部会的讨论结果来看，无论如何都得不到与"主体

① ［日］大来左武郎：『所得倍増計画の解説』，日本経済新聞社，昭和 35 年 11 月 7 日，150ページ。

框架”中的预测性参数相一致的结果时，则必须改变参数。例如，个人消费倾向从现状的趋势和弹性值的延伸上看，个人储蓄率超过20%实际上是不现实的状态，同时也是不被期望的态势。于是，就可取而代之地放入期待值的消费倾向值，当然，相应的是，必须提出防止消费倾向低下的政策作为保障。

需要说明的是，各公式以怎样的因果关系连接而成。“主体框架”中采用的各公式都非常简单，每一个结果都是由一个原因来决定的，而此原因往往是由前一个原因产生的结果提炼出来的，所以不能说一定是一个原因产生一个结果。在形式上，“主体框架”中并没有任何多元回归的公式。之所以使用这些公式，是因为这里并不是直接使用过去相关的公式中得到的参数，而是立足于通过判断参数是否合适、不断修正的立场，一方面要加上各自的判断，另一方面要预测参数的变化，所以使用多元回归公式比较困难。

从结果上看，需要说明的是模型体系整体相对于某些部分微小变化的反应比较迟缓，如果不是相当大的变化，将无法动摇模型体系。“国民收入倍增计划”的制定，是要制作一个长期的大框架，所以即使其模型体系反应略显迟钝，也不认为它存在着体系上的缺陷。整个“国民收入倍增计划”的“主体框架”中的参数及其推算过程如表1-2所示。

**表1-2 “国民收入倍增计划”的“主体框架”的参数推算及公式①**

| | |
|---|---|
| (1)需求 | A. 总投资 $=I_P+D_P+I_R+D_R+I_g+I_{in}$<br>$I_P=\bar{K}_P(1+G_p)^{n-1}G_P$ 但 $K_P=k_pY$<br>$D_P=K_P/d_P$<br>$I_R=K_P(1+G_R)^{n-1}G_R$ 但 $K_R=k_RY$<br>$D_R=K_R/d_R$<br>$I_g=gV$<br>$I_{in}=inV$ |

① 资料来源：大来左武郎：『所得倍增計画の解說』，日本経済新聞社，昭和35年11月7日，151-154ページ。

续表

| | |
|---|---|
| (1)需求 | $I_P$：企业固定设备总投资<br>$K_P$：企业固定资产存在值<br>Y：国民收入，$\overline{K}_p$：基准年度企业固定资产存在值<br>kp：企业固定资产资本系数<br>$D_P$：企业固定设备偿还额<br>dP：企业固定设备偿还期，$I_R$：个人住宅投资<br>$K_R$：个人住宅资产值<br>$\overline{K}_R$：基准年度个人住宅资产值<br>$D_R$：个人住宅偿还额　　$d_R$：个人住宅偿还期<br>Ig：行政投资<br>g：行政投资率　　$I_{in}$：存货投资<br>in：存货投资率　　V：国民总生产<br><br>参数：<br>k：1.15　dp：10.0　$K_R$：0<br>$d_R$：33.0　g：0.07　in：0.04<br><br>参数的推定根据来自于经济企划厅的资料，参照《纲要主体框架的制作经纬和资料》<br><br>总消费 = Cp + Cg<br>Cp = Yi- Sp<br>Cg = g′Y<br><br>Cp = 个人消费支出，　Yi=个人可处理收入<br>Sp = 个人储蓄<br>Cg = 政府消费，g′：政府消费率<br>参数：g′为 0.115<br>关于贸易的相关数据由贸易部分放入推算值。<br><br>Sp 的推算：求出劳动家庭、农林业主家庭、非农林业主家庭各家庭的不 |

续表

| | |
|---|---|
| （1）需求 | 同储蓄率，将各类家庭收入的构成比上加上重量得到作为整体的个人储蓄特性，再乘上可处理收入，从而得出储蓄额。<br>可处理收入是相对于个人收入求得可处理收入的比率，并以此为基础算出的。<br>且个人可处理收入率为94%。<br>不同家庭的储蓄特性分别为：劳动家庭占12.56%、农业家庭占6.6%、非农林业主家庭占34.59%。<br>于是，作为家庭收入的计算获得各自分配收入的项目。<br><br>B. 各部门得出相应的数字后，时常会与财政部门进行调整，因而行政投资率、政府消费率等系数会被修改。 |
| （2）供给 | A. 以农林部会推算的一次生产收入增长率2.8%为前提。<br>B. 首先决定一次增长率的结果为<br>$g = wg_1 + vg_2 + zg_3$<br>$k = w'k_1 + v'k_2 + z'k_3$<br>但 $g_1 = k_1$，$g_2 = k_2$，$g_3 = k_3$<br><br>于是，求出 $g_2 g_3$，并且把运输、通信、公益作为与二次相同的增长。且 g、k 已经完全被决定了。<br>同时，g：整体的收入增长率，k：企业固定资产增加率，$g_1$、$g_2$、$g_3$、$k_1$、$k_2$、$k_3$各自表示一次、二次、三次的收入以及各自企业的固定资产增加率（二次包含运输、通信和公益）。w、v、z 表示的是一次、二次、三次的前年的收入构成比，$w'$、$v'$、$z'$各自代表一次、二次、三次前年的企业固定资产构成比。<br><br>C. 并且，第一次计算按照上述方法算出了框架，但其后在矿工业分会上根据得出的矿工业生产指数而推算出结果，因此与前面进行了调整，从而导致部分增长率发生了变化。<br><br>D. 计算基础年份的重量构成如下所示： |

续表

<table>
<tr><td>(2)供给</td><td>$w = 0.188 \quad v = 0.43 \quad z = 0.378$<br>$w' = 0.099 \quad v' = 0.685 \quad z' = 0.216$<br>E. GNP 和国民收入的关系　用 V 来表示 GNP<br>V = Y+D+T　(T；间接事业税-补助金)<br>$D = K/d \quad K = k_Y$<br><br>按照 T = tV 的假定来推算：<br>$V = Y + \frac{k}{d}Y + tV$<br>$V(1-t) = Y\left(1+\frac{k}{d}\right)$<br>$\frac{Y}{V} = \frac{(1-t)}{\left(1+\frac{k}{d}\right)}$<br><br>kp = 1.15　dp = 10.0　kR = 0.40<br>dR = 33.0<br><br>将上述数值代入公式后，得到约为 0.82 的值。同时过去的实绩也约为 0.82。</td></tr>
<tr><td>(3)就业</td><td>A. 通过与生产收入联系在一起进行推算(关于第二、第三、运输通信产业)，探讨关于第二产业就业人员过去的就业收入的弹性值，其结果为：1952—1958 年，0.467；1955—1958 年，0.461。并预测将来中小规模的装备率增大为 0.44。<br>运输通信公益作为 1953—1958 年趋势的持续，其间的收入表示的回归式为：<br><br>logNu = 0.335 logYu + 1.40128 (r=0.964)<br><br>式中，Nu：运输、通信、公益就业人员；<br>Yu：运输、通信、公益生产收入(第三产业的相对于第二产业的相对生产几乎是维持现状的规模)</td></tr>
</table>

续表

| | |
|---|---|
| (3)就业 | B. 劳动力供给<br>根据雇佣部门的推算参考劳动供给。就业人员的比率为61.6%(基础年份为66.8%)。从人口推算得到的生产年龄人口乘以就业率可算出目标年份的就业供给。再从就业供给计算中减去非一次部门的需要，从而算出一次部门的就业人数。 |
| (4)分配 | A $Y_{W+E}=0.825Y_{2+3+u}+461.3$<br>(r=0.934，1953—1958年) 单位：亿日元<br>$Y_f=0.758Y_1+1496$<br>(r=0.994，1953—1958年)<br>$Y_R=0.052Y$<br>$Y_{pu}=0.015Y$<br>$Y_w=\delta\cdot Y_{W+E}$<br>$Y_E=Y_{W+E}-Y_w$<br>$Y_{nf}=Y-(Y_{W+E}+Y_f+Y_R+Y_{pu})$<br>$Y_{W+E}$：法人收入+劳动收入<br>$Y_{2+3+u}$：非一次产业收入<br>$Y_f$：农林业主收入 $Y_R$：个人利息，租借收入<br>$Y_{pu}$：政府事业剩余 $Y_w$：劳动收入<br>$Y_E$：法人收入 $Y_{nf}$：非农林业收入<br>δ：法人收入和劳动收入的分配率<br><br>围绕参数δ对第二、第三、运输、通信及公益各产业部门所属企业的分配率进行探讨。将各产业的比重变化包含在内推算δ的值。其结果为0.828。<br><br>B. 从分配收入得到的个人收入产生的数额如下所示：<br>从法人收入中算出个人分配到的数值，将它用$Y_d$来表示，<br>个人收入$=Y_w+Y_f+Y_R+Y_{nf}+Y_d$ |

续表

| | |
|---|---|
| (4)分配 | 然后，为把产生的数值修改为接受数额，从中减去负担的保险费，再加上转账收入，从而得出可接受数额。然后为得到可处理收入，应把接受数额乘上可处理收入率0.94。<br>C. 从可处理收入中算出需要的个人储蓄额。<br>D. 总投资从需要中算出，总储蓄由个人储蓄、法人保留、政府经常剩余等数值中所算出的储蓄投资平衡的情况来探讨。 |

如上所述，主体框架的模型由需求、供给、就业和分配四个部分构成，各部分由相关联参数的方程式表示。其方法即前文所陈述的假定增长率法，先假定相应的经济增长率，再以此为前提决定模型体系中使用的参数，并运用试算中与模型体系相对应的各部门数值，若数值出现不一致情况，应及时变更、修改，从而最终确定。同时也要看到，参数中的资本系数、消费性倾向、各种收入弹性值的预测参数在政策意义上具有变更的可能性；而行政投资率、间接税率、直接税率等政策和制度参数只有依据部会的提案才能作出变更。

需要进一步指出的是，“国民收入倍增计划”的“主体框架”主要是从支出、生产、分配三个经济层面搭建的，同时具有将资产存在额度和收入相结合，即我们通常所说的流通量和库存量相结合的特点。利用“三面等价”的原则来说明经济各部分因果关系的循环，并以此为基础试图展示经济计划的目标和政策方向。

应该注意的是，结果并不是仅从收入分析的范围中得出，而是在比物价、金融、产业等更为广泛的领域中分析得出的，但这同时也遗留了一些问题。另外，为描述整个经济结构，各部会做了以下两方面的调整：

第一，在财政收支层面，行政投资率比最初设想的数值要大，行政投资率从7.0%上升到7.9%，与此相对应的个人可处理收入率从96%下降到94%。

第二，在第二产业收入中，由于矿工业生产指数与最初的第二产业收入相对应，造成指数较低的状况，针对这一状况，提高了矿工业生产指数，与之相应的第二产业收入也随之增加。该过程中采用的是积累和提高矿工业生产收入弹性值的方法。

## 三、“国民收入倍增计划”的决策组织和决策者

“国民收入倍增计划”是集合当时日本社会精英而制定的一项长期经济计划，该计划的制定和决议过程都经过了反复论证和探讨，政府共设置了4个专业部会和17个专业性小委员会，各部会委员、专家委员等有250名，而参会的委员、专家、民间有识人士、政府职员等更多达2000余名。①

### (一)专业部会的设置和构成

如前所述，实现“国民收入倍增计划”目标，需要探讨两个问题，即预期的经济增长能否达成，在达成目标的同时为了避免对以后的经济增长产生阻碍，在政策上应采取什么样的措施。为解决这两个问题，政府在综合政策部会之外，专门设置了方法论探讨小委员会和政策探讨小委员会。前者围绕计划的“主体框架”展开讨论，小委员会就1960—1970年日本将达成的经济增长情况和预计演变成的经济结构进行预测，并按照国民所得收入计算的大项目进行探讨。后者的探论围绕“政策支柱”展开，就当前必须解决的各种问题，例如如何从本质上充实完善社会基础设施、改善企业体制等，进行深入探讨。两个小委员会将讨论结果提交给综合政策部会。之后经过改组，方法论探讨小委员会和政策探讨小委员会重组为政府公共部门部会、民间部门部会和计量部会，加上原有的综合政策部会，共形成四个部会，各部会所承担的任务以及重点审议事项如表1-3所示。

① 刘绮霞，赵晋平：《日本“国民收入倍增计划”出台的历史背景及其决策要素》，载《日本学刊》2016年第2期，第112页。

表 1-3　　　　　　　　　　**专业部会的构成**①

| 部会名称 | 部会的任务 | 重点审议事项 |
| --- | --- | --- |
| 综合政策部会<br>(部会长：中山伊知郎) | • 计划案的综合调整 | • 为确保稳定成长而调整的制度和机构<br>• 以贸易、汇兑自由化体制为基础的调整 |
| 政府公共部门部会<br>(部会长：稻叶秀三) | • 探讨投资分配<br>• 制定在政府公共部门中通用的重点政策 | • 探讨成长力的孕育政策<br>• 探讨克服成长困境的政策 |
| 民间部门部会<br>(部会长：高桥龟吉) | • 制定针对民间部门的必要引导政策<br>• 探讨针对贸易部门的预测方法和政策<br>• 探讨有关消费的预测方法和政策 | • 实施政策引导，实现产业高度化<br>• 对贸易部门的展望<br>• 对国民生活的展望 |
| 计量部会<br>(部会长：山田雄三) | • 预测经济增长率<br>• 从计量侧面审议计划整体 | • 增长率<br>• 投资、储蓄的平衡<br>• 雇佣平衡<br>• 国际收支平衡<br>• 物质平衡 |

**(二) 专业小委员会的设置和构成**

专业部会下设有专业小委员会。各专业小委员会的设置是与专业部会

① 资料来源：［日］前田清，林雄二郎など：『“所得倍增計画”を批判する』，東京：実業の日本社，昭和 36 年 8 月，29ページ。

所探讨的当前必须解决的重要政策课题一一对应的，专业小委员会的讨论内容围绕各重要课题的内容及急需解决、审议的事项展开。16个专业小委员会加上民间总括小委员会，共有17个小委员会。小委员会委员长人选由专业部会长从所属部会委员中委任，小委员成员则由委员长来选定。各小委员会和委员长如下所示：①

①投资分配小委员会。（小委员长：稻叶秀三）
②产业用地小委员会。（小委员长：土屋清）
③交通体系小委员会。（小委员长：秋山龙）
④住宅、生活环境小委员会。（小委员长：谷重男）
⑤治山、治水小会员会。（小委员长：福良俊之）
⑥工业高度化小委员会。（小委员长：石原武夫）
⑦能源小委员会。（小委员长：巽良知）
⑧贸易小委员会。（小委员长：赤松要）
⑨科学技术小委员会。（小委员长：向坊隆）
⑩教育训练小委员会。（小委员长：佐佐木重雄）
⑪农林近代化小委员会。（小委员长：场德造）
⑫中小企业小委员会。（小委员长：竹内正已）
⑬社会保障小委员会。（小委员长：今井一男）
⑭工资、雇佣小委员会。（小委员长：内藤胜）
⑮生活水准小委员会。（小委员长：氏家寿子）
⑯财政金融小委员会。（小委员长：森永贞一郎）
⑰民间总括小委员会。（小委员长：高桥龟吉）

从专业部会会长和小委员会委员长的构成来看，稻叶秀三和高桥龟吉同时兼任专业部会会长和小委员会委员长，制定“国民收入倍增计划”的19名核心成员中，7名来自大学，5名来自政府，2名来自企业，3名来自政府和民间智库，2名来自媒体，这些成员均是各领域

① 前田清，林雄二郎など：『“所得倍增計画”を批判する』，東京：実業の日本社，昭和36年8月，28ページ。

的杰出代表。①

### (三)"基本构想"的审议和"主体框架"的产生

1. 对"基本构想"的审议

在"经济审议会"之前的综合政策部会上，委员们就"国民收入倍增计划"的基本构想进行了反复的斟酌和推敲。方法论探讨委员会和政策探讨委员会分别将各自的探讨成果归纳为"主体框架"和"政策支柱"，并于1960年5月19日提交给综合政策部会，综合政策部会在了解并同意其内容的基础上，制定了《"国民收入倍增计划"制定纲要》。

可以说，"主体框架"和"政策支柱"两大部分被认为是制定"国民收入倍增计划"的前提。关于两者之间的关系，最初"国民收入倍增计划"将制定重点放在了"长期的政策内容"上，并表明根据"政策支柱"内容来调节"国民收入倍增计划"基本方向的意图。但后来逐渐发现，即使是政策的探讨，某种程度上数量上的依据是必要的，并且为了政策实施上的轻重、顺序判断以及计划整体上不出现相互矛盾的内容，数量上的框架显得尤为必要。在此意义上，其所制定的"主体框架"成为各部会在开展工作时的数据依据。

2. 计划的"政策支柱"

其中，政策讨论小委员会就今后10年的长期性政策课题进行了系统性整理，其向综合政策部会提出的政策建议包括六个方面：①充实社会基础设施；②引导产业结构高度化发展；③促进贸易和国际经济合作；④提高人的能力和振兴科技；⑤缓和二重结构和确保社会安定；⑥确保经济的稳定增长和财政金融的正常运行。②

这些内容表明在"国民收入倍增计划"制定之初，即已具有明确的政策目标，而且日本政府对这些目标给予了足够的重视。关于以上六个

---

① 刘绮霞，赵晋平：《日本"国民收入倍增计划"出台的历史背景及其决策要素》，载《日本学刊》2016年第2期，第113页。

② 前田清，林雄二郎など：『"所得倍増計画"を批判する』，東京：実業の日本社，昭和36年8月，16-17ページ。

方面的基本认识，《“国民收入倍增计划”制定纲要》中已提及，但其涉及的详细内容和具体问题表现在以下各项要约中，如表 1-4 到表 1-9 所示。①

表 1-4 **“政策支柱”的要约 1**

| 1. 充实社会基础设施 | |
|---|---|
| 基本认识 | 至今为止，在生产资本增长的背后隐藏着社会的基础设施、资本发展缓慢的问题。今后有必要通过公共投资等方式强化这些部门的发展。作为其基本的思路，应注意在计划实施期间为社会基础设施的增长打下良好的基础。<br>应该探讨的课题为以下五项。 |
| 个别课题和探讨事项 | ①社会资本和生产资本的分配 → 由**投资分配小委员会**执行。<br>包括：社会资本内部的分配；财政的调整。<br>②建造产业用地、打造产业基础 → 由**产业用地小委员**会执行。<br>从提高资源利用的效率这一点来考虑产业用地；<br>在此，致力于各地区的均衡发展并纠正收入分配的不均衡；<br>有必要防止大都市的集中化以及对其可能性的预防。<br>③确立合理的综合交通体系 → 由**交通体系小委员会**执行。<br>通过扩充和现代化防止交通障碍；<br>其有利于国土的综合利用；<br>严格排除利益均沾式的考虑方法。<br>④整备住宅和生活环境设施 → 由**住宅、生活环境小委员会**执行。<br>消除量的不足，提高质量；<br>整备生活环境设施；<br>特别注意消除公害。<br>⑤站在保全国土和有效利用的立场治山治水 → 由**治山、治水小委员会**执行。<br>注意与其他建设计划的协调。 |

① 表 1-4 到表 1-9 的资料来源：［日］前田清，林雄二郎など：『“所得倍增計画”を批判する』，東京：実業の日本社，昭和 36 年 8 月，18-22ページ。

表 1-5　　　　**“政策支柱”的要约 2**

| 2. 引导产业结构高度化发展 | |
|---|---|
| 基本认识 | 基本的考虑方法如下：<br>①从技术进步的速度、人口和劳动力的趋势、向自由化体制转移等要因来看，产业结构的高度化是有必要的。<br>②基本上贯彻经济性的原则。<br>③充分考虑与雇佣问题的关系。<br>④必须缓和二元结构。 |
| 个别课题和探讨事项 | ①强化国际竞争力→ 由**工业高度化小委员会**执行。<br>包括：实现工业的多样化、高度化，也就是增强机械工业等重化学工业部门，向轻工业部门的高级加工产品转移；纠正资本构成；以不进行过度的产业保护为原则，培育新产业、新技术，提高落后产业的水平，向国际化水准提升，并考虑处理非成长产业；探讨产业组织的存在方式。<br>②确立合理的能源政策 →由**能源小委员会**执行。<br>确立以尽可能低价格供给为目标的合理的供给机构。<br>对于进口能源比重的增大采取减轻其外币负担的政策。<br>防止发生障碍，确保稳定供给。 |

表 1-6　　　　**“政策支柱”的要约 3**

| 3. 促进贸易和国际经济合作 | |
|---|---|
| 基本认识 | 基本上表明了对美国、西欧、发展中国家以及社会主义阵营贸易的基本构想。另外，为实现经济合作的目标，应以提出新的想法和观点为目的。<br>项目的内容没有分成细小的部分，归纳成以下一个课题。 |
| 个别课题和探讨事项 | 促进贸易和国际经济的合作 →由**贸易小委员会**执行。 |

表 1-7 **“政策支柱”的要约 4**

| 4. 提高人的能力和振兴科学技术 | |
|---|---|
| 基本认识 | 从将来的技术动向和人口动态的变化来考虑，在倍增计划中应重视人的能力的问题。 |
| 个别课题和探讨事项 | ①充实科学技术教育并开发技术 → 由**科学技术小委员会**执行。<br>包括：增加大学里理工科的比重；开发培育国际技术；进行科学技术研究体制的项目整备。<br>②充实教育和职业训练制度 → 由教育训练小委员会执行。<br>包括：在小学、中学以及高中充实科学技术教育；增设高中的职业化过程；充实职业训练制度。 |

表 1-8 **“政策支柱”的要约 5**

| 5. 缓和二元结构和确保社会安定 | |
|---|---|
| 基本认识 | 以往的计划都是“总计”“平均”的计划，但本计划在考虑政策问题时有必要列举并重视差距问题。<br>具体的课题如下所示。 |
| 个别课题和探讨事项 | ①农林水产业的现代化并推进产业间劳动移动 →由**农林近代化小委员会**执行。<br>包括：改善农林就业结构；经营规模的扩大、经营的合作化；对应需求变化的生产构成的改变；改善推进产业间劳动力移动的诸项制度。<br>②中小企业对策 → 由**中小企业小委员会**执行。<br>包括：通过确立各项制度的整备，实施提高生产性和促进现代化的各项政策；整备技术和经营指导体制；为消除差距推进中小企业自身强化的政策。<br>③充实社会保障并提高社会福利 →由**社会保障小委员会**执行。<br>包括：制成充实社会保障的进程表；充分考虑财政能力；考虑低收入人群的住宅借贷。<br>④提高工资和生活水平 → 由**工资、雇佣小委员会**执行。<br>⑤提高工资和生活水平 → 由**生活水平小委员会**执行。<br>包括：普及最低工资制度；提高劳动条件；保护家庭内劳动者。 |

表 1-9　　　　　　　　**“政策支柱”的要约 6**

| 6. 确保经济的稳定增长和财政金融的正常运行 | |
|---|---|
| 基本认识 | 财政金融政策的基本是以培养日本经济长期的增长力为方向。将确保通货价值的稳定作为根本任务。<br>关于财政，应站在长期的视角确立基本方针政策。<br>期待着作为景气循环对策的财政政策，在金融政策上调整国际收支。<br>关于金融机构基本上进行再探讨。<br>探讨企业自身资本的充实政策。<br>对以上项目进行如下概括。 |
| 个别课题和探讨事项 | 确保经济的稳定增长以及财政金融的正常运行→由**财政金融小委员会**执行 |

以上总结的各项要约是“政策支柱”的实质性内容，是“国民收入倍增计划”在制定之初的各项明确目标，以及为达成各项目标对政策性要素的重视程度。

3. 计划的“主体框架”

表 1-10 所示为“主体框架”的各项数值，这个“主体框架”发挥着两方面的作用：第一，作为第一次试算向各部会展示整个经济发展的全貌；第二，对于各部会提出的意见进行正当性的检查。被采用的基本观点是：“对经济增长率为年均 6.5%～8%的评价。”对于计划实施期间增长率的起伏并没有考虑，只是预测了其整体的增长趋势。

表 1-10　　　　　　　　**“主体框架”的数值**①　　　　　　　　（单位：亿日元）

| | 基准年度（1956—1957 年） | “主体框架”中的数值（1970 年） | “国民收入倍增计划”的最终数值 |
|---|---|---|---|
| 国民总支出 | 97 437 | 39 706 | （260 000） |
| 总消费 | 67 833 | 169 749 | （174 844）） |

① 资料来源：［日］前田清、林雄二郎など：『“所得倍増計画”を批判する』，東京：実業の日本社，昭和 36 年 8 月，26ページ。

续表

| | 基准年度（1956—1957年） | “主体框架”中的数值（1970年） | “国民收入倍增计划”的最终数值 |
|---|---|---|---|
| 个人消费支出 | 52 979 | 147 062 | （151 166） |
| 政府消费 | 9 854 | 22 687 | （23 678） |
| 总投资 | 27 849 | 69 957 | （82 832） |
| 企业设备 | 25 392 | 34 765 | （43 748） |
| 行政投资 | | 16 840 | （20 593） |
| 个人住宅 | 2 062 | 8 729 | （9 926） |
| 在库投资 | 395 | 9 623 | （8 565） |
| 海外收讫 | 13 216 | 32 258 | 39 593 |
| 总 需 求 | 110 653 | 271 964 | 297 269 |
| | | | |
| 国民收入 | 80 007 | 197 274 | 213 232 |
| 第一产业 | 15 022 | 22 950 | 21 614 |
| 第二产业 | 26 695 | 72 452 | 82 411 |
| 第三产业 | 30 340 | 79 165 | 84 719 |
| 运输、交通、公益 | 8 021 | 22 687 | 24 488 |
| 调整项目 | 17 563 | 43 304 | 46 768 |
| 海外支付 | 13 083 | 32 258 | 32 269 |
| 总供给 | 110 653 | 272 836 | 297 269 |
| | | | |
| 需求的不足 | | -872 | 0 |

说明：括号内的数值是倍增计划最终报告书中的数值。

关于“主体框架”的制作方法和数值构成，简单概述如下：

首先，国民收入的生产、分配、支出各层面，按照各项目分别列出了简单的方程式。例如：民间消费支出占国民收入百分之几的方程式。相关比例就是所谓的中间参数，关于其具体的大小如何决定的问题，属于制度性的决策要素的，按照前文所述的“政策支柱”中的考虑方法来决定，其他的决策要素则按照“企划厅用语”中所提及的“一次性预测结果”来使用。从过去的经济发展倾向中导出的参数如果没有得出期望的结果，就将其改为合适的参数。例如，从现状的趋势中如果得出个人消费性格倾向增加的情况，就会出现个人储蓄率超过20%的数值，基于这个数值的非现实性，于是要修改相应参数。像这样从过去的业绩中导出的消费性格倾向、贸易依存度等参数是不能直接使用的，其应该是加上了各自部会的主观判断以及对可能发生变化的预测，所以在模型中使用极为简单的公式。以此方法做成了“主体框架”的各项数值，如表 1-10 所示。

其次，应注意的是，在“主体框架”中“储蓄与投资的平衡”“雇佣构成”“贸易结构”的数值没有列举出来。这是因为关于储蓄与投资平衡的收入分配的推算，达到雇佣平衡的就业人员供给，尤其是有效就业率等问题，在该阶段的统计工作还没有完成。并且，关于世界出口贸易中日本出口所占的份额，因为还无法按照贸易自由化的效果来得出结论，只能在表中放入与必要进口额(进口依存度为 16. 7%)相等的出口额的数值。此外，应提及的是，“主体框架”中只粗略显示了目标年份的国民收入计算，关于物价体系、产业结构、金融结构等完全没有提及。

以上论及的“政策支柱”和“主体框架”是“国民收入倍增计划”的基本构想，是为开始实施各项内容所做的具体准备，也是各小委员会开始工作的前提。

## 四、最终决策过程

### (一)经济审议会的运行

1960 年 6 月 2 日，新设立的 4 个部会召开各自的协作会议，各部会的委员会构成如前文所述，各部会委员、专门委员等多达 250 名。各部会在 1960 年 7 月份之后正式启动，各自都召开了近 10 次会议。这期间参会的委员、专家、民间有学识和经验的人、政府职员等达到了 2 000 余名。此外，在政府公共部门和民间部门部会的下面，为审议“政策支柱”中提出的各探讨事项设立了相应的小委员会，4 个部会、17 个小委员会共同推动了“国民收入倍增计划”的制定。

17 个小委员会分为政府公共部门和民间部门，各小委员会在各自担当的经济领域内进行了详细的探讨。其中，民间总括小委员会就投资分配等问题与其他小委员会进行了横向调整。计量部会则从经济发展统一性的观点出发，对各小委员会的讨论结果进行了审核和修改。

### （二）《综合报告草案》和《“国民收入倍增计划”的构想》

1960 年 9 月，各小委员会内部和小委员会之间进行了相互协调，最终在 10 月上旬起草和提交了总结报告。在各小委员会所提交的总结报告的基础上，经济企划厅作为事务局编制了《综合报告草案》。《综合报告草案》尽可能地囊括了各小委员会的报告内容要点，并在 10 月 25 日召开的综合政策部会上最终定稿。该定稿在 11 月 1 日的经济审议会总会上接受审议，同日由池田勇人总理进行阐述和说明。

对于该报告，自民党内部曾表现出强烈的不满，其原因主要在于：首先，连续 3 年实现 9%的经济增长率一度成为自民党公约，但“国民收入倍增计划”中没有充分体现这一内容；其次，与农林渔业基本问题调查会的提案相比，农业计划显得过于消极。针对这些意见，企划厅在 12 月 27 日另行公布了《“国民收入倍增计划”的构想》，其中包括了“实现年均 9%增长率以及弹性实现农业现代化等政策”的相关附文。①

在《“国民收入倍增计划”的构想》的基本框架中，预期今后会发生一系列的变化。首先，技术革新和现代化进程将从特定产业和大企业逐渐扩大到相关产业和中小企业，并将进一步深化；其次，伴随着人口向发达国家的转移，在计划的后半期劳动力不足的问题会进一步加剧；再次，促进贸易兑换自由化等领域会发生变化。

### （三）决策的出台

在推进“国民收入倍增计划”出台的过程中，岸信介内阁因承担“安保运动”所造成的社会混乱之责而引咎辞职，池田勇人内阁于 1960 年 7 月

① 原朗：『高度成長展開期の日本経済』，株式会社日本経済評論社，2012 年 11 月 10 日，79ページ。

19日登上日本的历史舞台。池田勇人把“国民收入倍增计划”作为最大的政策课题，将日本的发展方向由“政治时代”引向“经济时代”。

池田勇人内阁进一步接受和贯彻了下村治的“高度增长论”，由经济企划厅和经济审议会牵头推算和审议“国民收入倍增计划”中的主要经济指标，该计划在当时被称为“下村计划”。1960年8月，“下村计划”出台，提出在未来10年实现10%的增长。以此为背景，池田内阁于当年9月5日发表了到1963年年底实现年均9%的经济增长的《新政策》。① 其后，又将企划厅制定的“国民收入倍增计划”与《新政策》折中，并确定了今后10年中前3年的增长率为9%，整体10年的平均增长率为7.2%的经济增长目标。②

经过以上的制定程序和经济审议会的审议过程，“国民收入倍增计划”终于出台。整个过程中，池田勇人首相和下村治所提出的“经济增长”和“国民收入倍增”的理论逐渐为日本民众所接受，以“国民收入倍增计划”为核心的《新政策》同时得到了舆论界的较高评价。1960年8月初，由朝日新闻社所实施的内阁支持率调查表明，池田勇人内阁的支持率达到51%，大大超过岸信介内阁时期最高40%的支持率。③

① 原朗：『高度成長展開期の日本経済』，株式会社日本経済評論社，2012年11月10日，78ページ。

② 刘绮霞，赵晋平：《日本“国民收入倍增计划”出台的历史背景及其决策要素》，载《日本学刊》2016年第2期，第115页。

③ 藤井信幸：『池田勇人―所得倍増でいくんだ』，株式会社ミネルヴァ書房，2012年1月10日，241ページ。

# 第二章　解析日本“国民收入倍增计划”

日本的“国民收入倍增计划”是在 1960 年至 1970 年的 10 年时间内，通过提高国民经济各部门生产效率和效益、显著提升居民实际收入水平、建立健全政府收入分配和社会保障机制等方式，实现国民收入翻番目标的一种经济社会发展方案。①

## 第一节　“国民收入倍增计划”的整体构想和目标

### 一、“国民收入倍增计划”的主要课题

“国民收入倍增计划”的最终目的是使国民总生产倍增，通过增加雇佣机会努力实现完全雇佣，从而显著提高国民的生活水平。同时，通过缩小和缓和日本社会中存在的农业和非农业间、大企业和中小企业间、地区间以及各收入阶层中存在的收入和生活水平上的差距，实现国民经济和国民生活的均衡发展。为实现经济稳定增长的最大化，“国民收入倍增计划”以增长为轴，以稳定作为必要条件，同时列举出需要重点解决的一系列核心课题。1960 年开始的 10 年间，为确保日本经济的稳定增长，除了以前延续下来的粮食增产、国际平衡、确保能源和资源等核心课题之外，又有五个亟待解决的新课题摆在面前，分别是：

---

① 刘绮霞，刘绮莉：《日本“国民收入倍增计划”的策略和路径研究》，载《财政研究》2015 年第 3 期，第 108 页。

### （一）扩充社会基础设施

日本“二战”后的快速经济增长超越了过去蓄积的外部条件。实际上，日本经济规模在 1953 年就已经超过了“二战”前水平，其后的经济持续高速增长很快使道路、港湾、工业用地、用水等社会基础设施相对落后于生产资本，与企业的生产资本间的平衡不断被破坏，并成为经济增长的障碍。因此，通过公共投资实现这些部门在量和质上的提高，就成为今后的重要课题。同时，国民生活有依存于公共设施和服务业的一面，由于个人的消费状况相对都处于明显落后的状况，有必要努力扩充生活环境、文教、娱乐、交通以及福利保健等社会公共设施，使其为充实国民健康生活发挥作用。

通过扩充社会基础设施，在相关产业得到发展的同时，人们的生活条件也会得到改善，并且随着雇佣的扩大和人们收入的提高，对经济增长也会起到助推作用。以往日本的经济计划中涵盖基础设施的规模都很小，大多停留在小规模设施的建造或维修上。这样一来，不用谈高投资率，即使在资产的“国富”问题上与其他国家相比也体现出明显的不足。因此，从 1960 年至 1970 年，不应该再持有短视的观点，只看重当前的一时效果，而是应该持有长期的观点，从而为将来能实现充实的“国富”进行有效的投资。

### （二）推进产业结构高度化

经济增长带来了购买力的增加，唤起了对财富和服务的需求，相对于第一产业的生产物，对第二产业的生产物以及第三产业的服务需求增加，同时对第二产业中重化学工业制品的需求相对变大。另外，考虑到将来技术革新的发展速度、劳动力的趋势以及向自由化体制转化等要素，要提高国民经济的整体生产率。为达到这个要求，在提高每个企业或者每个产业生产性的同时，产业结构的比重有必要从生产性低的部门转向生产性高的部门。也就是从生产、需求两方面都具有推动产业结构高度化的强烈要求。对产业结构高度化的引导是“国民收入倍增计划”的最大课题。

### (三)促进贸易发展和国际经济合作

国际收支的界限制约了"二战"后日本的经济增长。虽然这种制约的程度会随着生产力的提高所带来的出口竞争力的强化而出现弱化的可能，但因天然资源不足所带来的大规模进口是日本经济的特征，在此意义上，以出口为中心带来外汇收入的增加是实现该计划的重要"钥匙"。并且，促进经济相对落后的各国经济的发展，提高其收入水平，并在扩大其进口购买力以及提高资源供给力的立场上，日本必须积极加强和这些国家的经济合作。

### (四)提高人的能力和振兴科学技术

科学技术的显著进步通过增加生产设备的投资、新产品和新机械的创新、对耐久消费品需求的提高等，对经济增长和产业的现代化作出了巨大贡献。技术革新今后将持续，并将渗透到经济发展的所有部门，对提高人国民生活水平的作用将逐步增强。科学技术的快速发展、产业结构的高度化、将来可预测到的劳动力推移等问题，同迄今为止很容易和经济问题分离开来考虑的教育、训练、研究人类能力的开发问题，今后将积极地和经济增长关联在一起来研究。这是由于经济进步和社会福利的提高与国民能力能否有效利用紧密相连。

因此，支持产业高度化的技术水平与其行为主体——人的能力的开发，是今后日本经济发展阶段中在劳动力供给逐步低下状况下所需要特别关注的问题。

### (五)缓和二元结构和确保社会安定

多年来在日本经济发展中存在着二元结构的问题，近年来随着经济的高速增长，这种二元结构有所缓和并能看到解决的可能性，即今后若能保持较高的经济增长，这个问题应该能够逐步得以解决。但此问题紧密扎根于日本的经济社会，并不是说经济增长越快，该问题就越会自然消除。如果伴随着经济增长，对应结构变化的人口的流动性无法提高，推进产业间劳动力的流动无法实现，即使增长带来了雇佣的机会，也会遗留下失业和不完全就业的问题。同时，对于经济增长中未得到发展的部门，应该从缓和社会的紧张度、确保社会安定的意义上要求给予特定的政策。并且改善雇佣状况并不仅是单纯的吸收增加的劳动力，而是有必要特别强调积极地消除低收入人群、保护社会弱势群体的观点。在这一点上，社会保障的充实和社会福利的提高将成为今后的重要课题。

为应对以上的课题，为确保经济的稳定增长，财政金融政策有必要进行合适的运行。特别是促进经济体向自由化体制转移的相关财政金融政策应该受到更大程度的重视。从确保经济增长的资金供给和缩小景气变动幅度的角度出发，财政金融政策应向前发展，同时必须朝着培养经济长期增长动力的方向发展。①

要实现以上五个课题，如果没有政府政策上的支持，仅仅依靠国民或民间企业的努力是无法实现的。预计这些课题在计划实施期间应该能看到解决的曙光，这是因为这五个课题既是日本经济中早已存在的老问题，又是该计划中强调需要解决的新问题，是整个计划实施的主要目的。

## 二、“国民收入倍增计划”的主要目标

为达成以上目的，应把国民经济规模在今后10年内实现实质价值倍增作为计划的主要目标，即“今后10年内让国民总生产达到26兆日元”。因此，倍增计划指出：“在计划的前半期，鉴于技术革新的快速发展、丰富劳动力的存在等支撑经济增长的极强要因的存在，通过运行适当的经济政策和国民们的勤奋努力，有望在计划实施之初的前三年实现年均9%的经济增长”。②

当然，计划实现的过程中有必要完成前文所述的几个课题，并且以认定有可能实现以上的经济目标为前提。在认定今后10年内实现国民总生产规模倍增的情况下，主要经济指标如表2-1所示。

---

①　[日]経済企画庁：『国民所得倍増計画』，大蔵省印刷局，昭和38年3月15日，10- 11ページ。

②　[日]経済企画庁：『国民所得倍増計画』，大蔵省印刷局，昭和38年3月15日，10- 11ページ。

表 2-1 “国民收入倍增计划”中的主要经济指标①

| 项目 | 基准年度(A) | 目标年份(B) | (B)/(A)(%) |
| --- | --- | --- | --- |
| 总人口(万人) | 9 111 | 10 222 | (0.9)<br>112.2 |
| 15 岁以上人口(万人) | 6 217 | 7 902 | (1.9)<br>127.1 |
| 国民总生产(1955 年度价格，亿日元) | 97 437 | 260 000 | (7.8)<br>266.8 |
| 居民收入(1955 年度价格，亿日元) | 79 936 | 213 232 | (6.9)<br>237.8 |
| 居民人均收入(1955 年度价格，亿日元) | 87 736 | 208 601 | (6.9)<br>237.8 |
| 个人消费支出(1955 年度价格，亿日元) | 57 979 | 151 166 | (7.6)<br>260.7 |
| 居民人均消费支出(1955 年度价格，亿日元) | 63 636 | 147 883 | (6.7)<br>232.4 |
| 国内总资本形成(1955 年度价格，亿日元) | 29 470 | 82 832 | (8.2)<br>281.1 |
| 矿工业生产水准 | 100.0 | 431.7 | (11.9)<br>431.7 |
| 农林水产业生产水准 | 100.0 | 144.1 | (2.8)<br>144.1 |
| 就业人数(万人) | 4 154 | 4 869 | (1.2)<br>117.2 |
| 雇佣人数(万人) | 1 924 | 3 235 | (4.1)<br>168.1 |

① 资料来源：武田晴人：『国民所得倍増計画を読み解く』，株式会社日本経済評論社，2014 年 5 月 25 日，120ページ。

续表

| 项目 | 基准年度(A) | 目标年份(B) | (B)/(A)(%) |
|---|---|---|---|
| 国内货物运送(亿吨/公里) | (1958 年度)<br>975 | 2 173 | (6.9)<br>222.9 |
| 国内旅客运送(亿人/公里) | (1958 年度)<br>2 109 | 5 082 | (7.6)<br>241.0 |
| 总能源-需求(煤炭换算 1000 吨) | (1959 年度)<br>131 815 | 302 760 | (7.8)<br>230.0 |
| 出口(100 万吨) | 2 678 | 8 485 | (9.3)<br>315.8 |
| 出口通关基础(100 万吨) | 2 701 | 9 320 | (10.0)<br>345.1 |
| 进口(100 万吨) | 2 549 | 8 080 | (9.3)<br>317.0 |
| 进口通关基础(100 万吨) | 3 126 | 9 891 | (9.3)<br>316.4 |

注：①(B)/(A)栏括号内表示的是年率。

②表中的基准年度的数值是计算出的 1956—1958 年的平均数，而价格用的是 1958 年度的价格。运输量的基准年度是 1958 年度，总能源需求是 1959 年度；目标年份是指 1970 年。

## 三、实施“国民收入倍增计划”的政策方向

如表 2-1 所示，在国民经济规模倍增和具体目标数据的基础上，“国民收入倍增计划”对国民经济各部门的发展做了长远的战略安排。计划分为总论、政府公共部门的计划、民间部门的预测与引导政策、未来国民生活状况四个部分。在计划实施之际，要按照经济增长的实态及各种情况，采取弹性的措施，依据前述的计划目的展开。特别在以下几个方向要尽全力实施各项政策。

### (一)促进农业的现代化

制定包括提高农业生产和农民收入、调整农村产业结构等相关政策在内的以“新农政”为基础的《农业基本法》，促进农业的现代化。在加大农业生产基础建设投资的同时确保农业现代化发展所需的投融资。

### (二)促进中小企业的现代化

为提高中小企业的生产性，缓和与大企业间的二重结构的矛盾，缩小企业间的收入差距，在强力加强各项政策实施力度的同时，确保中小企业现代化发展所需的资金供给。

### (三)促进落后地区的开发

为了促进落后地区的开发和缩小国民收入差距，通过迅速制定国土综合开发计划，致力于对这些地区进行资源开发。探讨与税收金融、公共投资补助率等特定措施相关的立法，寻求适合落后地区发展的工业分散法，以提高地区居民的福利，从而克服这些地区发展落后的问题。①

### (四)促进产业的合理配置以及探讨公共投资的地区间分配

关于产业间的合理配置，有必要遵循长期保持国家经济持续性高速增长、强化企业的国际竞争力、为提高社会资本的效率而尊重经济合理性的原则，但绝不能扩大地区间的发展差距。因此，在尊重经济合理性的同时，为防止地区间差距的扩大，对于不同地区的公共投资有必要按照各地区的特性，弹性调整投资、融资比例，从而在提高顺应经济发展的公共投资效果的同时，缩小地区间的发展差距。

### (五)积极开展与世界各国的经济合作

提高生产力、强化出口竞争力将带来出口的扩大和外汇收入的增加，

---

① 刘绮霞，刘绮莉：《日本“国民收入倍增计划”的策略和路径研究》，载《财政研究》2015 年第 3 期，第 108 页。

这是实现“国民收入倍增计划”的关键。要制定强有力的出口振兴政策，增加观光、海运之外的收入，提高国家的收入水平。①

与以上实施的政策方向相对应，“国民收入倍增计划”指出，在计划实施过程中，必须缩小农业与非农业之间、大企业与中小企业间、地区之间以及收入阶层之间存在的生活和收入上的差距，以使国民经济和国民生活得到均衡发展。

## 第二节 “国民收入倍增计划”的核心内容

“国民收入倍增计划”以法律法规的形式颁布，其对政府而言是考核业绩的准则，对企业而言则不是指令性而是指导性计划，所以政府必须向企业提供良好、有效的公共服务，通过引导、促进、推动企业发展以便实现计划的最终目标。

计划的核心内容分为总论、政府公共部门的计划、民间部门的预测与引导政策、国民生活四个部分。以下就其核心内容进行简单的概述。

### 一、第一部分总论

#### （一）第1章：计划制定的基本态度

本章在指出与“新长期经济计划”前后联系的基础上，包括三个内容：①计划制定的意义；②计划的特征；③计划的执行等。

1. 计划制定的意义

本部分指出，至今为止的经济增长超过了“新长期经济计划”中制定的6.5%的增长率，且可以预测到：

第一，即使面临着支撑“二战”后经济恢复的要因出现减弱的状况，也不会出现经济增长率钝化的局面，经济态势将会持续保持高速的增长。

第二，在高速经济增长中，储蓄和投资的平衡没有被打破，维持着比较稳定的物价水平，国际收支没有产生赤字，外汇储备比较平稳。

① 刘绮霞，刘绮莉：《日本“国民收入倍增计划”的策略和路径研究》，载《财政研究》2015年第3期，第109页。

第三，作为经济高速增长的结果，产业结构快速实现高度化发展，其中以机械工业引领的工业发展较为引人注目。

“计划制定的意义”表明日本经济终于结束了“二战”后的复兴阶段，迎来了新的发展局面，同时面临的经济环境也发生了变化。第一大变化表现为技术革新和现代化的逐步深化。1956 年以后显著的技术革新促进了日本经济本质性的改善，也推动了生产力的显著提高。今后的技术革新应不仅局限于特定的产业和特定的企业，也应该将其经济效果逐步蔓延到中小企业及其关联产业，同时其对消费生活也会产生很大的影响。

第二大变化表现在日本的人口动态上。当前阶段劳动力丰富是日本能实现低工资的主要原因，但日本正逐步向少子、低死亡率的发达国家转型，总人口与“二战”前相比也只是停留在少数增加的状态。当然作为新劳动力对象、处于 15 岁以上生产年龄人口的情况将会略有不同，因为“二战”后不久的“婴儿高潮期”将会在“国民收入倍增计划”实施的前半期为日本增加 150 万~180 万左右的劳动力人口。但是 1965 年以后会开始出现急速的减少。如表 2-2 所示。

表 2-2 **将来的人口发展①** （单位：1 000 人）

| 年份 | 总人口 | | 生产年龄人口(15 岁以上人口) | |
|---|---|---|---|---|
| | 实际人数 | 与上年度相比的增加数 | 实际人数 | 与上年度相比的增加数 |
| 1956—1958 年 | 91 118 | 910 | 62 174 | 1 341 |
| 1959 年 | 92 944 | 937 | 64 866 | 1 368 |
| 1960 年 | 93 900 | 956 | 65 872 | 1 006 |
| 1961 年 | 94 850 | 950 | 66 754 | 882 |
| 1962 年 | 95 768 | 918 | 68 431 | 1 677 |
| 1963 年 | 96 644 | 978 | 70 222 | 1 791 |
| 1964 年 | 97 473 | 829 | 72 011 | 1 789 |

① 资料来源：［日］経済企画庁：『国民所得倍増計画』，大蔵省印刷局，昭和 38 年 3 月，8ページ。

续表

| 年份 | 总人口 | | 生产年龄人口(15岁以上人口) | |
|---|---|---|---|---|
| | 实际人数 | 与上年度相比的增加数 | 实际人数 | 与上年度相比的增加数 |
| 1965年 | 98 245 | 772 | 73 548 | 1 537 |
| 1966年 | 98 998 | 753 | 74 904 | 1 356 |
| 1967年 | 99 762 | 764 | 76 106 | 1 202 |
| 1968年 | 100 554 | 792 | 77 171 | 1 065 |
| 1969年 | 101 379 | 825 | 78 109 | 938 |
| 1970年 | 102 216 | 837 | 79 019 | 910 |

注：①生产年龄人口的年均增加率：35~40岁为2.2%；40~45岁为4.5%；35~45岁为1.9%。

②厚生劳动省人口问题研究所在1960年4月1日推测的各年度10月1日的人口数。

如表2-2所示，预期在计划实施的前半期(1960—1965年)会出现不完全就业者，同时人口压力比较大；但在计划的后半期(1966—1970年)，预计会在一些特定的产业或地区出现劳动力不足的状况，尤其是年轻劳动力不足的现象将有可能遍布日本全国。

第三大变化表现为国际环境的变化。世界贸易的实际量在过去10年(即1950—1959年)保持着6.2%的非常高的经济增长率。这样的速度可能会出现若干钝化的状况，但在今后的10年间也能期待年均4.5%的增长率。通过这样的进程，一方面，发达国家的国际经济状况将会处于正常化，国际收支也会向稳定的方向发展；另一方面，发展中国家不论其工业化的进展如何，其贸易都会呈现出相对落后的状况。前者会促进日本外汇贸易的自由化发展，后者显示出日本有必要与各国进行较高程度的经济合作。

总之，在以上良好的内外经济环境下，为进一步维持快速的经济增长，应该在整体上积极培养日本经济增长能力，同时消除阻碍其增长的要因，增强国民的意欲和活力，从更广的意义上持续增加国家的财富，并有必要为适应日本经济发展的新事态而做出适当的调整。

2. 计划的特征

本部分强调关于制定将来经济的构想和计划，以及政策运营的方针是现在很多国家都在做的事情，其特征由于各国经济体制和经济条件的不同而呈现出差异。日本的经济计划是在以自由市场和企业为基础的体制下进行的，并不是在经济的全部领域中提出详细的计划目标并强制性地严格执行。这一点是经济运营所应有的指针，作为新的计划，其与以往经济计划的基本特征没有太大的变化。

但与以往的计划相比，此次计划具有一定的进步意义，即在制定之际不像以前一样按照部分进行广泛的展开，而是重点列举出计划的要点事项。计划中把经济活动分为两个领域：一是国家拥有直接实现手段的政府公共部门，由它们制定具体的且有实行可能性的计划；二是通过活动激发企业的创意和民间部门的活力，仅仅停留在预测性的阶段，也只限于探讨在必要的事项上朝着期待方向引导的政策。

因此可以说，政府在经济计划中的位置是评价“国民收入倍增计划”极为重要的依据。从结果上看，从以往的计划以产业和贸易等物质面为中心的“产业计划的特色”转向重视社会资本、教育和社会保障等“社会性方面”①。

3. 计划的执行

首先，作为今后经济运营指针的综合性长期经济计划，迄今为止政府所制定的各种主要的长期计划应该按照本计划的方针进行调整。其次，本计划相对于每年制定的短期经济运营方针，应该从长期增长的观点，将其作为必要施政方向的标准来执行。相应地，每年以这个计划为指南，建立包括下年度经济运营基本态势的计划大纲，以期待长期计划的稳步实施。当然，现实的经济状况中会出现景气的变动，再加上可能会受到国外各种势态的较大影响，所以在计划的实施过程中应避开机械、强硬的做法，而应该采取对于处理景气变动所应有的“弹性、机动”的灵活性态度。

现实的经济中如果出现经济发展的内外条件比计划设想得更好的情况，那么计划中的各项目标将有可能在计划实施期间就达成。当然，在比计划预期更快实现增长的情况下，如果这种势态不阻碍经济发展和社会稳

① ［日］経済企画庁：『国民所得倍増計画』，大蔵省印刷局，昭和38年3月，9ページ。

定，并且不妨碍将来的经济增长，那么就是对日本经济发展好的要因，没有必要抑制其增长。要达成计划的目标，如后文中所述需要相当大的政策上的努力，的确高速经济增长也能够解决日本国内所面临的各种经济问题，但从另一方面来看，过于激进的变化有可能会产生社会性的摩擦，而且持续的增长可能性也会伴随着危险性的产生。

在这一点上，计划在实施期间应该要经常进行与计划开始时经济状况的对比，对于比较的结果，在必要的情况下要对计划进行再次探讨。以上就是计划制定的基本态度。①

### （二）第2章：计划的课题

本部分主要对计划的主要目的、计划的目标进行了说明。

关于计划的主要目的，如前文所述，计划的终极目的是向显著提高国民生活水平和实现完全雇佣的方向迈进，因此必须实现经济增长的极大化。为了实现该目的，计划中表明了扩充社会基础设施、引导产业结构的高度化、促进贸易和国际经济的合作、提高人的能力和振兴科学技术、缓和二元结构和确保社会安定这五大中心课题的必要性。五个中心课题的内容在前文中已做了详细说明。

计划的目标是按照计划目的所制定的方向，展现将来日本经济的姿态，并以具体数值将它表示出来。如表2-1中主要经济指标的基准是1956—1958年的平均值，目标年份的增长率在国民总生产上表现为2.67倍，年增长率为7.8%，人均国民收入略少，为基准年度的2.38倍。但需要说明的是，前3年9%增长率的目标设定在表中没有体现出来。

### （三）第3章：目标年份的经济规模和结构

目标年的经济规模和结构主要从经济水平和增长率、经济结构、增长路径和问题点、计划期间的物价问题四个方面进行了阐述。

1. 经济水平和增长率

论及经济水平和经济增长，“国民收入倍增计划”指出目标年份(1970

① ［日］経済企画庁：『国民所得倍増計画』，大蔵省印刷局，昭和38年3月，9-10ページ。

年)的国民总生产为26兆日元，相当于1960年的2倍，表明10年后人均国民收入达到“比现在西欧低一些的水平”。应该指出10年后的1970年“比现在西欧低一些的水平”是一个极为保守的目标。每年的经济状况随着国内外经济条件的变化不可避免地出现景气变动，经济增长不一定是以后10年间的平均增长率，在计划期间会有曲折性变动的可能。并且，伴随着今后新劳动力供给的推移和生产力的提高，从相应的资本增加量的推移状况来看，计划的前半期增长率可能较高，后半期会出现稍微降低的现象。与当前扩充社会基础设施的状况相关联，出现了即使牺牲前半期某种程度的增长，也应该强化将来可扩张基础的议论，从当前雇佣层面的压力来看，应该考虑在一定程度上把经济增长和强化基础两者并行来推进。这从整体上表明了比较积极的姿态。①

2. 经济结构

本部分在预测以第二产业为中心的供给结构、企业设备投资和政府社会资本投资的需求结构之外，还对就业结构、储蓄投资平衡、财政支出、国际收支进行了预测。以下将通过详细的图表和数据对经济结构进行逐层说明。

目标年份(1970年)的总供给的规模和构成如表2-3所示。

表2-3 **供给结构②** (1958年价格，单位：亿日元)

| 项目 | 基准年度 | 目标年份 |
|---|---|---|
| 总供给 | 110 518 | 297 269 |
| 国民收入 | (100.0)79 936 | (100.0)213 232 |
| 第一产业 | (18.8)14 995 | (10.1)21 614 |
| 第二产业 | (33.3)26 648 | (38.6)82 411 |

① ［日］経済企画庁：『国民所得倍増計画』，大蔵省印刷局，昭和38年3月，13ページ。

② 资料来源：［日］経済企画庁：『国民所得倍増計画』，大蔵省印刷局，昭和38年3月，14ページ。

续表

| 项目 | 基准年度 | 目标年份 |
|---|---|---|
| 第三产业 | (37.8)30 243 | (39.8)84 719 |
| 运输、通信、公益事业 | (10.1)8 050 | (11.5)24 488 |
| 调整项目 | 17 499 | 46 768 |
| 海外支付 | 13 083 | 37 269 |

注：括号内表示的是构成比。

表 2-3 反映了不同产业的国民收入中，相对于需求的收入弹性或生产力上的差异，第一产业(农、林、水产业)的增长率在基准年度为 2.8%(最低值)，第二产业的增长率(矿工业、建筑业)为 9%(最高值)。第三产业中，商业、服务业等的增长率为 8.2%，运输、通信、公益事业的增长率为 8.8%。

从构成比来看，第一产业将从基准年度的 18.8%减少到目标年份的 10.1%。与此相反，第二产业将从基准年度的 33.3%增加到目标年份的 38.6%。这表明第二产业将扩大并成为经济发展的主轴。

与以上状况相对应的国民总支出的规模和构成如表 2-4 所示。

表 2-4 **需求结构**① (1958 年度价格，单位：亿日元)

| 项目 | 基准年度 | 目标年份 |
|---|---|---|
| **总需求** | 110 518 | 297 269 |
| **总消费** | (69.6)67 833 | (67.2)174 844 |
| (个人消费) | (59.5)57 979 | (58.1)151 166 |
| (政府消费) | (10.1)9 854 | (9.1)23 678 |
| **总投资** | (30.2)29 470 | (31.9)82 832 |

① 资料来源：［日］経済企画庁：『国民所得倍増計画』，大蔵省印刷局，昭和 38 年 3 月，14ページ。

续表

| 项目 | 基准年度 | 目标年份 |
|---|---|---|
| （企业设备） | (18.3)17 832 | (16.8)43 748 |
| （行政投资） | (5.6)5 505 | (7.9)20 593 |
| （个人住宅） | (2.1)2 062 | (3.8)9 926 |
| （库存增加） | (4.2)4 071 | (3.3)8 565 |
| **海外收讫** | 13 216 | 39 593 |

注：括号内反映的是 GNE 比例。

整体上看，总投资率在目标年份为 31.9%，比基准年度略有提高。投资中约有一半是企业设备投资，预计投资中的行政投资和个人住宅投资将会增加，特别是为达到扩充社会基础设施的要求，预计行政投资也会以高于经济增长率的速度增长，且占国民总生产的比率将从基准年度的 5.6%上升到目标年份的 7.9%。关于个人住宅投资，在目标年份预计会达到 9 926 亿日元，相对于国民总生产的比例也会从基准年度的 2%左右上升到目标年份的 3.8%，基本接近于西欧国家的水平。而关于库存投资，通过改善流动机构等措施，预计在目标年份达到 8 565 亿日元，将占国民总生产的 3.3%。①

关于消费，其对于“二战”后的日本经济增长作出了很大的贡献，但不论怎样都落后于整体的经济增长速度。随着今后供给力的增加，在增加政府投资的同时有必要增加消费支出，这对于提高国民生活水平来说是必不可缺的。在“国民收入倍增计划”中，预计个人消费支出在 10 年后将超过 15 兆日元，预计其在国民总生产中所占的比例将超过 1959 年。政府消费在目标年份所占国民总支出的比例将会被控制在 9.1%的水准。于是作为结果，目标年份(1970 年)的总消费占总支出的比例会是 67.2%。

接下来关于就业结构，其具体分布状况如表 2-5。

① 《日本国民收入倍增计划》(1961—1970 年度)，载《计划经济研究》，1985-03-14。

表 2-5　　**就业结构**①　　（单位：万人）

| 不同产业和构成 | | 基准年度 | 目标年份 |
|---|---|---|---|
| 第一产业 | 个人业主 | 573 | 527 |
| | 家庭从业人员 | 995 | 550 |
| | 雇佣者 | 77 | 77 |
| | 合计 | (39.6)1 645 | (23.7)1 154 |
| 第二产业 | 个人业主 | 111 | 97 |
| | 家庭从业人员 | 66 | 47 |
| | 雇佣者 | 829 | 1 424 |
| | 合计 | (24.2)1 006 | (32.2)1 568 |
| 第三产业 | 个人业主 | 297 | 269 |
| | 家庭从业人员 | 181 | 138 |
| | 雇佣者 | 798 | 1 401 |
| | 合计 | (30.7)1 276 | (37.1)1 808 |
| 运输、通信公益事业 | 个人业主 | 5 | 4 |
| | 家庭从业人员 | 2 | 2 |
| | 雇佣者 | 220 | 333 |
| | 合计 | (5.5)227 | (7.0)339 |
| 合计 | 个人业主 | (23.7)986 | (18.4)897 |
| | 家庭从业人员 | (29.9)1 244 | (15.1)737 |
| | 雇佣者 | (46.4)1 924 | (66.4)3 235 |
| | 合计 | (100.0)4 154 | (100.0)4 869 |

注：①以国民收入统计的就业人员为基础；

②括号内表示的是构成比。

① 资料来源：［日］経済企画庁：『国民所得倍増計画』，大蔵省印刷局，昭和 38 年 3 月，15ページ。

从1960年到1970年，非第一产业雇佣者规模增加了1 079万人，再加上作为交换补充的人数共增加了1969万人的需求。对此，学校毕业生将会提供1 703万人的劳动供给，其差额为266万人。这必然要求从第一产业中转移出243万人，以及从非第一产业的个人业主、家庭从业人员中转移出23万人，才能满足这一差额。另外，第一产业和非第一产业中的个人业主、家庭从业人员的数量，由于整体上劳动力的转移和退休情况的出现，即使会有若干新劳动力供给的补充，也不会改变其大量减少的状况。可以通过就业上的不同构成比例来看其就业结构，如表2-5所示，对应产业结构的变化，雇佣者的比例将从基准年度的46%大幅上升到66%，家庭就业人员的人数将从30%减至15%。与以上状况相对的，第二产业的就业人数将从24%上升到32%，第三产业(包含运输、通信、公益事业等)的就业人数将从36%上升到44%。

于是，预计整体上会出现就业人数比基准年度增加715万人、在目标年份达到4 869万人的结果。这与生产年龄人口的增加数(1 685万)人相比是比较少的，于是就业率(就业人数/生产年龄人口数)从基准年度的66.8%下降到目标年份的61.6%。这是伴随着一般收入水平的上升，低收入家庭中就业状况的缓和，升学率的提高，社会保障的充实，就业率较高的农、林、渔业的减少等原因所造成的。

下面主要介绍“国民收入倍增计划”中各部分的平衡问题。如表2-6所示。

表2-6 **储蓄投资平衡表**① (1958年价格，单位：亿日元)

| 项目 | 基准年度 | | 目标年份 | |
|---|---|---|---|---|
| | 金额 | 构成比(%) | 金额 | 构成比(%) |
| 总储蓄 | 29 470 | 100.0 | 82 832 | 100.0 |
| 资本损耗准备金 | 8 845 | 30.0 | 26 745 | 32.3 |

① 资料来源：［日］経済企画庁：『国民所得倍増計画』，大蔵省印刷局，昭和38年3月，16ページ。

续表

| 项目 | 基准年度 | | 目标年份 | |
|---|---|---|---|---|
| | 金额 | 构成比(%) | 金额 | 构成比(%) |
| 法人保留 | 4 078 | 13.8 | 12 389 | 15.0 |
| 个人储蓄 | 10 659 | 36.2 | 27 469 | 33.1 |
| 政府经常剩余 | 5 924 | 20.1 | 18 524 | 22.4 |
| (扣除)国际收支差额 | △ 490 | △1.6 | 2 295 | 2.8 |
| 统计上的偏差 | △ 526 | △1.8 | — | — |
| 总资本形成 | 29 470 | 100.0 | 82 832 | 100.0 |
| **政府投资** | 8 043 | 27.3 | 28 135 | 34.0 |
| 政府企业 | 2 538 | 8.6 | 7 542 | 9.1 |
| 行政投资 | 5 505 | 18.7 | 20 593 | 24.9 |
| **民间投资** | 17 356 | 58.9 | 46 132 | 55.7 |
| 民间企业 | 15 294 | 51.9 | 36 206 | 43.7 |
| 个人住宅投资 | 2 062 | 7.0 | 9 926 | 12.0 |
| **库存投资** | 4 071 | 13.8 | 8 565 | 10.3 |

注：本表的行政投资中国民经济计算上的转移支出部分不包含取得土地的费用。

首先，总储蓄和总投资具有相对应的关系，总投资中所占的民间和政府的企业设备投资比例约为53%。虽然，这与基准年度的超过60%的比例相比要小一些，但这一数值作为计划中充实社会资本的一个政策目标，期待着通过扩充社会基础设施带来产业投资的效率化。其结果表明，与社会基础设施相关的行政投资、个人住宅投资的比例从占基准年度的26%大幅增加到目标年份的37%。相应的投资需求和总储蓄的具体数值如表

2-6 所示。

关于涵盖资本损耗准备金和法人保留的企业储蓄比例，从基准年度的43.8%增加到47%以上，这表明政府期待企业向充实自身资本的方向努力。与此相对的，个人储蓄的比重虽稍微有些下降，但依然有33.1%，这可见其重要性。同时，个人储蓄率若伴随着今后的经济高速增长出现大幅降低的情况，则有可能导致储蓄的不足，个人可处理收入的储蓄率有必要达到15%。另外，如果在计划实施的十年时间内，个人储蓄率持续急速上升，将不会产生储蓄额不足的情况，但也会产生消费需求相对减退的状况，从而造成需求和供给不平衡。

财政收支平衡的概要如表2-7所示。

表 2-7 **财政收支状况①**

（1960 年度价格，单位：亿日元）

| 项目 | 基准年度 | | 1960 年度 | | 目标年份 | |
|---|---|---|---|---|---|---|
| | 金额 | 构成比(%) | 金额 | 构成比(%) | 金额 | 构成比(%) |
| (收入) | | | | | | |
| 租税和政府专卖利润 | (16 487) | 72.0 | 21 427<br>(20 682) | 76.9 | 46 490<br>(44 875) | 81.7 |
| 税外收入 | (2 800) | 12.2 | 3 235<br>(3 123) | 41.6 | 5 260<br>(5 077) | 9.2 |
| 运用资金、私营借入资金 | (1 526) | 6.7 | 2 449<br>(2 364) | 8.8 | 5 184<br>(5 004) | 9.1 |
| 上年度剩余资金 | (2 074) | 9.1 | 758<br>(732) | 2.7 | — | — |

① 资料来源：［日］経済企画庁：『国民所得倍増計画』，大蔵省印刷局，昭和38年3月，17ページ。

续表

| 项目 | 基准年度 | | 1960年度 | | 目标年份 | |
|---|---|---|---|---|---|---|
| | 金额 | 构成比(%) | 金额 | 构成比(%) | 金额 | 构成比(%) |
| 合计 | (22 878) | 100.0 | 27 869<br>(26 901) | 100.0 | 56 934<br>(54 956) | 100.0 |
| (支出) | | | | | | |
| 财政消费 | (9 855) | 47.4 | 12 470<br>(12 037) | 44.9 | 24 530<br>(23 678) | 43.1 |
| 行政投资 | (5 614) | 27.0 | 9 370<br>(9 044) | 33.8 | 22 190<br>(21 419) | 39.0 |
| 转移支出 | (5 320) | 25.6 | 5 899<br>(5 694) | 21.3 | 10 214<br>(9 859) | 17.9 |
| 内部转账支出 | (2 073) | 10.0 | 3 045<br>(2 939) | 11.0 | 6 900<br>(6 660) | 12.1 |
| 合计 | (20 789) | 100.0 | 27 739<br>(26 775) | 100.0 | 56 934<br>(54 956) | 100.0 |
| 年度剩余金额 | (2 089) | | 130<br>(126) | | — | — |

注：①1960年度的是预算数字。

②括号里的是1958年的数据。

如表2-7所示，目标年份的财政规模大约为5.5兆日元，租税和政府专卖利润和税外收入的比例大约为91%，依然占据政府收入的首位。在支出层面上，行政投资的比例从1960年的33.8%增加到目标年份的39%，这是符合经济整体要求而制定的计划。转账支出(包括生活保护费)等与现在所占的比例相比也有所增加。国际收支状况相关数值如表2-8所示。

表 2-8 **国际收支(汇兑基准)①** (单位：亿美元)

| 项目 | | 1958 年度 | 1959 年度 | 目标年份 |
|---|---|---|---|---|
| 经常交易 | 贸易收支 | | | |
| | 出口 | 28.5 | 34.3 | 84.9 |
| | 进口 | 24.5 | 32.7 | 80.8 |
| | 贸易收支 | +3.7 | +1.6 | +4.1 |
| | 贸易外收支 | | | |
| | 接受 | 6.1 | 6.5 | 13.1 |
| | 支付 | 4.8 | 6.1 | 15.4 |
| | 贸易外收支 | +1.3 | +0.4 | △2.3 |
| | 经常收支 | +5.0 | +2.0 | +1.8 |
| 资本交易 | 长期资本收支 | | | |
| | 接受 | 1.5 | 1.3 | 5.4 |
| | 支付 | 0.6 | 1.6 | 5.9 |
| | 长期资本收支 | +0.9 | △0.3 | △0.5 |
| | 短期资本收支 | △1.3 | +1.8 | +0.7 |
| | 资本收支 | △0.4 | +1.5 | +0.2 |
| 综合收支 | | +4.7 | +3.5 | +2.0 |

注：各项实绩都是名目上的数值。

如表 2-8 所示，“国民收入倍增计划”在目标年份产生 2 亿美元的黑字，这要求贸易收支的黑字有必要达到 4.1 亿美元。为了达成该目标，有必要以贸易结构高度化、改善企业体质、提高生产力以及振兴出口为背景，确保出口额达到 84.9 亿美元(按照汇兑基准，通关基准为 93.2 亿美

① 资料来源：［日］経済企画庁：『国民所得倍増計画』，大蔵省印刷局，昭和 38 年 3 月，18ページ。

元)。如果出口目标能够实现，产业结构高度化所需要的原材料、设备等的进口将有可能达到80.8亿美元(按照汇兑基准，通关基准为98.9亿美元)。

关于个人的平衡，个人可处理收入总额预计为18兆日元，作为国民总生产的比例与基准年度基本保持相同。这表明个人收入总额的增加率大致与经济规模的增长率并行。消费支出的比例在强烈反映现状推移的情况下预计大约为可处理收入的80%，这是可能考虑的最低消费率，85%左右的消费率应该是可能的。其结果为个人储蓄率大约为15%，较全面地考虑到了投资、储蓄平衡，需求、供给平衡等要素之间的均衡。

最后需要言及的是目标年份产品生产量的状况。首先，矿工业生产量将会是1959年的3.16倍，其中矿业将是1959年的1.34倍，制造工业将是1959年的3.3倍。在制造工业内部，重化学工业的比例将从1959年的61%大幅度地增加到73%。目标年份的农业生产会是基准年度的1.45倍，其中的畜牧业产量显著增加3.16倍。与以上相对地，农耕、养蚕等产业大致是与现状相同的程度。在反映产业结构变动的同时，进一步地促进了出口结构上的变化，目标年份的工业制成品的出口为基准年度的3.7倍，特别是重化学工业品的全部出口比例达到了53.5%。另外，目标年份的进口额预计约为基准年度的3.2倍，其中食品和原材料的进口比例减少，矿物性燃料、制成品的比例将有所增加。进口结构也呈现出与产业结构高度化发展相一致的变化。

3. 增长路径和问题点

计划的目标显示，从1950年以来的年均经济增长率来看，大约将达到7.2%，实际状况可能会由于内外条件的变化而逐年发生变动。同时增长的类型也会在计划实施的期间发生变化。

预计今后数年间的经济增长将受到过去数年高速增长的强烈影响。由于库存的调整，即使会出现经济增长一时钝化的现象，但整体的基调是持续较高经济增长率的可能性比较高。其主要原因在于，日本的经济结构已具有充分打造经济高度化的可能性，与旺盛的设备投资相应，劳动供给在计划的前半期会非常丰富。并且，与先进国家技术水平的差距在至今为止的增长过程中虽缩小了一部分，但依然存在一些技术差距问题。因此，在今后产业结构高度化的过程中，有吸收先进技术的余地，同时当前所设想的高经济增长率是非常明显的。

当然，在维持这样高速经济增长的可能性上，并不是完全没有问题的。第一个问题是，如前文所述的扩充社会基础设施是否适合经济增长的需要。从这一点来看，要求计划中的行政投资率比1960年以后年均9%的增长率更高，其目的在于推进政府投资，并且对其的使用要求比以前更加重视效率主义。第二个问题是，数年来与经济整体的增长率相对的消费的滞后。消费的相对滞后是与设备投资旺盛状态相反的一方面，如果这种状态持续下去，会出现供给过剩、设备过剩，并带来经济增长钝化的可能性，因此有必要考虑适当地刺激消费需求。第三个问题是，作为外因的海外经济和国际贸易的动向。至今为止的经济发展过程中，世界贸易额顺利增长，交易条件对日本经济的发展也是有利的，但将来会如何推移，还有许多未知的地方。不管怎样，日本经济的国际竞争力是必须强化的，政府也期待各产业的生产力大幅度提高。

关于今后经济发展的条件，比以上问题更为重要的是计划实施期间劳动力供给方式的转变。即新雇佣劳动力的供给从1963年到1967年期间非常丰富，其后预期会出现大幅度减少的状况。从这一点来看，计划的前半期在高速增长的影响下，出现了某种程度上对不完全就业的改善，以及农村劳动力从第一产业部门向第二、第三产业部门转移的状况。预测在计划实施的后半期，农村人口的流出仍然会继续，但伴随经济增长，劳动市场会出现压力进一步加大的问题。作为结果，需求层面的消费需求将成为主要基调，在强调劳动力成本的同时，供给力层面，特别是在劳动力质和量的供给上，有可能产生制约增长的要因。并且通过这个过程，有可能消除经济结构底层存在的低工资雇佣的状况。因此，工资差距会随着经济增长所带来的劳动力市场的变化而有可能自然消除。①

另外，这一倾向表明要提高企业的资本装备率，有必要提高劳动生产率以对抗劳动力不足的状况，尤其是对中小企业而言显得更加必要。这也意味着向高工资、高水平雇佣的经济状况转移。并且这也意味着，至今为止存在于大企业中巨大的资本需求和中小企业中可以低工资进行雇佣的两极并存的状况会发生变化，朝着中小企业中资本需求变大的方向发展。计

① ［日］経済企画庁：『国民所得倍増計画』，大蔵省印刷局，昭和38年3月，19-20ページ。

划期间这种经济基调的变化是在实施计划之际必须考虑的状况。

这种情况对国际贸易层面也会产生影响。也就是在计划的前半期，经济结构在发生变化的同时，依然是以中小企业为中心的劳动密集型商品的出口发挥着重要作用；但在计划的后半期，随着世界贸易结构的高度化和发展中国家工业化的发展，有必要进一步推进日本贸易结构的高度化发展。在此，为确保出口市场，有必要创造能提高劳动生产率的企业结构改革的条件，并通过提高劳动生产率降低成本。

对应以上计划期间经济基调的变化，推进前述的产业结构变化的同时，此期间不同产业的成果和雇佣以及与生产力的关系如表 2-9 所示。

表 2-9 **劳动生产率、就业者增长率、经济增长率(从基准年度开始)**①

(单位:%)

| 不同产业 | 经济增长率 | 就业者增长率 | 人均劳动生产率的增长率 |
|---|---|---|---|
| 第一产业 | 2.8 | -2.8 | 5.6 |
| 第二产业 | 9.0 | 3.5 | 5.5 |
| 第三产业 | 8.2 | 2.7 | 5.5 |
| 运输、通信、公益事业 | 8.8 | 3.2 | 5.6 |
| 全部产业 | 7.8 | 1.2 | 6.6 |

注：全部产业的所占比例是在考虑不同产业所占比例的基础上计算而得。

如表 2-9 所示，从整体上看，与增加劳动力带来的经济增长相比，提高劳动生产率带来的经济增长更大。第二产业的增长率最高，雇佣增加率也最高。与此相反，第一产业的增长率最低，并且随着现代化的发展，雇佣也大幅度地减少，其减少的部分被第二、第三产业所吸收。作为结果，不同产业的生产力大致体现的是相同程度的增长情况，并且相对的劳动生产率从第一产业来看出现了一定程度的改善。这是因为在计划实施期间，日本经济推动了农业革命和工业高度化相结合形式的结构变革的原因。

① 资料来源：［日］経済企画庁：『国民所得倍増計画』，大蔵省印刷局，昭和 38 年 3 月，20ページ。

4. 计划期间的物价问题

计划的目标意味着在实质价格上实现国民经济规模的倍增，在此期间如果出现物价水平的上升，那么名目价格上将实现倍增以上的目标。

计划中采用1958年的价格作为计算价格，假定计划实施期间没有综合性的物价变动，如前文所述，总供给和总需求最终达到均衡，能够长期维持物价水平的稳定。维持稳定的物价是该计划整体顺利实施的不可欠缺的条件。但是，在增长的过程中景气变动并不是完全没有的，日本经济受海外景气变动左右的情况比较多，所以很难消除短期的物价变动。同时，顺应经济增长过程中经济结构所发生的变化，资本、劳动的供给关系也发生变化，所以个别财物和服务也必然会发生不同程度的变化。

在形成价格的诸要素中，劳动成本从长期的劳动需求和供给状况来看，上升压力会逐步加强。这预示着日本经济发展中多年来未能解决的低工资和二重结构的问题能够被消除。为解决这一问题，今后的产业尤其是成本中劳务费用比例较高的部门中，作为抑制价格上升的要因——“提高资本装备率、提高劳动生产率”应该被重视。

但是，没有竞争替代关系、在提高生产力上也有界限的服务业可能会出现价格的上升。并且，由于现行的公共费用、资源的合理分配或经济的正常循环都有被歪曲的一面，所以从长期的观点来看，有必要纠正以促使企业的经营价格合理化。在价格上升倾向的另一方面，由于提高生产力的余地比较大，“量产体制”会给产品和耐久消费品带来价格降低的可能性。还有配给、流通结构的合理化，推进效率化的过程也会抑制消费者物价的上升，并且随着贸易自由化的发展，从海外进口的便宜商品必然会冲击国内商品的价格。当然，在计划实施期间，由于服务费等向较高水平的发达国家的物价体系逐步靠近，预测会出现部分物价上升的状况，因此有必要尽最大努力以控制整体的物价水平。

维持稳定的物价是实现计划不可欠缺的条件，所以有必要采取合适的物价对策，例如，在出现独占行为带来价格的不正当上升时有必要从维护消费者利益的立场通过采取行政手段实施对策。对于因短期的景气变动带来的物价变化，主要通过采取合适的财政金融政策尽可能地缩小其增长幅度。①

---

① ［日］経済企画庁：『国民所得倍増計画』，大蔵省印刷局，昭和38年3月，21ページ。

## 二、第二部分政府公共部门的计划

本部分由5章构成，包括：第1章，计划中政府的作用；第2章，扩充社会基础设施；第3章，提高人的能力和科学技术的振兴；第4章，充实社会保障和提高社会福利；第5章，财政金融政策的合理运营。以上各章的编写是对应于计划的5个中心课题展开的，且5个课题的内容在前文已进行了详细的阐述。其中，第2章和第3章的内容相对应于第1、第4个中心课题，同时第4章和第5章的内容以第1、第3和第5个课题为中心，从横截面上论及相关政府部门的作用，其形式与该内容是相对应的。

### （一）第1章：计划中政府的作用

1. 经济增长和政府的作用

关于“国民收入倍增计划”的对象，政府把中心放在直接拥有政策实现手段的政府公共部门。以往的计划把同民间部门相关联的部分作为前提，同以往相比本计划中缩小了政府直接干预的范围，但被缩小的范围中拥有了比以往更多的责任。一方面，计划的对象以政府公共部门为中心；另一方面，对于民间部门的参与表示了抑制的意思，也表明本计划被给予与至今为止的计划所不同的地位。①

本计划中，政府在对日本经济潜在增长力进行正确评价的同时，还承担了积极培养增长要因、排除阻碍增长要因的任务。同时还通过合适的财政金融政策的运用，确保货币价值的稳定和资金的增长，以及缩小景气变动幅度的任务。这些任务的实现，需要创造能让民间充分发挥创意的条件。于是，计划中政府应该发挥的作用如下：①扩充社会基础设施；②通过教育训练提高人的能力和振兴科学技术；③充实社会保障和提高社会福利；④引导民间产业发展。②

---

① 《日本国民收入倍增计划》（1961—1970年度），载《计划经济研究》，1985-03-14.

② ［日］経済企画庁：『国民所得倍増計画』，大蔵省印刷局，昭和38年3月，22ページ。

2. 实现政策的手段

为了实现计划中所表明的经济政策，应尽可能期待来自民间企业和个人的创意，极力避免采取直接的管理手段。并且尽可能避开直接以个别企业为对象的保护政策，有必要采取充分发挥其经济性的政策。于是，取消以往对物品的管理和外汇管理政策，主要是通过财政金融政策的间接手段对民间部门实施合适的引导政策来实现计划的目标。

在实施政策之际应考虑整体性，并在计划中尽可能明确执行的先后顺序。政策的执行必须是机动而有弹性的。如前文所述，计划中具有预测性特征的部分很多，并且关于国际经济动向等在计划执行阶段上会产生预测不到的变化。在这种情况下，僵硬地考虑计划会产生不必要的摩擦，从而阻碍其健康成长。在计划制定之际有必要考虑以这样的措施来处理事态。

关于计划达成的目标必须强调的是制度的修改。至今为止，对经济增长起到作用的各项制度没有得到重视。但在计划期间，从“二战”后复兴阶段开始迎来了新的发展阶段，在产业结构变化快速发展的时期，有必要修改阻碍经济增长的各项制度。在扩充社会基础设施、普及教育、提高社会福利以及其他所有的政策面上有必要进行这种制度的修改和调整。同时，要致力于精简行政机构和行政的现代化，在推进政策之际有必要严格避免随意设置新的政府机构。

### (二)第2章：扩充社会基础设施

本章包含五大内容：第一，扩充社会基础设施的必要性和基本方向；第二，推进产业的合理配置；第三，确立综合交通体系；第四，整备住宅和生活环境；第五，保全国土并有效利用。

1. 扩充社会基础设施的必要性和基本方向

作为生产活动和国民生活基盘的基础设施的薄弱性问题很早就被提出来了，为满足其发展的要求，公共投资近年急速增长。但经过多年的努力，并没能够推动对国民经济增长和发展十分必要的实施政策顺利进行。因此，深刻感受到在公共投资的“量”和“质”两方面有必要进行根本的探讨，使其走上扩充社会基础设施的轨道。

计划实施期间扩充社会基础设施的第一个方向是整备产业基础设施，

包括道路、港湾、机场等运输设施，电信电话等通信设施，工业用地、工业用水等方面的布局对策等；第二个方向是扩充住宅及生活环境设施等，尤其有必要缓和“城市问题”，包括整备住宅、上下水道、医院、福利设施、文教设施等社会基础设施；第三个方向表明了强化国土保全设施的必要性，包括修复天灾造成的设施损伤和治水等内容。①

按照以上的基本方向，计划实施期间必须扩充社会基础设施，且在实施之际有必要考虑与国民经济整体运营的关联性。按照日本现有状况，基础设施薄弱，基本上表现为后发性的结构不均衡，为完全解决这一问题，需要在计划实施期间进行持续长期的努力。过于快速地扩充基础设施，可能会对民间设备投资带来障碍，造成财政赤字，引发通货膨胀等，整体上是对经济增长产生阻碍的结果。相应地，计划中应考虑与其他诸要素的关联性，从国民经济均衡发展的观点来预测基础设施的最大规模，与行政投资相关的企业设备投资的比例现在是 1∶3，在目标年份将扩大到 1∶2，此计划期间将投入合计 16.13 兆日元(1960 年价格)。

这是扩充社会基础设施所必需的费用，在国民经济中占有非常大的比重，其主要来源应该主要是国民应该负担的租税，所以对其的使用必须特别谨慎，并且今后要通过推进对其投资部分有效率实施的对策，让有限的资金发挥最大的效果。首先，要纠正以往对公共投资的利益均沾性、非效率性，从政府部门间的宗派主义、各种被歪曲的利益关系中脱离出来，实现技术的、经济的合理分配。其次，为确立体制，整顿计划或实施公共投资的相关机构，尽可能把关联部门放在统一视野下，扩充调查费用，在经济合理性的基础上努力推进计划的实施。同时推进建筑部门的机械化和现代化，使各部门的政策实施更具有效率。再次，关于建筑资产的维持和管理，要注意增加维持费用和机构的合理化。最后，用地的获得和补偿问题有可能对今后扩充的社会基础设施产生越来越大的障碍，为实现有效率地进行，有必要将土地向公共设施转用，排除其利用中的不正当利益或过大的权力主张，致力于尽快解决问题。

总之，制定统一的补偿标准、确立评价鉴定制度，或在买卖完结前尽

---

① ［日］経済企画庁：『国民所得倍増計画』，大蔵省印刷局，昭和 38 年 3 月，24ページ。

快着手探讨解决方法，在补偿的合理化和推动各部门的发展上找到根本的解决对策。

基于以上考虑方式，计划中关于扩充社会基础设施的各部门必要的行政投资额如表 2-10 所示。

表 2-10 **行政投资实绩及计划期间的投资额**① (单位：亿日元)

| 年度<br>相关部门 | 1953 | 1954 | 1955 | 1956 | 1957 | 1958 | 1959 | 1960 | 计划期间的投资额 |
|---|---|---|---|---|---|---|---|---|---|
| 道路 | 564 | 571 | 609 | 795 | 1 147 | 1 401 | 1 720 | 2 276 | 49 000 |
| 港湾 | 121 | 97 | 92 | 110 | 142 | 169 | 240 | 272 | 5 300 |
| 农林水产业 | 469 | 434 | 422 | 464 | 536 | 599 | 647 | 825 | 10 000 |
| 小计 | 1 154 | 1 102 | 1 123 | 1 369 | 1 825 | 2 169 | 2 607 | 3 373 | 64 300 |
| 产业占地调整 | | | | | | | | | 5 000 |
| 住宅 | 260 | 271 | 312 | 388 | 416 | 502 | 494 | 534 | 13 000 |
| 环境卫生 | 30 | 56 | 50 | 65 | 115 | 122 | 190 | 248 | 5 700 |
| 厚生福祉 | 271 | 229 | 219 | 202 | 219 | 201 | 231 | 246 | 4 000 |
| 小计 | 561 | 556 | 581 | 605 | 750 | 825 | 915 | 1 028 | 22 700 |
| 治山治水 | 468 | 486 | 468 | 440 | 500 | 518 | 639 | 789 | 11 200 |
| 灾害恢复 | 909 | 736 | 601 | 533 | 491 | 573 | 825 | 733 | 5 300 |
| 小计 | 1 377 | 1 222 | 1 069 | 973 | 991 | 1 091 | 1 464 | 1 522 | 16 500 |
| 合计 | 3 092 | 2 880 | 2 773 | 2 947 | 3 565 | 4 085 | 4 986 | 5 923 | 108 500 |
| 其他<br>（文教设施） | 1 542 | 1 568 | 1 435 | 1 665 | 2 135 | 2 629 | 2 925 | 3 447<br>（673） | 52 800<br>（11 000） |
| 合计 | 4 635 | 4 448 | 4 208 | 4 612 | 5 701 | 6 714 | 7 911 | 9 370 | 161 300 |

注：计划期间的投资额是按照 1960 年的价格来计算的。

① 资料来源：［日］経済企画庁：『国民所得倍増価格計画』，大蔵省印刷局，昭和 38 年 3 月，26ページ。

表2-10中所示的行政投资额是为扩充基础设施所必须确保的规模，当然由于没有考虑到计划实施期间内的景气变动，在决定每年的投资额之际，应该考虑到公共投资作为景气调整手段所能发挥的作用，应该让其拥有很大的弹性。

作为各部门大致的发展方向，为强化产业基础的投资在计划的前半期占有非常重要的比重。但从经济发展的全局来看，道路、港湾等产业基础设施会成为经济发展的障碍，虽说有扩充的必要性，但从行政投资总额的限制以及在与其他部门相均衡的意义上，要使其在计划期间得到理想的解决是不可能的。另外，用来保证民生稳定的投资，作为产业发展基础所必要的产物之外，在计划后期将会提高；为保全国土的投资要求长期、有计划地执行，紧急部分则要求比计划前期更有重点地实施。其他部分预计在计划实施期间是逐步增加的趋势。

立足于今后长期发展的观点，有必要促进日本产业的合理配置，并快速解决地区经济发展不平衡的问题，在经济发展基础上有必要计划性地实施工作，且在实施的同时要进一步切实保持各公共部门的计划性和综合性。如表3-10所示，为推动产业用地政策的实施，除道路、港湾、用水、劳动者住宅等先行投资所需要的费用之外，还专门在计划实施后半期重点着手于北海道、东北、日本中部地区等落后地区大规模工业地带的建设，以及建设新首都等，保留5 000亿日元作为跨部门的产业用地调整资金，以推动这些规划性工作有效果地完成。

2. 推进产业的合理配置

伴随着计划的实施，今后将增强产业配置的合理性。计划中将发挥中心作用的是工业，工业生产从1959年算起到目标年份的1970年会增加3.3倍，相应的必要的用地、用水、道路、港湾等的整备将会成为大问题，产业以及工业地带建设所需用地是否合理化，将成为今后经济发展的重要条件。

关于产业用地政策存在如下问题：①尊重企业的经济合理性；②纠正收入差距和地区差距；③防止过大都市化。本来用地是企业决定的事情，计划中选择了尊重企业经济合理性的原则，但过于自由放任会导致过大都市化、地区间收入差距增大等问题进一步深化，使国民经济朝着非效率化的方向发展。相应地，在产业配置之际必须考虑纠正地区间的差距和防止大都市化的问题。但若过于重点地考虑这些问题，容易陷入无计划、利益均沾式的工业分散化发展状况，其结果将有可能阻碍经济增长。所以，为避免工业零乱分布的状况，有必要对分散的工业实施计划性发展，这从产业用地相关的行政投资或社会基础设施的分配方面来看也是非常重要的。社会基础设施建设是最大的引导手段，但因资金框架的限制，所以如果不是重点集中的投入将不能确保较好的效果。

同时，地区间的收入差距是日本二元经济结构带来的问题，仅依靠用地政策不能充分解决此问题，其他的相关政策，例如农业现代化政策、中小企业对策、社会保障政策等必须结合在一起共同推进才可能解决此问题。

基于以上诸点的考虑，对计划实施期间的产业用地作如下部署：

(1)由已形成的四大工业地带(京滨、中京、阪神、北九州)连接而成的带状区域与高消费区临近、与产业相关联的诸项设施的整备也进行到了一定程度，同时关联产业、外包企业也广泛存在，用地、用水都比较充足，与其他地区相比拥有非常优越的用地条件。相应地，由于社会基础设施的利用效率非常高，该区域在计划实施期间能够充分发挥工业地带的重要作用。因此，在带状区域的中间点打造并整备中等规模的新工业地带，可能会带来生产单位的巨大化及企业联合化的倾向。

(2)带状区域内，原则上禁止向四大工业地带密集的地方进行新的工业集中。取而代之的是对工业用水的水道、道路交通、住宅、下水道等设施的追加投资，并致力于通过再开发提高生产效率。

(3)尽可能在接近四大工业地带的中心地区但保持有一段距离的地方和周边区域分散性地建立工厂，并通过整备交通网以扩大其外延。

(4)日本北海道、东北地区、中部地区在“国民收入倍增计划”实施期间按照既定的计划实施，同时这些区域随着计划的进行，将会在接下来的时间发挥更加重要的作用。计划后半期的重点在于，在经过慎重选定的区域内，整备与大规模中心工业地带相适应的外部条件，并以工业地带为核心，促进工业地带的发展。

另外，对于经济发展落后的地区，从缩小地区间收入差距等观点来看，应推动适当规模的工业地带的发展以及设立适合农村地带的工业分布，因此，在产生各地区特殊用地条件的同时，有必要整备各地区的内陆交通状况并强化区域间的有机结合，从而扩充经济圈的机能。

对应以上产业用地条件的发展方向，区域差距将随着工业地带以外收入水平的相对提高而有所缓和。另外，预计 10 年间新开工业用地大约为 5.5 万公顷，目标年份的工业用水使用量为每天 7 000 万~8 300 万吨。所以，打造工业用地以及建设工业用水水道成为计划实施期间加强基础设施的重点部分。

为顺利推进产业用地的基本发展，有必要进行如下政策或制度的改善：

(1)关于工业用地的建设和整备，在用地、用水、劳动力等要点上顺利地与农业、渔业用地进行调整。

(2)考虑到通过行政投资进行的再开发不会轻易改变东京过大都市化的倾向，政府机构、大学等公共机关可向其他地方转移，并探讨是否有必要建造新首都的议题。

(3)在已形成的四大工业地带的中心地区新建工厂，原则上是禁止或限制的，对工业的地方化分散性发展的奖励指导有必要迅速立法，并形成具体措施。

(4)关于产业和人口配置问题的重要性将会逐步增大，问题不是单纯地停留在工业用地方面，而是涵盖了与地区间差距、地区间劳动力移动、用地、用水问题相关的农业、渔业等诸多方面，有必要设置统一执行产业用地政策的行政机关，并可考虑明确对策方向，设置审议会或调查会。

3. 确立综合交通体系

为实现今后经济的高速发展，解决面临的运输不发达的紧迫问题，建立合理的现代交通体系是非常重要的课题。因此，在考虑今后的国内交通政策之际，以下内容是非常重要的，具体包括：

(1)增强各交通机关的运输能力，通过最大限度地利用技术革新创造出现代化的、合理的交通分布体系。

(2)各交通机关应考虑到需求者能根据各自所需服务和能支付的运费而进行任意选择的状况。

(3)应尊重交通企业各自独立的结算制度，根据原来的价格水平来决定合适的运费，在实现各交通机关部门合理化的同时强化企业经营的基础。

(4)必须保持可动设施能力的增强与固定设施建设的均衡。

因此，对于固定设施，应按照计划进行先行投资。要求可动投资按照设施能力的增强而进行现代化建设。

今后的旅客货物运输需求随着经济规模的扩大，产业结构、地区结构的变化，以及各交通机关运费的不同而发生变化。在以上要因的基础上，对目标年份的运输量的推测，如表 2-11 和表 2-12 所示。

表 2-11　**国内货物运输①**　(单位：亿吨/公里)

| 项目 | 1958 年度(A) | 1959 年度 | 目标年份(B) | (B)/(A)(%) | |
|---|---|---|---|---|---|
| | | | | 增长率 | 年率 |
| 货物运输量 | (100)<br>975 | 1 164 | (100)<br>2 173 | 223 | 6.9 |
| 国铁 | (46.5)<br>453 | 499 | (37.5)<br>815 | 180 | 5.0 |
| 卡车 | (13.3)<br>130 | 152 | (22.9)<br>498 | 382 | 11.8 |
| 内航海运 | (40.2)<br>392 | 513 | (39.6)<br>860 | 219 | 6.8 |
| 私铁 | *7 | *8 | *9 | — | — |

注：①括号内表示构成比。

②*表示外数。

运输结构上，货车、客车和汽车的运输能力提升，航空飞机和乘用车上的增长特别显著。国铁和私铁的运输量将会增加，但占整体的比例在逐步减少。由表 2-11 和表 2-12 可知，从运输量整体来看，预计货物运输量将会增加 2.2 倍，旅客运输量将会增加 2.4 倍。与以上的运输需求相应，

① 资料来源：[日] 経済企画庁：『国民所得倍増計画』，大蔵省印刷局，昭和 38 年 3 月，29ページ。

计划期间有必要大幅增加投资，从而扩充交通设施。今后在进行交通投资时，在制定涵盖整个交通部门的综合计划、提高投资效率的同时，应该特别注意作为国民经济的整体产业用地的处理方法，强化其重要性。

表 2-12　**国内旅客运输①**　（单位：亿人/公里）

| 项目 | 1958 年度(A) | 1959 年度 | 目标年份(B) | (B)/(A)(%) | |
|---|---|---|---|---|---|
| | | | | 增长率 | 年率 |
| 旅客运输量 | (100)<br>2 109 | 2 283 | (100)<br>5 082 | 241 | 7.6 |
| 国铁 | (50.4)<br>1 062 | 1 142 | (40.1)<br>2 039 | 192 | 5.5 |
| 私铁 | (25.3)<br>534 | 556 | (19.3)<br>981 | 183 | 5.1 |
| 巴士 | (20.7)<br>437 | 503 | (28.4)<br>1 445 | 331 | 10.5 |
| 乘用车 | (3.0)<br>63 | 68 | (9.9)<br>504 | 800 | 19.0 |
| 航空飞机 | (0.2)<br>4 | 5 | (2.1)<br>103 | 2 507 | 30.8 |
| 旅客船 | (0.4)<br>9 | 9 | (0.2)<br>10 | — | — |

注：括号内表示构成比。

关于各部门的政策方向，主要是进行道路建设。对应于汽车运输需求的飞跃性发展，大幅度扩大投资规模的同时，应充分考虑将来的产业结构、地区结构，必须按照运输需求重点建设最合适的铁路体系。特别是要注重扩充大都市交通所需的大动脉主干线道路建设，为缓和城市交通的街道和都市高速建设，还有大工业地带以及连接其周边的道路网的整备和扩充。这样投资所需的资金，按照经济规模和可能的行政投资总额，预算为

① 资料来源：［日］経済企画庁：『国民所得倍増計画』，大蔵省印刷局，昭和 38 年 3 月，30ページ。

4.9兆日元。另外，为确保交通安全和提高效率，有必要进行道路收费制度管理方式的改革，对于国家、都道府县、市乡村的道路建设，应进行合理的分配，并在制度层面充分探讨其改革措施。

在今后的运输需求中，国铁的投资额推算会达到2.1兆日元，从强化国铁经营基础的对策来考虑，可能需要1.4兆~1.6兆日元才能达到较好的成果。

日本的都市交通特别是大都市圈的交通困难状况一直被评价为世界最差。对此问题，为破解都市交通狭窄的局面，需要加强铁路、地下铁、都市高速道路的建设，还必须打造能使各交通机关之间效率性地联系的体系。但是，都市交通问题仅凭此是无法解决的，还得立足于都市再开发，强力推进大区域都市计划，才能真正地解决问题。

日本国内海运，因经济活动的消长会出现货物显著性增加或减少的情况，并会受到计划期间陆地运输能力达到极限的状况和铁路交通运费体系正规化状况的影响，预期其会起到非常重要的作用。相应地，随着运费体系的合理化、港湾的整备，也要努力加强国内航船的运费、运输效率的现代化。

关于港湾的建设，考虑到外国贸易的增加和计划设定之时港湾的窘迫程度，根据货物的容纳量，要求建设和整备巨大的重要港湾。同时，“现代都市是拥有机场的都市”，这要求机场不仅是国际交通也是国内交通的重要连接。相应地，对于以国际机场为首的主干机场和其他地方性机场的整备扩充，以及航空安保设施现代化的促进，有必要通过引入高效能的飞机并建立全国范围的航空运输体系来实现。

此外，以电话为中心的现代通信设施的迅速扩充是国民经济和产业现代化发展的重要前提。为促进邮政事业的合理化经营，为提高其服务业的质量，有必要实现邮局内外设施的机械化和邮件运递设备的机动化。

4. 整备住宅和生活环境

计划设立之时引人注意的是提高生产水平和个人消费生活水平的问题，其中侧面反映国民生活的是住宅方面，另外包含住宅问题中的上下水道及其他生活环境设施显著落后的状况，如果持续下去将有可能导致不均衡化的扩大。并且，生活环境设施不会仅因个人意志或收入上升而获得改善，而是随着公共投资的扩大开始出现改善的可能，住宅也会存在一定程度的差异，这是生产水平和生活水平两者共通的特征。通过这些方面的整备，不仅能直接提高国民的生活水平，也能达到确保和再造健全劳动力的效果，从而缓和社会的紧张局面，扩大有效需求，为经济增长作出贡献。

在整备住宅和生活环境之际，其基础是必须考虑彻底贯彻实施都市计划。也就是按照人口和产业的合理性区域分配计划，制定综合性、有机的城市计划的基本纲要，相应地进行高效、合理的都市设施建设，尤其要重视大区域的都市计划。如表 2-13 所示，人口将聚集到城市中，预想城市市区内的人口将比现在增加 400 万人，因此，应整备街道及其他公共设施，为应对第二、第三产业用地需求的增加、达到改善居住环境的目的，必须实现对城市市区最有效的、合理的利用。

表 2-13　　**城市市区的面积和人口①**

| 项目 | | 1955 年度 | 1960 年度 | 目标年份 |
|---|---|---|---|---|
| 总人口(万人) | | 8 928 | 9 390 | 10 222 |
| 城市市区人口(万人) | | 3 833 | 4 543 | 5 936 |
| 非市区人口(万人) | | 5 094 | 4 847 | 4 286 |
| 既存市区 | 面积(1 000 公顷) | 304 | 341 | 341 |
| | 人口(万人) | 3 833 | 4 543 | 4 947 |
| | 密度(人/公顷) | 126 | 133 | 145 |
| 新市区 | 面积(1 000 公顷) | — | — | 99 |
| | 人口(万人) | — | — | 989 |
| | 密度(人/公顷) | — | — | 100 |

注：表中所示是 1960 年的市区情况。

关于住宅，从全局来看，应急对策的时期已经过去，已进入经营

① 资料来源：［日］経済企画庁：『国民所得倍増計画』，大蔵省印刷局，昭和 38 年 3 月，33ページ。

“健康文化”为主题的生活住宅并提供给所有家庭的阶段。因此，作为今后的住宅对策，应该把提高住宅的品质、实现都市住宅的耐火高楼层化、按照收入水平扩大房屋租借市场的供给等作为基本方向。对于住宅建设的援助制度，有必要按照经济情况和社会情况进行再探讨，同时住宅行政有必要从综合性的观点转向一元化且强有力地实施政策。

随着家庭数的增加、社会移动以及为补充住宅消耗的建设需求的增加，计划期内必须进行 8.8 兆~9.7 兆日元的住宅投资。其中，对于公营住宅和公团住宅的租借式住宅，预计将会进行包含土地费用在内的 1.3 兆日元的行政投资，为达到促进都市的现代化发展、确保低收入阶层的居住条件稳定、提高劳动力的可流动性等国家性目标，要提高居住水平，有必要积极实施与行政投资并行的长期低利息的融资政策，同时强力推进其向促进民间住宅投资的方向发展。

对于扩充住宅和公共设施，住宅用地问题的深刻化程度增加，但其最根本的原因还是住宅用地的需求和供给的非均衡性。因此，作为解决住宅问题的对策，在分散都市机能、缓和异常的宅地需求压力的同时，通过大量和适当规模的可租房的供给可以减少不合理房屋建设的宅地需求。另外，应通过对已形成市区的再开发，在提高对现有宅地利用度、实现土地利用合理化的同时积极推进宅地建设。而对于宅地建设，应尽可能从长期、综合的视角计划性地由公共机关部门来承担。预计在计划期间会产生对宅地的新需求，即住宅用地约为 5.8 万公顷，商业用地、公共用地约为 17 万公顷。

此外，还有必要强力推进生活环境、设施整备的对策。首先，上水道在日常生活中的重要性和消费量逐渐增大，有必要进行设施的强化性扩充，且今后最大的障碍是大都市的水源开发问题，必须进行综合性治水、水利工程、与产业用地动向等有机的关联和治理。其次，日本的下水道建设明显落后，这是在生活环境设施建设中应该重点整备的问题。计划期间，要扩大 12~14 公顷的排水面积，公共下水道建设有必要作为大都市发展的重点进行推进。整备之际，应该从行政层面进行综合性、合理的运营，并有必要留意与其道路整备的关联。另外，都市中的公园面积，至少要比计划设立时增加 0.9 万公顷，期望其扩充至 2.4 万公顷的程度。并且，以国立公园、自然公园、清扫设施为首的保健所、母子设施等福利设施，体育设施、图书馆等社会教育设施及其他生活环境设施的整备都处于落后状态，今后应该积极地扩充这些设施。

如前文所述，在计划实施期间应该确保行政公共投资，对于下水道、清扫设施以及简易水道建设预计需要5 700亿日元，对于国家公立医院、国立公园、社会福利设施等建设预计需要4 000亿日元。

最后必须言及的是，产业的发展带来了大气污染、水质污染、地盘下沉等各种公害，预想其今后将不断扩大。对这些公害的预防和消除，应从法律上实施规制，更加重要的是要扩充工业用水水道，进行废水处理设施、下水道、堤防等设施的建设，也有必要促进工厂配置合理化等措施的实施，同时提升公众道德特别是企业道德。

5. 保全国土并有效利用

日本至今为止频繁地遭受风灾和水灾的侵害，"二战"后年均灾害额十分巨大。这表明治山治水的设施在外部条件上比较恶劣，有必要加以强化。

水害对策的第一点在于强化治山治水领域，同时要求实施其他灾害发生在最低程度的政策。并且，有效地利用水资源，使其与经济增长、产业结构以及经济发展的区域相适应，期待治水和利用水之间无矛盾相互补充性的发展。

治山和治水的工作重点首先必须是强化多功能水坝的利用。这能够合理地实现治水和利用水的两大功能，也有利于河川最有利的开发。同时，计划中蓄水池的设置和治山防沙工程的实施对于水系的贯穿和整备都是非常重要的。这样治山治水所需的投资额预期为1. 12兆日元。

其次，要改建并延长12 000~15 000公里的海岸工程，在计划实施期间首先要以重要地区为中心进行，特别是应以产业用地的重点区域作为工程的中心。

关于水利工程，预计上水道、工业用水的需求会显著增加，计划实施10年后推测上水道用水需求将达到每日2 000万~2 200万吨，工业用水需求达到7 000万~8 300万吨。为确保用水，对提高工业用水的回收率等合理化利用的要求也在增强。

在以上治水、利用水的工程实施时，除在事业的重点化实施和解决用地等问题上有必要努力之外，实施政策的重点如下：

第一，为推进治水、利用水之间相互补充性的发展，强化这些部门综合性的企划调整机能是不可欠缺的。这些机能建立在合理的调查研究和理论依据的基础上，今后可从经济效果的测定和技术层面进行努力。

第二，加强设备保全和设施的开发，要求通过明确的责任体制加以完善。

第三，在治水、利用水的支出上，对该地区的经济效果、雇佣效果必须弹性地考虑。特别是对于落后地区，从稳定民生和缩小收入差距的角度来看，有必要期待对于该地区的经济稳定能够发挥作用的投资。

### （三）第3章：提高人的能力和振兴科学技术

1. 经济增长和人的能力

在“二战”后日本经济的发展过程中，劳动力没有成为经济增长的阻碍性要因，这是由于日本曾经有丰富而便宜的劳动力供给。但从长期来看，随着将来劳动力供给增长率的钝化、科学技术的进步以及产业结构的高度化，对劳动力质量的要求会提高。①

作为现代经济社会的最大特征，为了维持经济的高速增长，必须进行制度改革和科学技术革新。伴随着经济发展进入技术革新的新阶段，产业结构也急需转变，为了社会经济的高度持续发展，有必要调整和改善阻碍经济增长的各项制度，使其朝着促进经济增长的方向发展，而其核心力量首先应该是提高社会整体的人力资本积累度以及人的综合能力，这成为经济政策的重要一环。

要提高人的综合能力，必须提高国民整体的教育水平，让国民具有丰富的知识、明确的判断力、正确的价值观以及实践能力，只有提高社会整体的人力资本积累度，才能促进社会转型和国民经济高速增长。日本政府认识到教育水平的提高绝非一朝一夕之事，必须立足于长期的观点，逐步

① ［日］経済企画庁：『国民所得倍増計画』，大蔵省印刷局，昭和38年3月，35ページ。

推进才能完成。由此可知，在计划实施的过程中实现中等教育(含高中教育)的普及是一个长期的课题。

提高科研人员和技术人员的数量和质量是另一重要课题。日本前一阶段的经济发展主要依靠引进外国技术实现经济增长，但今后不能一直停留在仅是对外国技术的消化吸收上，更重要的应该是进行国产技术的研发。所以，在实施“国民收入倍增计划”期间如何培养科技人才是当务之急。

基于以上认识，在国民中普及中等教育，充实科学技术教育，发展职业教育以及扩充职业训练将成为培养人的综合能力的重要举措。将来关于人的能力的开发和利用会越来越重要，并且这不仅是简单的教育、训练的问题，而是涵盖经济、技术、社会生活等多方面，在此有必要通过审议会等机构，探讨与经济增长相关的人的能力的开发和利用等各种问题，并表明其对策方向。

2. 振兴科学技术

科学技术对国民经济的发展和国民生活水平的提高必然会起到作用。实施本计划时，要实现科学技术水平飞跃性提高的目标，在日本国内有必要确立新技术开发的科技基础。因此，纠正以前各产业间技术发展的不均衡，有必要迅速提高从基础研究到应用研究，再到开发研究各阶段上均衡发展的研究水平，并进一步强化科技教育、研究开发、生产之间的有机合作。

当时振兴科学技术面临的最基本问题是以科学技术教育为中心培养科技人才，推进研究开发并改善工业化对策。随着社会发展对于研发人员、专业技术人员需求的增加，预计在“国民收入倍增计划”实施期间会出现17万名科学技术人员短缺的问题，有必要尽快确立增加招收理工科大学学生的计划，与此相应，必然要推动理工科大学的设施更新，学科构成、新教学方法的探讨以及推进理工科大学从基础研究到与企业联合进行应用研究、研究开发的发展方向。

此外，为改善科学技术的质量，需要在提高设备水平、更新老化设备的同时合理利用民间企业和大学的各项设备，通过让学生到民间企业去实习、民间企业给大学设备援助等方式，期待推进科学技术教育效率化的发展。并指出相对于理工科学生的增加，应增加教员人数，并可在研究生系统中培养教员，也应该特别重视与产业界的人才交流，实现产学合作。

当时日本的技术水平比较落后，技术进步的多数还依赖外国技术。为实现今后长期的高速经济增长，有必要在引进外国技术的同时、推进日本国内技术独创性的研究和开发。研究投资的总额，从与国民收入相关的趋势来看，预计在目标年份约达到 3 000 亿日元。这约是 1958 年的 4 倍，占国民收入的比例将从 1958 年的 0.9%上升到目标年份的 1.3%。并且，从日本今后提高科技水平的要求来看，期望达到发达国家用于研究开发经费占总研究投资金额的 2%(4 000 亿日元)的程度。

与扩充研究开发所并列的是充分发展研究体制，即提供优秀的研究者能够充分发挥其能力的环境，强化作为培养研究者机构的研究生院的发展，并在充分发展其主体条件的同时，有必要进一步深化各研究阶段，强化其合作，在推动研究规模大规模化发展的同时确立共同体制。此外，有必要推进科学技术的信息活动和国际交流上的科学技术方面的发展。

必须推进基础教育到研究开发的一贯性，并将其连贯性作为企业活动的一部分。尤其对于工业化实验，期待民间企业的积极活动。同时，基础研究、政府国有部门所进行的研究，应该对民间企业和缺乏研究能力的中小企业进行研究和技术指导，大学和国家研究机构的作用今后将会进一步提高。

为促进工业化的发展，技术交流的活跃性、确立共同发展的体质、集中性的活用资金等应该成为其核心内容。政府为增强企业工业化发展，有必要改善专利制度、改善实验研究的税制，并对中小企业进行技术援助，为进一步推进技术的高度化和量产化设定合理的规范和制度。

3. 确立职业教育和职业训练制度

计划预测伴随着今后日本就业结构现代化的进程，对技术人员和技术工人的需求将会增加。具体而言，预计到目标年份(1970 年)，社会将会出现缺少 44 万名工业高中学历技术人员的情况，因此在计划实施期间有必要增加招收相应数量的工业高中学生。同时，关于技术工人，大概有 160 万人有必要接受掌握新技能的训练，且应该接受再训练的工人预计为 180 万人。

针对如此庞大的培养技术人员的需求和必要性，有必要增设工业高中，同时必须根据产业需求适当考虑学生的专业配置。关于教学内容，在学生掌握基础学科专业知识的基础上，应努力培养其应用能力，同时有必要改善教学设施设备的质量。此外，要加速发展与以上扩充硬件和软件相应的教员、教师等师资力量，并进行必要的再教育。

随着社会产业的高度化发展，对现有劳动者进行专业技能、扩充知识的再训练的同时，必须强化对新劳动力的培养训练。这也是为了能顺利推进劳动者从生产力水平较低部门向生产力水平较高部门移动的需要，同时也应该探讨扩充公共职业训练机构设施设备和确保职业转化训练期劳动者收入的相关措施。并且，技能训练有必要在企业内部通过推进职业训练来完成，但对于进行技能培训有困难的中小企业，有必要由政府和社会来进行指导性的援助。当然，对于技术人员应普及技能考级制度，以提高对他们的社会评价。

此外，在青少年就职之际有必要强化职业指导，让他们学会选择适合自己、能充分发挥自己能力的职业，并制定把就职指导和职业训练融入中等教育之中并成为其中重要一环的教育制度。

提高一般国民素质的政策是维持高度经济社会发展不可缺少的条件，普及中等教育并进一步让青少年接受教育训练将是有效的教育制度。随着社会经济规模的扩大、国民生活水平的提高以及民主主义思想的普及，教育训练对于开发人的综合能力和培养适合现代生活的人才两方面都具有重要的意义。在借鉴“普及中等教育”这一世界性课题的基础上，在日本有必要让 15~18 岁的青少年接受某种形式的教育训练。

日本 1960 年的高中升学率已达到 59.8%，预测在“国民收入倍增计划”实施期间，伴随国民收入增加、产业结构现代化发展、技术进步等诸条件的发展，以人均国民收入相关系数为基础的高中升学率将在 1970 年达到 72%。这期间，从 1963—1965 年将会出现高中升学率急速增长的时期，因此有必要增加高中的数量，尤其是必须考虑增设工业高中。

作为其结果，目标年份(1970 年)25 岁以上人口的学历构成中接受中等教育的人数将占总人口的 24.4%，如表 2-14 所示。

表 2-14 **日本 25 岁以上人口学历的构成统计①**

| 区分<br>年份 | 25 岁以上人口(万人) | 未就学人口占比(%) | 就学人口占比(%) | 义务教育人口占比(%) | 中等教育人口占比(%) | 高等教育人口占比(%) |
|---|---|---|---|---|---|---|
| 1930 年 | 2 854 | 31.0 | 69.0 | 65.0 | 2.3 | 1.7 |
| 1955 年 | 4 245 | 6.0 | 64.0 | 78.3 | 12.6 | 3.1 |
| 1970 年 | 5 904 | 1.5 | 98.5 | 68.1 | 24.4 | 6.0 |

注：①未就学人口中包括可以免接受教育者。

②义务教育包括小学教育。

由表 2-14 可知，1955 年接受中等教育的人口占 25 岁以上总人口的 12.6%，经过 10 余年的发展，至 1970 年，接受中等教育人口的比例将倍增至 24.4%，体现出这一时期日本社会一般国民教育水平整体的提高。

因此，中等教育不是仅以高中教育的形成来完成的，将来应该把职业训练、对各种学校青少年所进行的各类教育训练也作为中等教育的一环来确立并实施。

综上所述，在国民中普及并发展中等教育、充实科学技术教育、发展职业教育以及进行多层次的职业训练是“国民收入倍增计划”中有效地把经济增长和人的综合能力的培养运用结合在一起的具体举措，是涵盖经济、技术、社会生活等多方面的综合性制度改革。

### (四)第 4 章：充实社会保障和提高社会福利

1. 经济增长和社会保障

“二战”后日本的经济增长是引人注目的，但经济增长所带来的产业二元结构和收入差距，其消除之路是非常不顺利的。近年来的经济高速增长反而拉大了其差距。这是由各产业发展有明显差距、相应的劳动力移动不能顺利进行等发展条件所造成的。日本所存在的终身雇佣制、年功序列工资制度等各要素造成了劳动力移动的困难，在此有强调的必要性。相应

① 资料来源：［日］経済企画庁：『国民所得倍増計画』，大蔵省印刷局，昭和 38 年 3 月，38ページ。

地，在今后经济高度增长的过程中即使出现劳动力不足的倾向，收入差距扩大的可能性也是会存在的，为缓和社会的紧张程度有必要考虑这一点。

因此，在计划实施期间以强化并扩充现行的最低工资制度为首，在国民收入分配的第一阶段，确立收入差距不能超越现状程度扩大的政策是必要的。当然要以自由经济为前提，如果统治性的政策实施过度，将会挫伤企业和劳动者的积极性，造成妨碍经济增长的结果。并且，要充分考虑过激的措施给经济整体带来的影响。

在考虑各种条件以后，为防止收入差距的扩大，社会保障制度所发挥的作用将会越来越重要。同时，伴随着唤起有效需求、调整景气变动、发展各种年金制度等巨大的资金蓄积等来考虑，社会保障带来的经济效果不能小看。并且，伴随着计划所产生的大幅度的产业间劳动力移动，能促进农村人口大规模的移动、在纠正农业和工业间收入不平等的基础上不能忘记社会保障所起的改善结构的作用。

基于以上状况，关于计划中的充实社会保障，预计国民收入中的转账收入所占的比例从基准年度的4.8%上升到目标年份的6.1%。预计从1960年开始呈现年均8.9%的上升比例。如表2-15所示。

表2-15　**转账收入支出①**（1958年度价格，单位：亿日元）

| 项目 | 基准年度 | 目标年份 | 对国民收入的比例(%) | |
|---|---|---|---|---|
| | | | 基准年度 | 目标年份 |
| （收入） | | | | |
| 转移支出 | 2 073 | 6 660 | 2.6 | 3.1 |
| 社会保险负担等 | 2 563 | 9 160 | 3.2 | 4.3 |
| 合计 | 4 636 | 15 820 | 5.8 | 7.4 |
| （支出） | | | | |
| 转账收入 | 3 804 | 12 934 | 4.8 | 6.1 |
| 社会保险公积金的增加 | 932 | 2 886 | 1.0 | 1.4 |
| 合计 | 4 636 | 15 820 | 5.8 | 7.4 |

① 资料来源：［日］経済企画庁：『国民所得倍増計画』，大蔵省印刷局，昭和38年3月，40ページ。

如表 2-15 所示，日本该阶段社会保障的规模虽然达不到发达国家的水平，但预计在计划实施期间会得到相当大的改善。把社会保障的目标定在了尽全力减少在一定收入水平之下的人，即“防止贫困而不是救助贫困”。作为防止贫困组织的社会保险在规模上已完全普及全部国民。今后其内容要站在全部国民的视野上，必须在保持公平和均衡的基础上发展。并且由保险组织带来的防止贫困制度自身是有限度的。作为对其的补充，对于母子、身体智障者、精神薄弱者、需要保护的儿童等经济上的弱者，在社会福祉的部门方面期待着进一步的扩充。

关于最低生活水平，意味着从国民的健康和文化上保障最低程度的生活水平，这不用说是保护生活的基准，也应该是支付各种社会保险和计算最低工资水平之际的最低标准的概念。社会保障中的最低生活基准，要考虑到国民之间相互确保一定程度上的社会连带性的国民感情，并在一定区域和一定时间点的生活习惯的基础上制定，并与一般社会发展相对应。推进今后的社会保障，必须是以弹性的最低生活水平为基础而展开。

2. 社会保障的实施方向

社会保障相关的对策方向的论述涵盖了国民健康保险制度、失业保险、年金制度、对社会弱势群体的生活保护制度等各方面。

虽然伴随着经济的高速增长，但日本社会仍然存在贫困和疾病的恶性循环，提高生活补助的标准、促进医疗机会的均等是当务之急的政策方向。“国民皆保险”的制度虽然在 1960 年末会达到目标，但在计划实施期间从劳动状况来看，医疗保险特别是关于国民健康保险和日雇佣劳动者的健康保险还有不少地方需要改善。特别关于国民健康保险，有必要提高对低收入人群的支付水平。并且对于不能加入健康保险的微小企业的劳动者，必须考虑新设伤病残补助制度和由企业主承担保险金的方法。

对于失业情况下的生活保障问题，预想到产业间激烈的劳动力移动对于本计划会产生重要的作用。在此意义上，有必要考虑扩大失业保险的适用范围、失业期间医疗保险的合理使用、对于低工资劳动者提高最低支付金额限度等政策。

关于年金制度，有必要整备体系、提高其支付金额并探讨支付条件。为促进对年功序列工资制度的改进、提高劳动生产率，有必要探讨确立给所有家庭支付儿童补助金的制度。

关于生活保护制度，应再探讨生活保护基准的制定方法，必须在一定程度提高其基准。并且，对于医疗补助、住宅补助、教育补助等要求修改的地方并不少。关于医疗补助，尽可能地充实国民健康保险的内容和强化公费负担制度，从而减少其金额。

社会保障的中心课题是防止贫困，所以推进福利政策是理所当然的。关于推进福利政策，首先是对于一般低收入者，尤其对其中占多数的老人、身体障碍者、精神衰弱人员等必须强化其福利政策。其次，对于作为将来劳动人口的幼儿和少年、母子家庭有必要充实福利政策。因此，有必要强化对低收入阶层的贷款制度、振兴职业介绍部门，并促进副业制度的现代化和对身体障碍者的雇佣。同时，作为今后最大的问题，有必要扩充对成年人中的精神衰弱者实施保护政策的计划。

鉴于将来高龄人口的增加，有必要对高龄者实施综合性政策。关于儿童，预计其人口会减少。所以在今后的经济高速增长中，以提高有限人口的素质和能力为前提，有必要彻底实施关于营养、健康管理、女性保健、教育等综合性的政策。

### (五) 第5章：财政金融政策的协调运行

1. 财政金融政策的基本方向

计划中指明了财政金融政策的基本方向是确保货币价值的稳定，尽可能缩小景气变动的幅度，确保经济增长所需的资金供给。

第一大课题是货币价值问题，可以说经济增长应该是通过货币稳定而被证明的健康增长。在保持财政健全性发展的同时，通过财政金融手段把货币量维持在与经济增长速度和经济结构变化相符合的水平是非常重要的。

关于景气变动的调整，可以通过财政手段和金融手段进行调整。财政手段和金融手段在经济领域里发挥着各自独立的作用，两者之间也要求发挥相互补充的机能。在此意义上，财政收支的季节变动和大幅度提升对金融层面的影响非常大，有必要考虑民间资金处于不被压迫的状态，同时对于金融补助性调整手段的财政投融资所具有的作用也应该重视。

财政金融政策的第二大课题是确保经济增长所需的资金并对其进行合理的分配。计划进一步强调了政府资金和民间资金的互补关系，前者主要是强化经济基础的公共投资，在考虑政策的前提下对一部分产业、社会福利以及教育等民间资金很难流入的部门进行分配，后者是在民间企业里进行分配的原则。

对于资金的调集，首先来自于政府，主要以强制的租税形式，关于其限度，有必要考虑国民负担和民间资本蓄积之间的平衡性。其次，有必要说明财政运营的方式和主要原则。在计划实施期间，以扩充社会资本为中心的行政投资的需求会增加，关于民生稳定的转账支出的需求也会增加。同时，在缩减消费支出上也有其自身的限度。从这一点来看，财政支出的膨胀压力是非常强的，在此基础上必须在收入面上减轻国民的负担，适当调整收支是非常重要的课题。因此，有必要注意以下三点，第一，保持财政的健全性；第二，注意财政规模的合理化；第三，注意与中央和地方相通的财政支出的效率化和重点化。

2. 关于财政金融的重要实施政策

按照以上所述财政金融的基本方向，从应该实现的课题来考虑，今后财政金融的重要实施政策包括以下五个方面的内容：①充实社会基础设施和推进社会保障；②租税制度的合理化；③财政投融资的合理运营；④发挥利息的机能和下调利息水平；⑤引进外资并推进海外投资。①

## 三、第三部分民间部门的预测与引导政策和第四部分国民生活

### （一）第三部分：民间部门的预测与引导政策

1. 民间部门的地位

计划中，对于民间经济主体的立场是尊重其通过自由企业和市场机构追求经济合理性，依据创意和专向研究进行自主活动。对于民间部门，计划表明了期待的意图，作为国民经济将来的发展动向和各种信息的基础，民间企业应该建立企业自身的长期发展计划，放弃过度依存于政府的态度、期待其确立自主的责任体制。在此体制的基础上，民间企业应最大限度地发挥潜在的能量，贡献于经济的增长和发展。其结果是国民收入的增

① ［日］経済企画庁：『国民所得倍増計画』，大蔵省印刷局，昭和 38 年 3 月，44ページ。

加和国民生活水平的提高。

关于政府对于民间部门的作用，其活动要充分地整备环境，通过市场机构自由活动的成果形成经济合理性的基本条件，排除其间的障碍。在此期间，政府有必要从完善的立场推动并引导民间活动，促进国民经济高速且稳定的增长。基于这样的考虑方式，对于民间部门，政府应该推行的政策是尽可能迅速废除对留存产业的直接统治，对个别企业的活动进行最小限度的直接规制。对于市场经济机构，从补充的意义上，有必要一定程度地介入其中的一些部门，在此也尽可能采取贯彻经济合理性的立场：

第一，关于电力、天然气、运输、金融等产业，鉴于其具有公益性的立场和独占的特点，政府的干预是必要的。

第二，关于积极推进外国汇率的自由化，废除美国对其的直接统治，向间接统治的方向转化。

今后，随着外汇贸易的自由化和国际竞争的激化，将推动企业间竞争的激烈化和产业结构的改变。政府应该为民间部门顺利地开展活动以及进行自由且公正的竞争而努力创造条件。

此外，关于自由化，关税政策具有重要的意义，要扩大与其他国家之间有机且合理的经济交流，并有必要顺应今后的经济增长和结构变化整备关税。将来，从比较生产力的立场来看，对于有发展可能性的弱小产业，在一定时期内有必要给予某种程度的保护。通过这样的过程将有助于提高日本的国际竞争力，并成为支撑经济增长的源泉。

2. 促进贸易和经济合作

(1) 改善国际收支。

国际收支的界限曾是“二战”后制约日本经济增长的主要要素。今后日本经济的结构将会得到持续改善，然而计划期间国际收支特别是出口依然是影响经济的重要原因。

为了促进经济的顺利发展，对于进口采取自由的原则，并要求确保充分的出口。因此，出口的消长成为计划整体能否实现的关键问题。

世界贸易在过去的10年间(1950—1959年)以年率6.2%的高速度迅速发展，今后随着“二战”后要因的消除和贸易规模的扩大，发展率将不可避免地出现钝化的结果，预计在计划实施期间会有年均4.5%左右的增长率。并且在今后的国际经济关系上，发达国家推进贸易兑换的自由化、发展中国家的国际收支难、东西方贸易的逐步正常化将成为趋势。

在上述基础上，关于国际收支，为了实现计划中的各项目标，设定了所必需的进口值，推算其他支付项目的规模，以及为能够进行这些支付所必须达到的以出口为首的各项目标值。相关数值可参照表 2-16 中的具体指标数值。

(2)贸易结构的变化及其对策。

在国际收支中贸易收支的平衡占有最重要的地位。为扩大出口而强化日本商品的国际竞争力是不可欠缺的条件，以此为前提，对于目标年份的出口要从商品结构和市场结构两方面来进行探讨。不同商品出口的目标值以出口商品构成比的长期变化动向为基础，参考将来政策上所体现的国内产业结构的变化，并共同预测世界贸易商品结构的变化及设定的数值。具体数值如表 2-16 所示。

表 2-16　　**不同商品的出口额(通关基准)**①

| 类别 | | 基准年度(A) | | 1959 年度(B) | | 目标年份(C) | | 增长率 | |
|---|---|---|---|---|---|---|---|---|---|
| | | 金额 | 构成比(%) | 金额 | 构成比(%) | 金额 | 构成比(%) | C/A(%) | C/B(%) |
| 重化学工业品 | 机械类和搬运用器械 | 603 | 22.4 | 855 | 23.6 | 3 450 | 37.0 | 572(14.3) | 404(13.5) |
| | 金属及同类制品 | 292 | 10.8 | 448 | 12.3 | 1 040 | 11.2 | 356(10.2) | 232(8.0) |
| | 药材、化学制品 | 120 | 4.4 | 169 | 4.7 | 493 | 5.3 | 411(11.5) | 292(10.2) |
| | 小计 | 1 015 | 37.6 | 1 472 | 40.6 | 4 983 | 53.5 | 491(13.0) | 339(11.8) |

① 资料来源：［日］経済企画庁：『国民所得倍増計画』，大蔵省印刷局，昭和 38 年 3 月，48ページ。

续表

| 类别 | | 基准年度(A) | | 1959 年度(B) | | 目标年份(C) | | 增长率 | |
|---|---|---|---|---|---|---|---|---|---|
| | | 金额 | 构成比(%) | 金额 | 构成比(%) | 金额 | 构成比(%) | C/A(%) | C/B(%) |
| 轻工业品 | 纤维制品 | 879 | 32.5 | 1 068 | 29.5 | 1 732 | 18.5 | 196 (5.3) | 161 (4.4) |
| | 食品饮料和烟草 | 206 | 7.6 | 252 | 6.9 | 547 | 5.9 | 266 (7.8) | 217 (7.3) |
| | 小机械类 | 56 | 2.1 | 86 | 2.4 | 400 | 4.3 | 712 (16.3) | 468 (15.1) |
| | 其他 | 246 | 9.1 | 459 | 12.7 | 1 206 | 12.9 | 490 (13.0) | 263 (9.2) |
| | 小计 | 1 387 | 51.3 | 1 865 | 51.5 | 3 876 | 41.6 | 280 (8.2) | 208 (6.9) |
| 工业制品 | | 2 402 | 88.9 | 3 337 | 92.1 | 8 859 | 95.1 | 369 (10.5) | 265 (9.3) |
| 其他 | | 299 | 11.1 | 288 | 7.9 | 461 | 4.9 | 154 (3.4) | 160 (4.4) |
| 合　计 | | 2 701 | 100.0 | 3 625 | 100.0 | 9 320 | 100.0 | 345 (10.0) | 257 (9.0) |

注：括号中表示的是年增长率。

如表 2-16 所示，出口增长中最有力的要因是机械类。预测目标年包括小机械在内贸易额将达到约 39 亿美元，为基准年度的约 5.8 倍，出口构成比将从 24.5%增加至 41.3%，这要求机械类产品出口必须更加努力。接着，其他杂货制品将从 2.5 亿美元增加到约 12.1 亿美元，构成比将从 9.1%上升到 12.9%。与此相对地，以前大宗出口的纤维制品反映市场条件的变化从约 8.8 亿美元上升到约 17.3 亿美元，停留在大约略低于 2 倍的程度，构成比将从 32.5%下降到 18.5%，预计其明显地低于机械类的增加额。

这种商品结构的变化表明了两个倾向。最引人注目的一个倾向是机械类和搬运用器械，药材、化学制品，金属及同类制品所占比重的增加以及纤维制品等所占比重的降低。作为结果，重化学工业品的构成比例从37.6%增加到53.5%，进一步表明了出口结构中重化学工业品化的方向。重化学工业品化符合今后世界需求动向，同时考虑到发展中国家工业化的进展，日本也期待将来重化学工业在获取外汇中发挥中心作用。另一个倾向在于杂货制品的比重增大，杂货制品在现阶段是具有竞争力的商品，也是日本能充分发挥劳动力特性的部门，因此即使在出口结构高度化之后，也不会丧失其重要性。

目标年份(1970年)市场结构的特征倾向，主要是期待在北美、欧洲等高收入地区实现相对于基准年度(1958年度)4倍以上的出口规模。不同于这些区域，预计亚洲、非洲等低收入地区在经济发展的过程中会出现严重的国际收支困难状况，即使实现以增加购买力为目的的经济合作，也很难期待在目标年份有大幅度的出口增长。

作为结果，预计目标年份的市场结构，面向发达国家的出口比重将从基准年度的35.6%提高到45.8%，而相反地，面向发展中国家的出口比重将从61.4%下降到49.0%。实现这样高水平的出口，绝不是容易的事情。作为实现目标的基本方向，应该推进国内产业结构的高度化，预期将来的国际竞争日益激烈，有必要从以下几个方面持续推进强有力的出口振兴政策：

第一，推进经济外交。为顺利推进国际经济关系、消除影响出口增长的阻碍，今后必须强力推进经济外交。

第二，持续扩大出口市场。为持续扩大出口市场，在实施各项政策之外，有必要进行海外市场调查，强化出口商品的宣传，纠正进出口不平衡的贸易。

第三，改善并整备外贸体制。为改善和整备贸易体制，有必要强化商社的机能，同时为纠正日本出口的过度竞争，有必要加强以进出口交易法为中心的法律措施和各种行政措施的实施。

第四，实施贸易金融等振兴出口的措施。振兴出口对贸易金融能发挥很大的作用，特别是为增加今后成套设备的出口，有必要确保日本进出口银行等金融机构的资金来源并强化其机能。此外，也必须实施和改善税制、出口保险制度、出口检查制等各项制度。

此外，关于进口的各项政策，应该推进促进国内经济活动顺利发展的自由化计划，并且对于由自由化产生的各问题，有必要确立合理且弹性的关税制度。

关于贸易外收支，它作为国际收支的一环，必须尽可能地进行改善。其中，预期占最大比重的运输收支，随着远洋航行船只载货重量的增加、日本船只容积比率的上升、第三国运输的增长以及国际航空的强化等会得到实质性的改善。具体数据如表 2-17 所示。

表 2-17　　**远洋航行的海运情况**①

| 项目 | | | 1959 年(A) | 目标年份(B) | 增加率(B)/(A) |
|---|---|---|---|---|---|
| **贸易量** | 出口 | 100 万吨 | 9.6 | 22.6 | 8.0 |
| | 进口 | 100 万吨 | 73.1 | 203.6 | 9.9 |
| | 一般货物 | 100 万吨 | 46.5 | 119.6 | 9.0 |
| | 石油类 | 100 万吨 | 26.6 | 84.0 | 11.7 |
| **容积比** | 出口 | % | 56.1 | 62.5 | |
| | 进口 | 一般货物 | 51.8 | 60.0 | |
| | | 石油类 | 50.8 | 65.0 | |
| **船载量** | 货物船 | 1 000 吨 | 3 633 | 9 850 | 9.5 |
| | 油槽船 | 1 000 吨 | 1 152 | 3 500 | 10.6 |
| | 合　计 | 1 000 吨 | 4 785 | 13 350 | 9.8 |
| 运输上的外汇收支　100 万美元 | | | | | |
| 入账 | | | 114.4 | 440 | |
| 支 出 | | | 262.6 | 754 | |
| 平 衡 | | | △148.2 | △314 | |
| 外汇纯收入 | | | 13 | 111 | |

① 资料来源：［日］経済企画庁：『国民所得倍増計画』，大蔵省印刷局，昭和 38 年 3 月，52ページ。

关于海外旅行的收支，以整备接受体制为前提，预计会出现大幅度的改善。对此，预计随着技术导入支付额的增加、特需收入的减少，贸易外收支将会出现 2.3 亿美元的赤字。在长期资本收支上，预计的收入规模反映了积极引进外资的方针，支出层面上预计今后随着经济合作规模的扩大，会出现超过预期、达到 0.5 亿美元的支付状况。

3. 促进经济合作

经济合作是为应对发展中国家的要求、确保日本增加出口所必需的原材料，并基于今后其重要性将会日益显著的考虑而提出的。相应地，日本有必要按照国家的实力，在一定的范围内积极推进实业投资、贷款供给、延期付款出口等政策。

首先，关于实业投资，随着日本经济的增长，所需原材料特别是矿产物、燃料等资源对于海外供给的依存度增大，有必要对发展中国家进行开发资源的生产性实业投资，这也是为这些国家的经济开发提供资本的重要道路。从企业进出的视角来看，包含生产实业投资和商业等投资在内的实业投资，在计划实施期间预期会达到 35.4 亿美元，就目标年份(1970 年)而言，预期会有 6.3 亿美元的投资。

其次，关于增加贷款供给，为同时满足发展中国家因外汇不足而要求进行资本调集的需求和日本促进资本出口的需求，在提供充足的长期信用供给上具有重要的意义和作用。长期信用供给的诸形态中政府间的借款供给和民间企业的延期付款出口的额度预计在目标年份将达到 15 亿美元，其中由民间企业进行的延期付款出口需要得到日本进出口银行在资金上的援助。

预计在目标年份实业投资、借款以及延期付款出口的规模将达到 21.3 亿美元，此外，考虑到日本接受海外留学生、研修生，以及对日本研究者和技术人员的海外派遣、海外投资等的基础调查以及国际金融机构等的出资状况调查，日本的经济合作将占到国民总生产的 2.9%。

总之，经济合作在目标年份的规模意图扩大到基准年度的 20 倍以上。相应地，为了达成此目标，有必要积极努力地推行政策。并且经济合作要按照对象国所制定的经济开发计划，充分考虑到促进这些国家的经济发展长期且有计划地推进。此外，为有效地推进经济合作，对对象国的经济基础进行充分的调查研究是非常重要的，也必须频繁地与对象国政府进行信息交换。

按照以上的基本方针，促进政府间的资本合作以及民间企业的海外投资、促进一次产品的买卖以及扩大并强化技术援助等各项政策的推进是非常必要的。

4. 强化国际交通

日本的国际收支中贸易外收支所占的比重仅次于贸易收支，其主要项目运输和海外旅行有必要实施如下政策。

关于远洋船只的海运，随着贸易量的增加，海上运费应尽可能地从顺利且稳定地提供日本经济所必需的海外原材料物资的立场上，预计目标年份(1970年)的进口中日本船只的容积比为，一般货物提高60%，石油类提高65%，远洋货船的载货量达到1 335万的总吨数。为实现目标，以企业的自主经营为前提，实施确保造船的资金、纠正高利息、振兴三国间的运输、整备优秀的定期船只和高能效的船只等政策。

关于国际航空，日本设定在1970年占世界国际航空旅客的比率为6%。为达成此目标，需要推进确保购买航空飞机的资金、扩大培养飞机乘务员的规模并强化其竞争力等政策的实施。

关于海外旅行，随着今后各国收入水平的上升和余暇时间的增加，预计来日本旅行的游客会大幅度增加。相应地，在1970年海外旅行的收入与1959年的实绩相当，预期会在外汇基础上增加约7.2倍，达到2.6亿美元；在外国旅客消费额基础上增加约6.5倍，达到61亿美元的金额。作为其对策，通过长期融资促进酒店的整备，改善国内的交通机关，并有必要进一步宣传和改善接待环境。

需要说明的是，民间部门引导相关的产业结构高度化、建立新产业秩序等相应的实施政策，以及推动中小企业现代化的相关措施，将作为“国民收入倍增计划”中的重要施政部分在后面第三节中具体展开分析。

### （二）第四部分：国民生活

第四部分是国民生活部分，其在展望雇佣层面现代化发展的基础上，预测伴随着生产力的提高，国民收入会提高，工资差距会进一步缩小，随之带来的是国民消费水平的提高，并进一步预测了未来国民生活状况。

1. 雇佣的现代化

实现完全雇佣和保障充裕的生活是现代化国家最终应该实现的政策目标。日本至今一直存在劳动力过剩或不完全就业的劳动者，这是克服经济的落后性所要解决的重要课题。本计划的最终目标是要顺利解决这些课题。

如果计划中所制定的政策能有效果地实施、目标能够实现，预计现代的雇佣劳动者会大幅度增加。并且对于雇佣劳动者，应该缩小低收入部门的规模，扩大高收入部门的规模。要使临时工、日雇佣劳动者等不被期待的雇佣形态在计划实施期间完全消失虽然有一定的困难，但日本的雇佣条件和雇佣形态在此期间将毫无疑问地朝着现代化的方向发展。

就业结构的变化会随着产业结构的变化对收入分配结构产生很大影响。产业结构的高度化对工资的影响及其涉及的过程如下所述。即，产业结构中第一产业、第二产业大幅度地增加，而第二产业中的制造业、重化学工业的增长意味着生产力水平高的产业在增长，并且该产业拥有支付高工资的条件。伴随着产业结构变化的经济增长能够提供高工资雇佣的基础。

雇佣需求伴随着经济增长而增加，因为经济增长能带来生产力的增加，所以雇佣的增加率比经济规模的增长率要小，其收入弹性值也有变小的倾向。人均生产力的增加形成了工资上升的基础，而随着生产力提高而出现的工资上升对经济增长是有好处的。

关于将来分配结构的试算存在的问题很多，以产业结构的高度化、生产力的提高、劳动力需求和供给的状况好转以及低收入阶层的减少等前提，大致考虑如下。即，第二产业和第三产业的增加反映了劳动收入和法人收入占全部收入的比例提高到了75%（1958年为63%）；非第一产业劳动收入的分配率会出现若干增加，劳动收入会达到基准年度的约3.3倍。

从人均工资来看，目标年份会是基准年度的1.94倍。

通过这样的过程，收入差距也朝着急速缩小的方向发展。从制造业的试算情况来看，把500人以上规模企业的工资看作100，那么1~4人规模企业的工资约为30%(1957年)，10年以后小规模企业的工资将达到大规模企业的45%左右，预计能创造人均提高2万日元的条件。所以，除了单纯地雇佣新的劳动力，积极地消除低收入劳动者也是本计划的重要课题。①

随着上述就业状况的改善，伴随着经济的高度化，职场内将会打造各种促进现代化发展的环境。

首先，关于工资水平的提高，从国际上看也创造了缩短劳动时间的条件；其次，劳务管理制度也会从年功序列的制度向与职能相应的劳务管理制度发展，这是顺应新技术革新时代的经济发展，对于基础骨干的劳动者，要求其具有综合性判断能力；最后，企业劳务管理体制的现代化能够充分活用通过学校教育和职业训练培养出来的高质量的劳动力。

劳务管理体制的变化将超越工资、个别企业雇佣的封锁性，渗透“相同劳动相同工资”的原则，为顺利实现劳动移动、劳动工会组织的产业化或区域化创造条件。总之，将朝着发达国家的现代化工作环境的方向发展。

2. 消费水平的提高和高度化

国民生活基本上会随着收入的增加而出现全面的提升。从提高生活水平的基本即目标年份的收入来看，预计劳动者家庭的收入水平会提高，人均收入为19.9万日元，增加2.4倍，其他家庭的人均收入为16.3万日元，增加2.3倍。其具体的收入状况如表2-18所示。

如表2-18所示，目标年份在劳动家庭中人均消费支出额为17.9万日元，其他家庭为12.5万日元，两者都达到了基准年度的2倍程度。按照不同的经费项目来看，食品费用在劳动家庭、一般家庭、农户家庭中所占的比例分别上升到了84%、58%、49%，且恩格尔系数非常低。

---

① ［日］経済企画庁：『国民所得倍増計画』，大蔵省印刷局，昭和38年3月，65ページ。

表 2-18 不同类型家庭的人均消费水平和结构①（1958 年价格）

| 经费项目 | 劳动家庭 | | | | | 一般家庭 | | | | | 农户家庭 | | | | |
|---|---|---|---|---|---|---|---|---|---|---|---|---|---|---|---|
| | 人均实质支出额 | | | | (B)/(A) | 人均实质支出额 | | | | (B)/(A) | 人均实质支出额 | | | | (B)/(A) |
| | 基准年(A) | | 目标年(B) | | | 基准年(A) | | 目标年(B) | | | 基准年(A) | | 目标年(B) | | |
| | 金额（日元） | 构成比（%） | 金额（日元） | 构成比（%） | 增加率（倍） | 金额（日元） | 构成比（%） | 金额（日元） | 构成比（%） | 增加率（倍） | 金额（日元） | 构成比（%） | 金额（日元） | 构成比（%） | 增加率（倍） |
| 食品费用 | 30 659 | 41. 66 | 56 685 | 31. 61 | 1. 848 9 | 31 593 | 48. 95 | 50 072 | 40. 23 | 1. 584 9 | 25 855 | 46. 56 | 38 621 | 31. 02 | 1. 493 8 |
| 居住费用 | 6 094 | 8. 28 | 27 795 | 15. 50 | 4. 561 0 | 4 189 | 6. 49 | 11 600 | 9. 32 | 2. 769 2 | 6 325 | 11. 39 | 13 023 | 10. 46 | 2. 059 0 |
| 光热费用 | 3 474 | 4. 72 | 5 505 | 3. 07 | 1. 584 6 | 3 660 | 5. 67 | 5 850 | 4. 70 | 1. 598 4 | 2 549 | 4. 59 | 3 860 | 3. 10 | 1. 514 3 |
| 被服费用 | 8 953 | 12. 03 | 22 487 | 12. 54 | 2. 540 0 | 6 841 | 10. 60 | 13 430 | 10. 79 | 1. 963 2 | 5 864 | 10. 56 | 15 613 | 12. 54 | 2. 662 5 |
| | 8 853 | | | | | | | | | | | | | | |
| 杂费 | 24 514 | 33. 31 | 66 853 | 37. 28 | 2. 727 1 | 18 259 | 28. 29 | 43 513 | 34. 96 | 2. 383 1 | 14 938 | 26. 90 | 53 387 | 42. 88 | 3. 573 9 |
| 消费支出 | 73 593 | 100 | 179 325 | 100 | 2. 436 7 | 64 542 | 100 | 124 465 | 100 | 1. 928 4 | 55 531 | 100 | 124 504 | 100 | 2. 242 1 |

① 资料来源：［日］経済企画庁：「国民所得倍増計画」，大蔵省印刷局，昭和 38 年 3 月，67ページ。

相对于各类家庭中对谷类的消费支出处于停滞的状况，肉、牛奶、鸡蛋的消费显著增加，表明饮食生活中的现代化大幅度发展。关于居住费用，在各类家庭中都呈现出显著增加的状况，尤其以耐久消费品为中心的家具费用预计在劳动家庭中将上升 8 倍，一般家庭中将上升 5 倍，农户家庭中将上升 3 倍。至于水电费，城市和农村预计都将增加 1.5 倍，其中用电、天然气等随着家庭电器化的发展预计会增加 3～4 倍。

在以上各种消费水平提高的同时，预测消费内容上也会出现高度化，这也是促进产业结构高度化发展、从需求层面支撑直接增长的要因。

国民生活水平的提高基本上是由收入增加带来的，其对策首先必须是追求个人收入的提高，但也存在作为个人很难自由选择的部分。也就是说，改善并扩充住宅、生活环境设施等是非常重要的实施政策。

今后作为提高国民生活的方向，必须注意两个要点。第一，伴随着经济的发展会带来收入的增加、劳动时间的缩短，随之而来的是余暇时间的增加及其对策的问题。为实现“健康且文化”的生活，有必要积极有效得活用余暇时间，且必须充实有教养、文化以及健康的生活。第二，对应于消费结构的高度化，维持健全的消费生活是站在消费者立场上所应有的对策。也就是包含稳定消费者物价、各种保护消费者的对策，乃至普及和指导消费知识等内容的对策。

3. 将来国民的生活

通过国民的创意和政府政策的合理实施，充分发挥日本潜在的增长力，在今后的 10 年或者更早的时期内，如果能够实现国民收入的倍增，国民生活水平将会获得显著的提高。

日本人均国民收入在 10 年后将达到 20.8 万日元(按照现行的外汇比价换算为 579 美元)，约为现在的 2 倍的水平。

随着收入的增加、消费水平的提高，生活内容也会获得显著的改善。

首先，从饮食生活来看，国民的营养水平将得到大幅度的改善。如表 2-19 所示，国民的物质生活内容将会变得非常丰富。

表 2-19　　物质消费的推移①

| 项目 | 持有和年间总消费 | | | 普及率和人均消费 | | |
|---|---|---|---|---|---|---|
| | 单位 | 1959 年 | 目标年份 | 单位 | 1959 年 | 目标年份 |
| 总人口 | 万人 | 9 294 | 10 222 | | | |
| 家庭数 | 万家庭 | 2 255 | 2 604 | | | |
| 钢铁消费 | 万吨 | 1 493 | 4 500 | kg/人 | 161 | 440 |
| 乘用车 | 1 000 台 | 300 | 2 240 | 台/1 000 人 | 3.2 | 21.9 |
| 电视 | 万台 | 450 | 2 250 | 对家庭(%) | 20.0 | 86.4 |
| 洗衣机 | 万台 | 420 | 1 850 | 对家庭(%) | 18.6 | 71.0 |
| 冰箱 | 万台 | 60 | 1 320 | 对家庭(%) | 2.7 | 50.7 |
| 纤维(衣料) | 1 000 吨 | 582 | 1 108 | kg/人 | 6.26 | 10.84 |
| 能源 | 7 000kcal(换算成煤炭为100 万吨) | 133 | 283 | 吨/人 | 1.43 | 2.8 |
| 都市天然气 | 100 万立方米 | 2 056 | 4 937 | 对家庭(%) | 22.4 | 30.2 |
| 电灯 | 100 万 kW · h | 11 360 | 32.510 | kW · h/人 | 122.2 | 318.1 |
| 电话 | 1 000 台 | 4 865 | 18 900 | 台/100 人 | 5.2 | 18.5 |

如表 2-19 所示，随着生产力的提高，钢铁和能源的消费当然也会增加，从周围的情况来看，汽车等耐久消费品增加的同时家庭电器化的推进程度、电话的普及率等也得到提高。作为结果，家务劳动的负担也显著减轻，同时随着雇佣的现代化劳动时间的缩短，人们会拥有更多的闲暇生活。

其次，从住宅情况来看，总户数增加了 500 万~600 万户，发展为 2 300 万~2 400 万户，共同居住等不自然的居住形态逐渐消失，1 个家庭

① 资料来源：［日］経済企画庁：『国民所得倍増計画』，大蔵省印刷局，昭和 38 年 3 月，69ページ。

1套住宅的情况将不再困难。从现在的最低水平来看，首先消除大约200万户住宅不足的情况，质量和内容上在目标年份将比现在提高75%以上，通过政府实施的政策，将使耐火型公寓等住宅达到每户三室以上的标准。

同时，与大都市周边的建设卫星城市和培育新工业地带同步，在已形成的城市街道上从有效利用土地的角度推进建筑物的高层化、中高层住宅和二楼以上为住宅楼房的公寓建设，规模性住宅区域和新都市也会更多地出现。对现在具有压力的住宅供给和需求状况，通过对现有住宅用地的有效利用，开辟新的住宅用地从而改善国民的居住化境，并使其稳定化。

再次，关于生活环境的设施，上水道对于总人口的普及率将从现在的50%上升到接近80%，都市天然气的普及率将由现在22%上升到30%，下水道对城市占地面积的普及率将从现在15%上升至40%以上，特别是对于大都市预计将提高到接近70%。并且作为休息场所的都市公园也要进行整备，公园的面积将增加到现在的5倍以上。

关于教育，当前的日本几乎没有文盲，教育水平是非常高的，10年后接受了义务教育的15~18岁青少年的高中升学率将从现在的60%上升到70%，将进一步得到充实。此外，职业训练、青年班级以及各种学校将会得到普及和充实化的发展，并且对应于技术革新的发展，期待理工科教育的比重得到提高。

关于社会保障，在计划实施期间将得到进一步充实，对于疾病、老龄、失业等事故的应对能力将会增强，创造让国民能够安心工作的环境。特别是日本依然存在着贫困和疾病的恶性循环，今后随着一般生活水平的提高，相应的生活补助基准会提高，这将进一步推进医疗机会的均等，“健康且文化”的最低生活将会以充实的形式得到保障。关于老年人的生活，按照需要应该设置约4 000个公立的养老设施和老人院，并扩充为为母子、身体障碍者等提供的设施。同时期待今后消除无医地区和无病床地区。

在雇佣层面，通过经济增长推进雇佣的现代化发展。随着一般家庭收入水平的上升，使低收入家庭中就业状况得到缓和，向高收入状态靠近。最低工资制度也将进一步充实，消除“贫困和失业”所带来的不安，向完全雇佣的目标和丰裕的生活水平靠近。

# 第三节　计划中推动产业结构高度化的具体措施

围绕着产业结构高度化、缓和经济的二元结构、推动中小企业发展等中心问题，“国民收入倍增计划”从以下五个方面实施了具体的措施：

## 一、工业的高度化及强化国际竞争力

### (一)工业的高度化和多样化

将来工业部门的生产和发展是以“二战”后发展至今的重化学工业为中心，进行产业结构的再组合，并进一步推进产业的健全发展，从而扩大规模和推进生产的多样化。

这首先要求确立适合世界市场的出口结构，必须把重点放置在高度加工产业，以机械工业和化学工业为基轴并展开。特别是机械工业无论是作为出口产业还是作为劳动力吸收产业，都是最为期待的产业。也就是说，机械工业作为担负着经济飞跃发展和产业结构高度化的战略产业，占据着重要的地位。期待机械工业整体实现 1959 年度水准的约 4.5 倍的增长，这其中一般机械的预期值最高为计划年度的 5.9 倍，紧接着的是电子机械关联产品，期待实现 4.4 倍的增长。并且，在运输机械中汽车随着国民收入的增加和汽车价格的下降，在目标年份拥有汽车的台数将会达到每千人 22 台，生产量上，包含出口的 40 万台将达到 100 万台。机械出口期待在 10 年后达到占总出口的 40%，即 39 亿美元的程度。

其次，为推进工业部门的持续发展，必须努力推进科学技术的振兴和新产品的创造。在这一点上特别要期待以石油化学工业为基础的高分子化学工业、电子工业和新金属工业的发展。石油化学在目标年份的化学工业中的比重要提高至 50%。并且，为适应原子能利用的进展，有必要考虑原子能关联产业的培育和发展。①

随着产业结构的高度化、多样化趋势以及其他方面的社会公共设施的

① ［日］経済企画庁：『国民所得倍増計画』，大蔵省印刷局，昭和 38 年 3 月，53ページ。

扩充，以此为背景的钢铁等金属工业和水泥为主体的基础产业的作用也将持续变大。特别是在钢铁产业上目标年份的粗钢生产要达到4 800，为达到这样的生产能力，10年间有必要新建日产2 000吨的高炉约30处。在这些部门内，要注重量的扩充，同时保证向关联部门提供低廉而稳定的供给。

另外，在劳动集约型、生活性较强的纤维、食品、杂货等轻工业部门中，在出口的层面和雇佣的层面都期待得到全面发展，这些产业都意图实现向高层次加工产品的转移和产品的多样化。特别是由于纤维部门中合成纤维的生产显著增加，在全部化学纤维中所占的比重预想将达到约一半的比重。

从这个方向来考虑，预测10年后的工业生产会达到1959年度的3.3倍左右。以行业种类来看，机械(4.5倍)、化学(3.4倍)、石油煤制品(3.5倍)、钢铁(3.0倍)等重化学工业将大幅度增长，按照橡胶(3.0倍)、煤矿业(2.8倍)、非钢铁类(2.6倍)、纸和纸浆(2.4倍)、纤维(2.1倍)、食品(1.9倍)、皮革(1.8倍)、制材(1.5倍)等的以上顺序增长。此外，因矿业的增长停留在1.3倍，矿工业整体应该能达到1959年度的3.2倍的水平。

表2-20　　**将来的矿、工业水平和产业构成①**

| 产业分类 | 矿业生产指数 1955年=100 | | | 增长率(B)/(A) | | 产业构成(%) | |
|---|---|---|---|---|---|---|---|
| | 基准年度 | 1959年度(A) | 目标年份(B) | 倍率 | 年率(%) | 1959年度 | 目标年份 |
| 矿、工业 | 141.3 | 193.0 | 610 | 3.16 | 11.0 | — | — |
| 矿业 | 117.8 | 119.4 | 160 | 1.34 | 2.7 | — | — |
| 制造业 | 143.3 | 199.2 | 648 | 3.25 | 11.3 | 100.0 | 100.0 |
| • 钢铁 | 133.1 | 185.9 | 550 | 2.96 | 10.4 | 9.8 | 8.8 |

① 资料来源：［日］経済企画庁：『国民所得倍増計画』，大蔵省印刷局，昭和38年3月，54ページ。

续表

| 产业分类 | 矿业生产指数 1955 年=100 | | | 增长率(B)/(A) | | 产业构成(%) | |
|---|---|---|---|---|---|---|---|
| ●非铁 | 131.9 | 184.6 | 480 | 2.60 | 9.1 | 3.5 | 2.8 |
| ●机械 | 198.9 | 343.9 | 1 540 | 4.48 | 14.6 | 34.3 | 47.2 |
| ●化学 | 140.3 | 177.2 | 610 | 3.44 | 11.9 | 11.1 | 11.7 |
| ●石油、石炭产品 | 153.3 | 223.3 | 770 | 3.45 | 11.9 | 2.5 | 2.6 |
| 煤矿业 | 136.0 | 169.6 | 480 | 2.83 | 9.9 | 4.9 | 4.2 |
| 橡胶 | 143.8 | 208.0 | 620 | 2.98 | 10.4 | 2.1 | 1.9 |
| 皮革 | 117.0 | 125.0 | 220 | 1.76 | 5.3 | 0.3 | 0.2 |
| 纸、纸浆 | 127.7 | 168.7 | 400 | 2.37 | 8.2 | 3.6 | 2.6 |
| 纤维 | 124.0 | 145.4 | 310 | 2.13 | 7.1 | 12.8 | 8.3 |
| 制材 | 115.6 | 124.1 | 180 | 1.45 | 3.4 | 2.3 | 1.1 |
| 食品 | 113.2 | 127.4 | 240 | 1.88 | 5.9 | 8.8 | 5.0 |
| 香烟 | 100.6 | 112.8 | 160 | 1.42 | 3.2 | 0.7 | 0.3 |
| 其他 | 171.5 | 268.6 | 880 | 3.28 | 11.4 | 3.3 | 3.3 |
| 重化学工业 | | | | | | 61.2 | 73.1 |

注：●表示的是重化学工业。

如表2-20中的具体数据所示，在计划实施的10年间，伴随着工业生产的增加，工业发展朝着多样化的方向推进。当然在工业生产的增加和推动工业多样化之际应该预想到会有很多的障碍，有必要努力克服这些困难。特别应该注意的是，不仅单纯在量上要增加，对应向自由体制转移为契机的产业结构高度化的要求，有必要实施如下具体政策措施：

第一，设备的现代化、确立量产的体制和专业化、商品的规格化，并通过产业的联合以强化企业国际竞争力。

第二，矿、工业部门在计划实施的10年间，预计达到包括机械工业5.5兆日元、钢铁业3兆日元、化学工业2.5兆日元在内，合计16兆日元的设备资金，为确保该项资金，有必要加强产业自身的资本蓄积。

第三，确保能源、矿产、木材等海外原燃料低廉且稳定的供给。

第四，注重已有工业地带的环境整备，并从缩小地区差距的视角合理配置产业并建设新工业地带。

第五，注重以充实国立研究机关、促进民间研究、培养科学技术人员、促进工业化为中心的科学技术的振兴以及培育新产业的发展。

第六，推进中小企业的现代化，确保大企业与中小企业之间以及中小企业之间的社会分工体制。

最后，在推进以上各项政策之际，政府有必要不断推行补充政策和引导政策。①

### （二）高速增长和充实自身资本

向着贸易自由化发展的当前阶段，对经济在实现产业机构高度化的同时，有必要强化企业自身的经营能力。虽然日本经济取得了显著发展，但能看到企业经营所呈现出的弱化的一面，也就是企业自身资本占使用总资本的比重低下，对借款的依存度增强，整体上资本构成显著恶化。其原因的一半来自于经济的急速增长中企业进行了超过其自身资金调节能力的实体扩张。所以，在以后高速增长持续的情况下，资本构成会逐步恶化的趋势让人忧虑。其另一半原因在于，企业的税收制度和金融制度等诸多环境条件无法顺应经济的发展。关于这一点，实施如下对策，将能进行循序渐进的改进：

第一，为实现自身资本的充实，应该促进增资、扩充并强化把外部资金变成自身资本的诸项对策。

第二，改善折旧制度。为顺应最近高速的技术发展，应该着力于在经济性的耐用年数上缩短机械装置的折旧年限。一般来说，折旧年限的缩短会支持技术革新，同时会带来唤起投资需求的效果。并且在这一点上，充实自身资本的政策会成为积极支持增长的要因。

第三，减轻利息负担。日本整体的利息水准比较高，同时企业的借款

---

① ［日］経済企画庁：『国民所得倍増計画』，大蔵省印刷局，昭和 38 年 3 月，54ページ。

金额较多，因此其支付的利息负担在双重意义上变高了。今后有必要降低利息水准，强化企业内部的蓄积力。

在上述诸项政策之外，作为充实自身资本和确保稳定的他人资本的对策，今后应努力强化企业的债券市场。

### (三)新产业秩序的形成

作为工业高度化和现代化的一个重要方面是必须建立新产业秩序。其理由在于，第一，日本经济狭隘的市场上存在着许多弱小的企业，以及无法进行大规模生产的中小企业，许多在低工资的基础上进行着不安定的经营；第二，一系列技术革新的推进在生产结构和消费结构上持续引起了急剧的变革；第三，有必要进一步推进向自由体制转移的情况。特别是在增加了同外国企业直接竞争的情况下，作为强化国际竞争力必要环节的新产业秩序的形成是经济增长不可欠缺的要件。这种情况下确立的秩序不仅是单纯地维持现状，更应该是符合经济合理性的体制。

从以上观点来看，作为今后产业秩序的长期方向，应考虑如下几个方面的对策：

第一，为加强国际竞争力，应扩大企业的规模。在此方向上必须考虑企业的集中、合并或集团化，以及确立企业的专业生产体制。

第二，强化不景气的对策。特别是为推进弹性的关税政策和企业间的协调体制，必须努力使景气循环的变动平均化。

第三，确立大企业和中小企业间紧密的协调体制。

第四，通过扩充共同购入、共同开发以确保海外原材料有秩序地购买。并且有必要考虑消除与此有关联的海外市场上的过度竞争。

此外，在贸易自由化过度的阶段，秩序对策具有特别重要的意义，可以防止过度的混乱，保护、培养新兴产业和具有发展前景的产业，以及促使结构衰退产业的顺利转换等。

通过以上对策和举措，能够初步实现向贸易自由化的转移，并顺畅且切实地实现经济的高速增长。①

① ［日］経済企画庁：『国民所得倍増計画』，大蔵省印刷局，昭和 38 年 3 月，55ページ。

## 二、确立合理的能源体制

能源是关联整个经济活动的重要基础物资，以尽可能低廉的价格并且稳定地提供给有需求者是今后日本经济稳定且高速增长不可欠缺的要素。在预测今后能源需求和供给状况之际，应该充分考虑到近期从固体能源向液体能源转移的状况，以及能源需求者能对能源进行自由选择的世界性趋势。

伴随着这种倾向，在考虑到能源需求产业的技术进步、从一次能源的直接消费向二次能源的转换、竞争能源的替代等现象的前提下，1970 年的能源需求如表 2-21 所示。

表 2-21　　**能源需求一览表**①

（7 000kcal/kg 煤炭换算 单位：1 000 吨）

| 项目 | 1959 年度(实际业绩)<br>(A) | 目标年份<br>(B) | 增加率<br>(B)/(A) |
|---|---|---|---|
| 总能源 | 131 815 | 302 760 | (7.8)<br>230 |
| 电力 | (845)<br>50 691 | (2350)<br>141 000 | (9.7)<br>278 |
| 其他能源 | 81 124 | 161 760 | (6.5)<br>199 |

注：①“电力”括号中数值单位是 kW · h(单位：亿 kW · h)。

②“增加率”中上部分的括号内表示的是年平均值。

如表 2-21 所示，即 10 年后 1970 年的总需求为 3.03 亿吨(7 000kcal/kg 的煤炭换算)，约为 1959 年度实际业绩的 2.3 倍。其中，电力需求显著增

① 资料来源：［日］経済企画庁：『国民所得倍増計画』，大蔵省印刷局，昭和 38 年 3 月，56ページ。

加，年均增加率为9.7%，目标年份(1970年)达到2 350亿kW·h，约为1959年的2.8倍。这是以普及自动化等产业需求的增加以及由于家庭生活现代化所产生的对电灯等的需求增加为基础，在全能源需求中所占电力需求的比例从1959年度的38%增加到47%。

从需求部门的构成比例来看，1959年度和目标年份(1970年)相比，矿工业从69.6%上升到71.1%，以增加汽车用油为中心的运输部门从12.6%增加到13.5%，关系到民生的其他部门从15.4%下降到13.4%，农业水产部门从2.4%减少到2%。

关于与此相应的能源供给计划，将来的实施中应考虑到预想能源的进口及其使用的自由化，把以各种能源的经济性为中心的供给构成作为基础，从确保稳定的供给、雇佣问题等综合性观点的角度进行调整。表2-22表明了一次能源供给的整体情况和将来计划的具体数值。

表2-22　　**一次能源供给的构成比率①**

(7 000kcal/kg 煤炭换算 单位：1000吨)

| 能源单位＼实数单位＼年度 | | 1959年度 | | 目标年份 | | 构成比率(%) | |
|---|---|---|---|---|---|---|---|
| | | 实数 | 换算 | 实数 | 换算 | 1959年度 | 目标年份 |
| 水力(送电端) | 亿kW·h | 616 | 36 950 | 919 | 55 140 | 27.6 | 19.5 |
| 煤　炭 | 1 000吨 | 56 751 | 50 636 | 84 640 | 81 278 | 37.8 | 28.7 |
| 生　产 | | 47 886 | 42 666 | 55 000 | 50 914 | 31.9 | 18.0 |
| 进　口 | | 5 684 | 6 252 | 25 640 | 28 204 | 4.7 | 10.0 |
| 褐　炭 | 1 000吨 | 1 445 | 723 | 400 | 200 | 0.5 | 0.1 |
| 石油 | 1 000kal | 27 522 | 39 356 | 98 335 | 140 618 | 29.5 | 49.6 |
| 国产原油 | 1 000kal | 482 | 689 | 1 500 | 2 145 | 0.5 | 0.8 |

① 资料来源：［日］経済企画庁：『国民所得倍増計画』，大蔵省印刷局，昭和38年3月，57ページ。

续表

| 能源单位 \ 实数单位 \ 年度 | | 1959 年度 | | 目标年份 | | 构成比率(%) | |
|---|---|---|---|---|---|---|---|
| | | 实数 | 换算 | 实数 | 换算 | 1959 年度 | 目标年份 |
| 进口原油 | 1 000kal | 24 997 | 35 746 | 89 976 | 128 665 | 26.8 | 45.4 |
| 成品进口 | 1 000kal | 2 043 | 2 921 | 6 859 | 9 808 | 2.2 | 3.4 |
| 天然气 | 100 万立方米 | 684 | 780 | 2 053 | 2 340 | 0.6 | 0.8 |
| 薪炭 | | — | 5 284 | | 3 650 | 4.0 | 1.3 |
| 核燃料 | 吨 | — | — | (226) | (2 260) | | |
| 煤炭换算合计 | 1 000 吨 | | 133 729 | | 283 226 | 100.0 | 100.0 |
| 1959 年 = 100<br>进口能源的比率 | % | | 100.0<br>33.6 | | 211.8<br>58.8 | | |

注：①石油成品的进口是在没有考虑原子能发电情况下的数值。

②关于核燃料，只计入了互换的数据，该实数内包含了换算成天然铀的部分，煤炭换算的部分不包含在内。

如表 2-22 所示，能源的总供给量为 2.83 亿吨，1959 年和目标年份(1970 年)的能源供给构成比率分别为：水力从 28%降到了 20%，煤炭从 38%减少为 29%，石油从 30%增加到 50%，其中进口能源的比率从 34%上升到 59%，已占有半数以上的比率。而不同能源的供给量分别表现为：电力变换成水力 919 亿 kW · h、火力 1 679 亿 kW · h(送电端)，发电设备用于电气部门上包含着 10%的供给预备力水力 2 200 万 kW，火力 3 100 万 kW，合计为 5 300 万 kW(1970 年末)，约增加到现在的 2.9 倍。石油中的进口原油将达到 9 000 万 kW，石油制品进口将达到 700 万 kW，原油的处理能力必须达到 32.6 万 kL/日(205 万桶/日)，约为现在规模的 3.2 倍。预计国内煤炭将达到 5 500 吨(含精制炭)，今后将进一步积极推进合理化，并有必要强化竞争能源的经济性。

此外，1971 年以后作为经济发展基础且被期待的原子能发电，从开发的准备阶段到目标年份为止预计会达到约百万 kW 的规模。

今后能源发展政策的基本方向是确立以经济性为中心的合理的能源供给构成，减轻进口能源的外币负担，并应确保满足需求的稳定的供给量。从这个观点来看，有必要重点推进如下的各项政策。

第一，降低并稳定能源价格。顺应今后的自由体制，为强化日本产业的国际竞争力，应首先纠正在以往贸易和外汇限制下形成的扭曲的能源价格体系，有必要采取措施降低能源价格和确保其价格的长期稳定。因此，关于煤炭，在推进生产层面和流动层面合理化的同时以合适的雇佣对策为依据下调价格；关于电力，通过合理化和合适的政策尽可能防止价格的上升，并有必要努力实现价格的稳定；关于石油，随着自由化带来的是价格的下降以及对不同油种的价格体系的调整，即使是城市天然气，由于普及率的提高，也能够期待使用料金的下降。

第二，确保计划性增加能源供给设备所需的设备资金。如前文所提及的以需求和供给为前提，到目标年份能源产业所需准备资金分别为：电力 4.8 兆日元，煤炭 2 900 亿日元，石油 8 300 亿日元，都市天然气 2 500 亿日元，原油及天然气 1 300 亿日元，合计达到 6.3 兆日元，这对于能源产业的设备投资以及进行长期的计划是有必要的，同时有必要确保由民间金融机构顺畅地提供资金、促进外资的导入、增强内部年保留资金、活用财政投资和融资以及保证内外资金的顺畅调配等。

第三，进口源对策。在目标年份进口能源的比率增大到了 59%，所需要外币占进口总额的近 20%。因此有必要确保进口能源的稳定供给和减轻外币负担，通过经济合作积极开发海外能源资源，并有必要积极推进扩充游轮船队，通过建造煤炭专用船只提高日本制船只的使用比率。

第四，整备能源产业的布局条件。为发展电力和石油部门，有必要新建相当规模的工业用地、用水及港湾等关联设施，并且有必要整备其相关的布局环境。①

---

① ［日］経済企画庁：『国民所得倍増計画』，大蔵省印刷局，昭和 38 年 3 月，58ページ。

## 三、农林渔业的现代化

农业、林业、渔业，也就是所谓的总称为第一产业的各部门在经济机构和技术性格上不一定相同，但这些又形成了日本经济结构的底层，在强烈地要求现代化这一点上拥有共同的问题点。因此，明确表明必要的施政方向显得尤为重要。

### (一)农业

农业部门在“二战”后的农地改革时期迎来了新的变革。1960—1970年预测农业变化的第一契机是农业人口的减少，第二契机是粮食消费结构的变化。农业人口在“二战”前曾一度固定下来，近期反映经济增长高水平的现象是从学校毕业的学生中从事农业生产的人数急速减少，如果这种趋势持续下去，1970年后农户数约为550万户，预计就业人口减少到现在3/4程度，为1 000万人或1 100万人。粮食消费结构的变化预计伴随着今后国民收入水平的上升，淀粉质的粮食比重降低，畜产物、果实、油脂等的消费将飞跃性地增加。作为结果，国民的营养水平将会大幅度地得到改善。

按照以上条件的变化，为实现农业结构的现代化、缓和国民经济的二元结构，有必要确立新的农业政策。农业的现代化和经营型企业的确立紧密联系。因此，为能够确保与其他产业部门收入水准处于均衡状态的农业收入，可通过培育独立家庭经营和较低生产水平的零星家族经营协作化，并有必要培育效率高的经营模式。这样考虑到技术进步和就业人口的减少，可在计划实施期间培育出100万户的独立经营家庭。在这种经营平均耕地面积为2.5公顷、所需劳动力为3人起、拥有正常的技术水平和经营效率的情况下，一年可获得100万日元以上的粗收益。另外，1970年，预计平均1公顷程度的“过程非独立经营”依然在相当数量上存在着，同时由于兼业的推行，大约有0.5公顷程度的非独立经营依然维持现状或出现减少的情况。但是这些与结构改善政策及其他产业雇佣增加的相关联之处很大。其中关于“过程非独立经营”，在推进自立化政策的同时有必要采取走向协作化的引导政策；关于完全非独立经营，通过增加兼业机会促进其完全脱离农业的同时，有必要向协作化的道路推进。

协作包括生产过程和经营从部分合作走向全面合作的多个阶段，如果考虑到将来技术发展的可能性，预计 10 年后的状况如下：水田合作农业中的经营面积为 20~40 公顷，农耕旱田约为 40~60 公顷，并且需要引进功率为 20~40 马力的大型拖拉机。另外，畜牧养殖经营为最少奶牛 30~50 头左右、肉猪 150~250 头，果树经营为 10~15 公顷，实现现代农业生产。

顺应以上经营机构的变化，日本的农业生产、农产品进出口、生产性及收入等预计如下。预测目标年份(1970 年)的日本国内生产状况，大米约增加 10%，小麦减少超过 10%，蔬菜约增加 20%，水果和甜菜将会飞跃性地增长，预计分别为 2 倍和 4 倍的增长。另外，畜牧农产业部门作为今后农业增长的主力，预计会实现 3 倍以上的增长。特别是牛乳会增长 5.7 倍，表示出显著的增长率。作为结果，农业的增长率为年率 2.9%，不同部门的构成为耕地面积从 84%下降到 69%，畜牧农产业部门从 14%上升到 30%，比重显著提高，日本农业饲养家畜的农业化倾向显著增强。伴随着生产和需要结构的变化，进口及其构成也将发生变化。以往占粮食进口中绝大多数的大米和小麦减少，取而代之的是玉米、大豆和砂糖等进口产品的增长。

在该计划中预计农业收入的增长率为 2.9%，显著低于国民经济的增长率，就业人口以 2.9% 的年率减少，农业部门的生产性上升率达到年率 5.8%，显示了不低于其他产业生产性的增长率。长期以来关注的生产性、收入差距扩大的倾向在一定程度上被限制了。①

为能在目标年份顺利圆满地实现这样的农业结构，很大程度上依赖于农业政策。而在再次探讨阻碍农业发展要因的农地制度、继承制度的同时，有必要反省以往增加大米、小麦产量的农业政策的方向，向包含畜牧业、果树等的综合性农业生产急速发展的政策转移，也有必要向独立经营农业、合作农业进行投资，积极推行科学试验和技术普及的指导制度，并加强对农业负责人的教育培训。今后农业投资的方向是扩充大农场整备部

① ［日］経済企画庁：『国民所得倍増計画』，大蔵省印刷局，昭和 38 年 3 月，59ページ。

门，对大型机械、农业共同设施、家庭畜牧资源等的强化。另外，作为农业投资的新方向，有必要考虑有益于改善农村生活的住宅、上下水道、道路等农村的再开发事业。并且应强化和活用生产、流通和加工的农业合作社，有必要实施贯穿整个农林渔业合作社组织的相关政策。①

### （二）林业

伴随着经济的增长，预计林产品在1970年后的需求分别为：木材7 000万立方米，木炭100万吨，薪1 200万层积立方米。为确保这种程度的供给，林业生产的增长率应为2.3%。考虑到将来需求的增加和就业人口的减少，为扩大生产，有必要大幅度进行技术改进，通过经营的现代化等提高生产力。

因此，在强力推进林道开设的同时，实现以机械化、林地肥料培育、林木育种等技术上的进步和木材生产以及造林事业合作组织化为主的结构上的改革和强化，同时寻求强化森林经营计划性的实施政策，有必要进一步实现木材流动过程合理化的林业现代化。为提高山村人民的收入，有必要努力培育扩大化经营规模的家庭林业经营。另外，对于森林，有必要考虑到保全国土、维持自然美等社会效果。②

### （三）渔业

对于水产品的需求，在其后的10年内，将随着国内消费、出口扩大而显著增加。相对而言，目标年份的渔业生产合计会达到740万吨，预计会以年率3%的比率增加。其中沿岸养殖渔业的生产随着养殖生产的扩大期待着表现出大幅度的增加。如表2-23所示。

另外，就业人口考虑到会向其他产业进行劳动力移动，预计将从现在的75万人减少到目标年份的55万人（基本主业劳动者将从63万人减少到50万人）左右。

---

① ［日］経済企画庁：『国民所得倍増計画』，大蔵省印刷局，昭和38年3月，60ページ。

② ［日］経済企画庁：『国民所得倍増計画』，大蔵省印刷局，昭和38年3月，60ページ。

表 2-23　**农林水产业生产指数①**　（单位：%）

| 年度 / 项目 | 基础年（A） | 1959 年度（B） | 目标年份（C） | 增长率 | |
|---|---|---|---|---|---|
| | | | | (C)/(A) | (C)/(B) |
| 农林水产业综合 | 100.0 | 107.3 | 144.1 | 2.8 | 2.7 |
| 农业 | 100.0 | 106.9 | 145.4 | 2.9 | 2.8 |
| 耕作 | 100.0 | 107.4 | 121.9 | 1.5 | 1.2 |
| 畜牧 | 100.0 | 115.3 | 316.4 | 9.3 | 9.6 |
| 养蚕 | 100.0 | 97.0 | 100.0 | 0.0 | 0.3 |
| 林业 | 100.0 | 104.7 | 133.6 | 2.3 | 2.2 |
| 水产业 | 100.0 | 111.8 | 146.8 | 3.0 | 2.5 |

注：1959 年度的农业指数是依据日本农林省统计调查部编写的《农林水产业生产指数》，把 1956—1958 年的平均值看作 100。

在以上预测的基础上，将来的渔业结构必须提高生产力和收入水平，从而推进渔业的现代化。因此，积极建造和整备沿岸的养殖渔场、实现渔船装备现代化的同时，要改善渔业的流动加工并强化渔民的共同组织，同时整备渔港等生产基地和生活环境。

针对随着其他产业的发展产生的填埋、水质污浊等引起的渔场废止、停业的状况，有必要制定渔业计划，进行合理的调整，并为能够充分实现渔业经营的合理化，再次探讨渔业制度。②

## 四、中小企业的现代化

### （一）中小企业的发展状况及面临的问题

1. 二元经济结构的显著性

经过了经济的复兴期，1955 年日本人均 GDP 恢复到了“二战”前的水

① 资料来源：［日］経済企画庁：『国民所得倍増計画』，大蔵省印刷局，昭和 38 年 3 月，60ページ。

② ［日］経済企画庁：『国民所得倍増計画』，大蔵省印刷局，昭和 38 年 3 月，61ページ。

平，1958—1959年的进出口也达到了“二战”前的水平，整体上在20世纪50年代的前半期，日本的经济活动几乎都恢复到了“二战”前的水准。在经济恢复的过程中，中小企业和大企业之间的劳动生产率、资金、技术以及资金筹措等方面的差距明显扩大。1957年的日本《经济白皮书》中写道：一方面是现代化的大企业，另一方面是没有发展成现代化劳资关系的中小企业以及由家族经营的微小企业和农户，它们处于两极分化的状态，在技术和工资上存在着显著的差距，没有消除二元的阶层结构。它指出了日本经济中存在所谓的“二元经济结构”问题。①

进一步通过1957年的附加价值生产力和工资水平来看这一时期大企业和中小企业的差距，与大企业相比，中小企业的附加价值生产力只有大企业的46%，工资水平只有大企业的53%，仅仅达到了大企业约50%的水平。可以看出，在日本经济高速增长的前期（1955—1962年）大企业和中小企业间存在着极大的差距。

2. 产业结构的变化

在经济高度增长的前期（1955—1962年），贸易层面上通过提高产品的质量和价格竞争力，工业产品的出口顺利增长。这一时期的产业结构也在发生变化，人力资源的移动从第一产业部门转向第二产业部门，生产量也在发生同样的转变；地区间的移动也在发生变化，从农村向城市出现了大幅度的人口移动。在20世纪50年代初这样的人口压力给城市带来了过剩的劳动力，从而导致了低收入劳动者的存在，这也是“二元结构”形成的原因之一。但是，由于20世纪50年代在制造业等部门出现的生产急速扩大，吸收了大量劳动力，即使出现了前文所述的人口移动，也还是带来了20世纪50年代后期失业率低、对劳动力的需求显著大于供给的状况。

同时，通过附加价值额的比例能看到日本制造业中产业结构的变化，重工业中加工型行业的比例大幅度增加，从以前的以轻工业素材行业为中心转向以重工业的加工型行业为中心。在高速经济增长的过程中，如同“二元经济结构”论中所指出的，大企业和中小企业的附加价值生产力的

① 刘绮霞，李盼盼：《战后日本中小企业的转型与现代化发展研究》，载《世界近现代史研究》第十四辑，社会科学文献出版社2017年版，第62页。

差距在1960年左右出现缩小的倾向，关于工资的差距以及前文所述的劳动需求过大的现象在1958年左右开始出现缩小的迹象。①

3. 20世纪50年代日本中小企业的发展状况

在日本经济发展的进程中，大企业发挥着重要的作用，大企业的现代化同时牵引和带动其他部门的现代化进程，促进各生产部门生产率的提高。然而，20世纪50年代，农业和中小企业占有极大的比重，仅仅依靠大企业的发展无法实现充分就业，“二元经济结构”中中小企业的差距愈来愈大。

在国民经济中，中小企业占有极大的比例。1960年，日本的中小企业达到320万家，占企业总数(322万家)的99.4%。其中，商业行业175万家，服务行业65万家，制造行业52万家。就从业人员规模来看，从业人数在4人以下的“个人零碎企业”达到245万家，占据78%。1961年，中小企业的从业人数高达1466万人，占日本全国从业人数的37%。

尽管中小企业数量和从业人数均极为庞大，但面临的问题也非常显著。第一，中小企业大多面临着设备陈旧、落后的窘境。因为中小企业的资本乏力，加上银行的融资能力不足，普遍缺乏进行设备改良的能力。第二，技术水平落后。中小企业既无法简单地从先进国家导入先进设备，也无法实现大企业广泛实施的通过技术移植提高技术水平。第三，中小企业之间的不当竞争阻碍了相互之间的发展。尤其是出口企业主要集中在手工业，手工业尤其是行业无秩序发展的问题严重。

要想维持落后行业的生存，只有通过行业保护和改良两种手段。行业保护在维系行业生存的同时也容易让问题残存，并不能从根本上解决问题，而改良固然会让新旧事物发生碰撞和摩擦，但往往会取得螺旋性上升的成果，利于从本质上改善和解决问题。要实现中小企业的收入倍增，中小企业必然会面对成本上升的压力，但也会激发工人的劳动积极性，提高生产效率，从而弥补企业在提高劳动成本上的支出。此外，中小企业的发展还需要借力于生产设备的改造升级和技术水平的提升。

强化中小企业的发展，将其纳入组织化管理的轨道，会带动经济的整体发展。如果忽视这一点，或者拿不出良好的解决办法，使中小企业发展

① 刘绮霞，李盼盼：《战后日本中小企业的转型与现代化发展研究》，载《世界近现代史研究》第十四辑，社会科学文献出版社2017年版，第63页。

边缘化，将影响经济现代化的步伐。①

因此，“国民收入倍增计划中”重要的一环是促进中小企业的发展，其既可以实现社会均衡，也会成为经济的持续性发展不可或缺的要因。具体而言，中小企业的发展首先有益于扩大出口。中小企业的制品对于原料进口的依存度较低的同时，还可以获取较多的外币。而且中小企业的制品多出口到发达国家，在获取美元上起着重要的作用。其次，中小企业与大企业有着互补的作用。据公正交易文员会调查，纺织制品的40%、造船机械制品的20%~30%均由中小企业来承担。尤其是日本造船业跃升为世界第一，汽车行业也取得了极大的进步，这都与承担各自行业相当比例工作的日本中小企业的技术进步是密不可分的。大企业争相将中小企业纳入自己的麾下，并通过加强这些企业的技术能力加速自身的现代化进程。再次，中小企业拥有良好的资本效率。相较大企业而言，尽管中小企业在生产性、工资水准、收益率各方面呈现劣势，但在资本的回转率上却远远优于大企业，因此和大企业需要加大投入购买现代化设备实现增产相比，中小企业在实现相同增产额的条件下需要的投资会大幅度下降。最后，中小企业具有较强的就业吸收能力。“二战”后，日本所增加的大部分就业人口都为中小企业所吸收。而今后依然持续增长的就业人口中大多数依然要依靠要中小企业来吸收和消化。②

### （二）推动中小企业现代化的构想

1. 现代化的必要性

以“国民收入倍增计划”中所预测的产业结构的高度化和发展速度作为前提，考虑到计划期间中小企业在国民经济中的地位，从如下几个方面来阐述：

第一，中小企业在生产、流动中所占的地位不会发生很大的变化。

在机械部门和素材加工部门中，伴随着大规模企业的生产增加，关联的下属承包企业的生产也呈现出扩大的趋势，此外，在建设材料部门、消

① 刘绮霞，李盼盼：《战后日本中小企业的转型与现代化发展研究》，载《世界近现代史研究》第十四辑，社会科学文献出版社 2017 年版，第 63~64 页。

② 刘绮霞，李盼盼：《战后日本中小企业的转型与现代化发展研究》，载《世界近现代史研究》第十四辑，社会科学文献出版社 2017 年版，第 65 页。

费品部门以及末端流通部门、服务部门中依然有很多的中小企业。通过观察整体的状况，预计零星企业的比重将会降低，中坚企业层的比重将会呈增加的趋势。

第二，计划实施期间，作为出口的有力担当者的中小企业应保持着和当前同样重要的地位。

在日本经济中，中小企业的比重比较大，但其现代化的进程是落后的，尤其是与大企业相比，附加价值生产性和工资的差距非常大，这是在欧美先进国家中所看不到的特异现象。但考虑到今后劳动力情况的变化，从长期来看，依靠低工资生存的经营方式将会非常困难，因此有必要提高中小企业的生产力并加速其现代化的进程。①

2. 目标

中小企业的现代化是以提高企业的生产性为主要内容，在推进中小企业对策之际，以缩小企业间差距、规模的适度化、设备的现代化和自身资本的充实、环境的改善以及劳动关系的现代化为基本目标。

现在企业间差距的重点是中小企业的差距，为解决这一问题，在结构、社会各条件上清除各种障碍是有效的手段，强力推进实施政策是非常重要的。

中小企业按照各自的行业和事业状态进行合适的规模化，是中小企业走向现代化最集中的方向。因为在各种行业中培育中坚企业，并通过对小规模或小微企业的组织化能够推动企业的规模化发展，所以有必要通过适当的扶助政策和引导政策共同促进中小企业的发展。当然，应该预想到，即使考虑到这样的程序，仍然会存在无法实现经济合理性的部门，那么这就有必要在将社会保障政策作为后援的基础上引导其向生产性高的产业部门转换。

设备现代化是提高生产性的技术条件，必须采取积极的政策。当然关于这一点最基本的是中小企业自身必须能够通过进行设备投资、整备，使其具备资本蓄积的条件。但即使中小企业的设备投资意欲旺盛，也必须看到由于资金调集困难而带来的合理化投资延迟的情况，所以有必要进行面

① ［日］経済企画庁：『国民所得倍増計画』，大蔵省印刷局，昭和 38 年 3 月，61ページ。

向中小企业现代化的资金层面质的改善、量的扩大，同时中小企业为促进自身资本蓄积，应进行税收制度层面合适的探讨。

中小企业的问题是在国民经济循环的过程中对于中小企业不利的环境所引起的。为实现中小企业全面发展，首先有必要改善这种环境，消除因企业规模的大小而引起的质的差异，这是必须优先解决的问题。尤其是针对中小企业由于劳动力现代化的问题处于滞后发展的状况，在推进劳资关系的现代化、提高劳动条件、提高技术水平以及增进劳动福利等问题上，必须做到政府和民间处于一致立场，才能有效地推进。①

3. 重点对策

为实现中小企业现代化的目标，有必要按照各自的特质实施按照不同行业、不同地区制定的振兴政策，而其中的重点如下：

第一，作为资金调节层面的对策，增加面向中小企业的民间贷款以及财政投资、融资的额度，降低利息和扩充强化信用补充制度，保持面向中小企业的金融稳定性，从而推动现代化的进程。

第二，推进不同行业的振兴对策，强化经营技术和劳务管理指导，并促进新技术的企业化、税收负担的合理化，强化职业训练以及确立广泛领域的职业介绍制度，进行中小企业地带条件的整备。

第三，以中小企业为主体，在政府指导帮助的基础上，相关大企业应合力进行施政，合理调整业务部门并确立公正的交易关系，促进组织化，开拓出口市场，并有必要促进由专业化而确立的量产体制。

第四，作为诸多施政对象的小规模企业，有必要强力推进以上各项政策。②

### （三）《中小企业基本法》和相关法律支撑

“国民收入倍增计划”虽然认识到中小企业在日本经济成长中的重要性，从1962年的相关数据能看到中小企业取得了较大的发展，但仍然存

① ［日］経済企画庁：『国民所得倍増計画』，大蔵省印刷局，昭和38年3月，61ページ。

② ［日］経済企画庁：『国民所得倍増計画』，大蔵省印刷局，昭和38年3月，62ページ。

在着发展远远落后于大企业的状况。正如该计划中指出，二元经济结构下在认识到各种差距存在的基础上，应该意识到“促进中小企业的成长和发展”“实现国民经济的均衡发展”是当前日本政府对国民应尽的责任。并推动在计划实施期间的《中小企业基本法》的制定和实施。

首先，可以看到，为应对此期间中小企业的变化，日本政府积极地实施了相关政策，但鉴于最近中小企业的经济环境发生着越来越激烈的变化，在以往中小企业政策方向的基础上有必要加强个别实施政策的综合性的体系化，并进一步扩充其内容。

其次，在激烈的环境变化中为了给中小企业的企业家指明应该前进的新路，日本政府对于中小企业相关政策的目标是这样设定的：“鉴于中小企业应该在国民经济中发挥重要使命的地位，随着国民经济的增长和发展，有必要在改善制约中小企业发展的经济和社会环境的同时，推动中小企业企业家自身的努力，以缩小企业间在劳动生产率等方面差距的同时，进一步提高中小企业的生产力并改善交易条件为目标，实现中小企业的成长和发展，也将有助于提高中小企业从业人员的经济和社会地位”，为达成以上目标，日本政府规定了综合实施政策体系的基本方向，并于 1963 年 7 月制定了《中小企业基本法》。

再次，在《中小企业基本法》中，作为中小企业政策的目标，第 1 条就指出“按照国民经济的增长和发展，实现中小企业的发展，同时提高在中小企业中工作的劳动者的经济和社会地位”。并且为了达成这个目标，“为能缩小企业间存在的劳动生产率等诸方面的差距，有必要提高中小企业的劳动生产率和交易条件”（第 1 条），此时的政策态度应该是“在纠正中小企业由于经济和社会上的限制所带来的不利条件的同时，应该提高中小企业家自主努力的意识”。另外，具体而言，作为国家应该施政的部分，大致表现在“中小企业结构的高度化”“纠正事业活动的不利条件”以及“小规模企业的发展对策”等诸多方面。

最后，日本的中小企业政策都按照《中小企业基本法》中所体现的思路制定并实施下去，并以此法为依据，先后出台了《中小企业现代化促进法》《中小企业现代化资金补助法》《中小企业高度化资金融通特别会计法》《中小企业指导法》《部分修正中小企业信用保险法的法律》《中小企业投资培育股份公司法》《部分修改设置通商产业部和中小企业厅法的法律》等相关的重要法律。①

## 五、促进劳动力的产业间移动及消除低收入阶层

将来随着产业结构的高度化、工业生产规模的扩大，在计划实施期间有必要大幅度推动劳动力的产业间移动。即为满足第一产业以外的雇佣者的需求，如表 2-24 所示，在应届的学校毕业生之外将会需要大量的转移劳动力。

表 2-24 **就业者的均衡性(1960—1970 年)②** （单位：万人）

| 供给 | | 需求 | |
|---|---|---|---|
| 非一次产业雇佣者 | | | |
| 应届毕业生 | 1 557 | 死亡和退职人数 | 890 |
| 往届毕业生 | 145 | 净增加人数 | 1 079 |
| 第一产业就业人数 | 243 | | |
| 非第一产业个人业主以及家庭从业人数 | 23 | | |
| 合计 | 1 969 | 合计 | 1 969 |
| 第一产业就业人数 | | | |
| 应届毕业生 | 158 | 死亡和退职人数 | 380 |
| 净减少人数 | 465 | 非第一产业雇佣 | 243 |
| 合计 | 623 | 合计 | 623 |
| 非第一产业个人业主及其家族从业人员 | | | |
| 往届毕业生 | 104 | 死亡和退职人数 | 153 |
| 净减少人数 | 72 | 非一次产业雇佣 | 23 |
| 合计 | 176 | 合计 | 176 |

① 刘绮霞，李盼盼：《战后日本中小企业的转型与现代化发展研究》，载《世界近现代史研究》第十四辑，社会科学文献出版社 2017 年版，第 67~68 页。

② 资料来源：［日］経済企画庁：『国民所得倍増計画』，大蔵省印刷局，昭和 38 年 3 月，63ページ。

续表

| 供给 | | 需求 | |
|---|---|---|---|
| 合计 | | | |
| 应届毕业生 | 1 715 | 死亡和退职人数 | 1 423 |
| 往届毕业生 | 250 | 净增加人数 | 542 |
| 合计 | 1 965 | 合计 | 1 965 |
| 可能成为新劳动者的人数 | 2 120 | | |

注：①所谓“往年学校毕业生”，是指从学校毕业数年后工作的人。

②所谓“可能成为新劳动者的人数”，是指应届毕业生中除去继续升学者的人数。

如上所示，这些转移的劳动力以在同一产业内部从劳动生产率低的部门向劳动生产率高的部门移动的形式而存在。在原本劳动移动性很低的情况下，日本的终身雇佣制、年功序列工资制度等诸多要素显著阻碍了劳动力的流动性。因此，为提高劳动力的流动性，有必要强力推行以下各项政策。

第一，广范围内把握所产生的劳动需求，建立能迅速且准确地向劳动力供给者提供信息，并拥有广阔领域内职业介绍机能的职业安定机构，必须形成一个横向的劳动力市场。

第二，必须迅速改善成为劳动力发展可能性障碍的住宅问题。以往，只有部分大企业为员工提供“社宅”(公司的宿舍)，对于大部分劳动者特别是中小企业的劳动者，他们并没有得到这样的好处。在现在工资水准的基础上劳动者完全依靠自己的能力来得到住房是非常困难的，即使是民间租借住房，租金的负担也是非常大的。在这样的情况下，由政府实施政策解决劳动者住房问题、给劳动者提供充足的住房显得非常紧要。必须考虑适合产业配置、符合都市计划的住宅政策。

为了使促进劳动力移动的政策有意义，必须进一步促进日本劳务管理体制的现代化。这特别有必要使终身雇佣体制以及以此为基础的年功序列型的工资体系，转向适合技术革新、与职业能力相适应的人事待遇制度。

另外，随着产业结构的变动和技术革新的进展，可能会出现一时性的、部分的、集中性的相当数量的失业者。这种情况下，中高年龄层劳动力的就业困难会进一步增大。因此，帮助中高年龄层劳动力再就业，或实现无经验劳动力的技能化的职业训练制度，以及扩大失业保险制度的适用范围，改善其支付内容，对失业对策部门进行质的整备等也变得必要起来。

在强调提高劳动力流动性政策的同时，应该意识到积极消除当前存在的低收入劳动人群是非常重要的。当然，低收入人群的存在是经济结构的问题所造成的，不是短时间内就能够轻易解决的。但伴随着经济增长，可逐步形成消除低收入人群的条件。因此，在计划中必须确立以下的政策方向。

第一，关于最低工资制度，全体雇佣劳动者根据地区、产业的不同而存在着差异，可确立同一集团采用相同最低工资的方式。为家庭内的劳动者确定相应的工资、安全、卫生等制度。

第二，按照劳动基准法里所规定的最低劳动基准，在全日本范围内维持同等的最低劳动条件。

第三，充实社会保障制度的同时，应考虑到改善中小企业劳动者的购买环境、休闲娱乐设施等福利设施。①

① ［日］経済企画庁：『国民所得倍増計画』，大蔵省印刷局，昭和 38 年 3 月，64ページ。

# 第三章　日本“国民收入倍增计划”的实施成果与功过评价

由于“国民收入倍增计划”所取得的空前实绩，该计划被评价为“二战”后对日本经济高速增长最具成效的长期经济规划。“国民收入倍增计划”是日本经济腾飞的基础和转折点：通过提高劳动生产率，实现了国民收入倍增；通过提高居民收入在国民收入分配中的比重，给予了经济持续增长的动力；国民收入的大幅度提高直接刺激了日本国内需求的增长，加快了日本经济发展方式的转型；在经济快速发展的同时日本社会的保障制度也得到了一定程度的发展，发展路径由注重“强国”转为“富民”，整体上它为日本经济呈现出一个新的发展模式。①

在本章中，首先从整体和局部的经济发展态势和数据，详细解析“国民收入倍增计划”实施之后所取得的实绩成果；然后针对计划实施后出现的阶段性问题所进行的“补充性探讨”的相关内容，进行了阐释和归纳；其次，在肯定“国民收入倍增计划”作为“二战”后对日本经济高速增长最具成效的长期经济规划的前提下，分析了该计划对日本社会和经济发展产生的积极的正面效应，并剖析该计划实施后产生的通货膨胀严重、大都市人口过密、环境公害等负面效应；最后归纳并阐述了社会各界对该计划的整体评价及所进行的反思。

## 第一节　计划实施后的实绩

日本在实施“国民收入倍增计划”的1961—1970年的10年中，其经济

① 刘绮霞，王志伟：《我国实施“居民收入倍增计划”的路径与经验借鉴研究》，载《中央财经大学学报》2015年11月，第22页。

增长率超过了10.9%，实现居民人均国民收入的倍增仅用了7年，被称为“东洋的奇迹”。同时居民收入的提高，也拉动了内需消费，国民平均消费支出则增加了2.3倍，家庭月消费支出如图3-1所示。

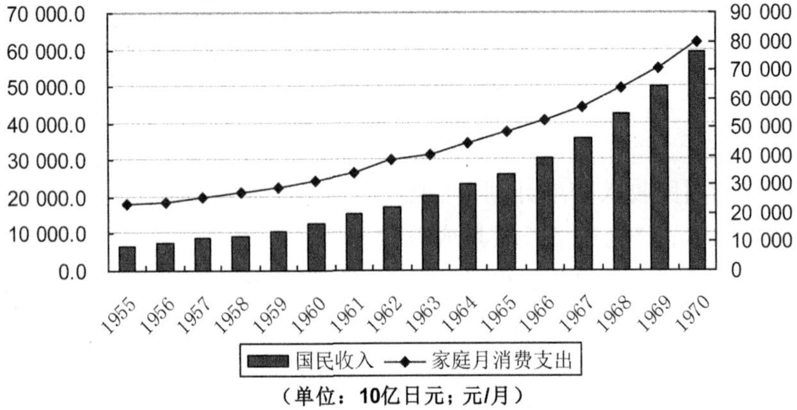


图3-1　日本1955—1970年间国民收入(单位：10亿日元)和家庭月消费支出(单元：日元/月)①

图3-1表明1955—1970年日本国民收入整体呈逐步上升的趋势，由1955—1958年平均值的8兆日元上升为1970年的32.8兆日元，增长了4倍。相应地，国民家庭月消费支出也随着国民收入的上升带动内需呈现逐年增加的状况。

同时，就计划实施之初提出的主要经济指标和目标年份(1970年)的日本经济状况由此可看出，如表3-1所示。相比较而言，相对于在国民总生产在10年内翻两倍的意图下所设定的目标值26兆日元，1970年的国民总生产达到了40.6兆日元，为56%的达成率。而与基准年度的9.7兆日元相比增加值超过了4倍。由此看出，计划的实施取得了显著的成果。

如表3-1所示，首先，国民收入、个人消费支出等的年增长率均超过10%，这与倍增计划制定之初下村治所主张的11%的增长率相近，而经济

① 资料来源：根据日本内阁府经济社会综合研究所国民经济计算部门统计数据整理而成。

审议会和经济企划厅预测的为达到倍增计划的目标必须有 7.2%的增长率的设想显然是不合适且不准确的。

表 3-1　**"国民收入倍增计划"的目标值和 1970 年的实绩值比较**①

| 项目 | 单位 | 目标值 A | 年率(%) | 实绩值 B | 年率(%) | B/A |
|---|---|---|---|---|---|---|
| 总人口 | 万人 | 10 222 | 0.9 | 10 372 | 1.0 | 101.5 |
| 国民总生产 | 1958 年度价格，亿日元 | 260 000 | 7.8 | 405 812 | 11.6 | 156.1 |
| 国民收入 | 1958 年度价格，亿日元 | 213 232 | 7.8 | 328 516 | 11.5 | 154.1 |
| 人均国民收入 | 1958 年度价格，日元 | 208 601 | 6.9 | 317 678 | 10.4 | 152.3 |
| 个人消费支出 | 1958 年度价格亿日元 | 151 166 | 7.6 | 207 863 | 10.3 | 137.5 |
| 国民人均消费支出 | 1958 年度价格，日元 | 147 883 | 6.7 | 204 079 | 9.4 | 138.0 |
| 国内总资本形成 | 1958 年度价格，亿日元 | 82 835 | 8.2 | | | |
| 矿工业生产水准 | | 431.7 | 11.9 | 539.4 | 13.9 | 124.9 |
| 农林水产业生产水准 | | 144.1 | 2.8 | 130.3 | 2.1 | 90.4 |
| 就业人员 | 万人 | 4 689 | 1.2 | 5 094 | 1.5 | 108.6 |
| 雇佣人员 | 万人 | 3 235 | 4.1 | 3 306 | 4.3 | 102.2 |
| 国内货物运输量 | 亿吨/公里 | 2 173 | 6.9 | 3 438 | 10.2 | 158.2 |
| 国内旅客输送 | 亿人/公里 | 5 082 | 7.6 | 5 889 | 8.3 | 115.9 |
| 总能源需求 | 石炭换算吨 | 302 760 | 7.8 | 574 095 | 12.0 | 189.6 |
| 出口通关基础 | 100 万美元 | 9 320 | 10.0 | 20 250 | 16.8 | 217.3 |
| 进口通关基础 | 100 万美元 | 9 891 | 9.3 | 19 530 | 15.5 | 197.5 |

① 资料来源：通商产业部、通商产业政策史编撰委员会：《通商产业政策史》第 8 卷，通商产业调查会 1991 年版，第 40 页。为遵从原文，表格未作修改。

其次，从总人口来看，倍增计划中厚生劳动省人口问题研究所在1960年4月进行了人口预测，实际的结果比1970年的实绩预期值要多增加150万人。此外，从成果的意义上看贸易层面都呈扩大的趋势，无论比较哪个经济指标都处于领先的地位。计划中贸易实质性的增长率原来预期为4.5%，但实际的情况是高于这一预测值的，达到了约8%。

以下将从经济增长率、经济结构、贸易状况、矿工业生产、物价水平、增长路径、国民生活的实际状况等几个方面概述其经济实绩和成果。

## 一、经济水平和增长率

计划中预测1970年国民总生产的规模为26兆日元。因为这是按照1958年的价格水准来计算的，1970年预计的72兆4 400亿日元如果按照相同的1958年的价格来计算的话大约为43兆日元。如前文所述，国民收入统计进行了大幅度的修改，因此比较这两个数字没有多大意义。那么国民总生产的实际增长率10.9%，与计划的7.8%相比是非常大的。并且，这是以1956—1958年的平均值为基准的，如果以1960年度为基准年度，相对于计划预计的72%，11.1%的增长率表示的增长意义也就更大了。也就是对于10年间实现经济规模扩大2倍的目标，实际上达到了2.9倍的成绩。①

另外，关于人均国民收入，在计划制定时预测会达到比西欧水平略低的579美元的程度，实绩约为1 540美元，约为当时西欧水平的2倍。实际人均国民收入的增长程度很大，其主要原因是计划制定之初没有预测到的价格水平大幅上升而带来的状况。如果在国民总生产中考虑到通货紧缩的要素，按照1958年的价格进行预算，那么约为990美元。可知，计划实施期间收入水平的上升远远超出了预想。

## 二、经济结构

首先，从国民总生产的需求结构来看，表3-2中关于主要需求各自的构成比是指计划的预测与实绩的对比值。计划中的总投资率为31.9%，

① 遠山仁人：『所得倍増計画の目標と実績』，経済セミナー（173），日本評論社，昭和45年5月，302ページ。

比基准年度要稍微高一些，其中的一半曾预测为企业设备投资。计划制定后不久以储蓄率的急速增加为背景，总投资率上升，之后有一段稍微停滞的时期，在 1970 年达到了近 40%。另外，从投资的内容来看，相对于个人住宅投资目标的 3.8%的目标，实际的状态会大幅度提高到 6.5%的程度。关于行政投资，虽在表中没有明确的表示，但认为其比计划的预测值(7.9%)要稍微低一些。对此，企业设备投资的比率预计会大大超过20%。从整体上看，与计划中所强调的充实社会资本相比，企业设备投资成为主导性的支出。

表 3-2　　**1970 年需求结构的预测和实绩①**

<table>
<tr><th>项目</th><th>计划的预测</th><th>实绩(推测)</th></tr>
<tr><td>国民总支出</td><td>100.0(%)</td><td>100.0(%)</td></tr>
<tr><td>总消费</td><td>67.2</td><td>59.2</td></tr>
<tr><td>个人消费支出</td><td>58.1</td><td>51.1</td></tr>
<tr><td>政府消费支出</td><td>9.1</td><td>8.1</td></tr>
<tr><td>总投资</td><td>31.9</td><td>39.7</td></tr>
<tr><td>企业设备投资</td><td>16.8</td><td rowspan="2">约 29.5</td></tr>
<tr><td>行政投资</td><td>7.9</td></tr>
<tr><td>个人住宅投资</td><td>3.8</td><td>约 6.5</td></tr>
<tr><td>库存增加</td><td>3.3</td><td>3.7</td></tr>
<tr><td>海外受领</td><td>-</td><td>1.1</td></tr>
</table>

注：这里的“实绩(推测)”是指名目值。

此外，关于消费支出，计划中表明为提高国民生活，有必要增加个人消费的比例，实际情况是从名义值上低到了 51%。但正如表 3-2 中所看到的，在增长率上，不论是个人消费支出总额还是人均值，实际情况都要超过计划的预定值。

① 遠山仁人：『所得倍増計画の目標と実績』，経済セミナー（173），日本評論社，昭和 45 年 5 月，303ページ。 为遵从原文，本表未作修改。

接下来看一下产业结构的状况，计划中作为目标年份的供给结构，预测第一产业占 10.1%，第二产业占 38.6%，第三产业占 39.8%，运输、通讯、公益部门占 11.5%，这是按 1958 年的价格得出的比值。与此相对地，实绩中因没有实际生产收入的统计而不能进行统计，就以表 3-3 中表示的就业结构层面的若干情况来进行比较。

表 3-3　**就业结构的预测和实绩**①　（单位：万人，%）

| 项目 | 基准年度（1956—1958 年的平均值） | 目标年份（1970 年） | 实绩（1968 年） |
|---|---|---|---|
| 第一产业 | (39.6)<br>1 645 | (23.7)<br>1 154 | (19.6)<br>982 |
| 第二产业 | (24.2)<br>1 006 | (32.2)<br>1 568 | (34.1)<br>1 710 |
| 第三产业 | (30.7)<br>1 276 | (37.1)<br>1 808 | (39.7)<br>1 988 |
| 运输、通讯、公益事业 | (5.5)<br>227 | (7.0)<br>339 | (6.6)<br>333 |
| 合计 | (100.0)<br>4 154 | (100.0)<br>4 869 | (100.0)<br>5 013 |

注：括号内为构成比。

表 3-3 是将计划的预测和 1968 年的实绩进行比较的结果。如表所示，第一产业的就业人数比计划预测的要少约 180 万人，第二、第三产业分别多出了 140 万人、180 万人，因此整体的就业人数约多出了 140 万人。从就业结构的层面来看产业结构的高度化超出了预测。

---

① 资料来源：遠山仁人：『所得倍増計画の目標と実績』，経済セミナー(173)，日本評論社，1970 年 5 月，304ページ。

## 三、贸易状况

计划中预计要达到目标年份的国际收支平衡，在综合收支上预测有2亿美元的黑字，贸易收支的黑字要达到4.1亿美元。出口在通关基础上预测为93.2亿美元，进口同样预测为98.9亿美元。出口和进口1970年的名义值分别为191.5亿美元和185.5亿美元，达到了计划的2倍左右；同时贸易收支的黑字预测为40亿美元，综合收支的黑字为10.7亿美元。这样超出出口预想以上的增加，不用说是与日本这一时期产业结构的高度化和生产性的提高相关的，也与前文提到的世界贸易额远超过计划预测值的因素相关。计划中对于世界贸易来说日本出口的弹性值为2.1左右，这在实绩中也没有发生多大的变化。另外，关于进口，与国民总生产的弹性值在计划中约为1.19左右的状况相比，实绩中对于名义的国民总生产略微减少到了1.05左右。①

## 四、矿工业生产

计划中1970年的矿工业生产预测会达到1959年的3.16倍。与此相对，实际将会达到4.5倍。试比较主要产业生产指数的增长状况，如同表3-4所示。

表3-4　**主要产业生产指数的预测和实绩②**　（单位：%）

| 主要产业 | 计划的预测 | 实绩(推测) |
|---|---|---|
| 矿工业 | 11.0 | 14.9 |
| 矿业 | 2.7 | 1.6 |
| 制造业 | 11.3 | 15.2 |
| 钢铁 | 10.4 | 17.0 |

① 遠山仁人：『所得倍増計画の目標と実績』，経済セミナー（173），日本評論社，昭和45年5月，305ページ。

② 遠山仁人：『所得倍増計画の目標と実績』，経済セミナー（173），日本評論社，昭和45年5月，306ページ。

续表

| 主要产业 | 计划的预测 | 实绩(推测) |
|---|---|---|
| 非铁 | 9.1 | 15.3 |
| 金属 | | 16.8 |
| 机械 | 14.6 | 20.3 |
| 化学 | 11.9 | 14.7 |
| 石油煤炭制品 | 11.9 | 17.8 |

注：以1959年为基准到1970年的平均增长率。

表3-4中的数据表明，增长幅度较大的是钢铁、非铁、金属、机械等产业，这些合计的重化学工业化率在计划中被推测为73.1%，实绩经过计算为68.6%。这是因为在计划中对重化学工业化发展估计过高。

## 五、物价水平

“国民收入倍增计划”预测在增长的过程中，由于景气变动和海外景气的动向，会造成短期的物价变动，并预期到增长的过程中经济结构和相应的价格结构也会发生变化，但对于计划实施期间综合物价的变化并没有预测到。并且维持物价的稳定对于计划整体的圆满实现是不可欠缺的条件，从需求和供给的均衡来看，长期维持物价水平的稳定是稍微有些乐观的看法。对此，计划制定后消费者物价开始上升，计划实施期间物价平均上升率为5.5%。关于批发商品的价格，从计划实施期间的平均值来看，大致处于稳定的状况。①

## 六、增长路径

“国民收入倍增计划”把计划实施期间的平均经济增长率定为7.2%，但对于前半期和后半期设想了不同的增长路径。也就是说，在前半期受到了高速增长的强烈影响，不仅设备投资维持着高水平，而且劳动力的供给

① 遠山仁人：『所得倍増計画の目標と実績』，経済セミナー（173），日本評論社，昭和45年5月，307ページ。

也比较丰富，同时从发达国家导入技术的余地还比较大，高速增长持续的可能性比较强。到了计划实施的后半期，随着新劳动力的供给和资本储蓄的相对减少，增长率稍微降低的可能性也会增强。与预测相对地，经济增长的实际路径如表 3-5 所示。

表 3-5　　经济增长的实际路径①

| 项目 | 1961—1965 年平均增长率 | 1966—1970 年平均增长率 |
|---|---|---|
| 劳动力人口 | 1.2% | 1.4% |
| 民间企业设备投资(实质) | 8.7% | 21.3% |
| 政府固定投资(实质) | 16.0% | 11.5% |
| 国民总生产(实质) | 9.7% | 12.5% |

表 3-5 中的数据表明，劳动力人口和民间企业设备投资的增长在计划的后半期变大，经济增长率也在后半期变高。这是因为在计算中以 1965 年作为一个分界点，突出反映了这一年的特性。另外说明经济的实际状况是经历了与计划所预测的稍微不一样的发展路径而实现的。

## 七、国民生活的实际状况

人均国民收入和消费水平远远超过计划的预测程度而增长，这在前文已经提及。通过超出预想的收入增加，消费内容也超出计划的预测，实现了高度化。关于工作、家庭的恩格尔系数，计划中的预测值是 31.6%，1968 年的实绩为 33.7%，没有达到预测值的主要原因在于食品费用的价格上升幅度较大。同时，杂费占消费支出的比率相对于计划中的 37.3%，在 1968 年已超过预测，达到了 38.8%。另外，看一下小轿车和电视机的普及率，计划中预测小轿车将达到 1 000 人中拥有 21.9 台，电视机将达到以家庭为单位的 86.4%的普及率，与此预测相对，1968 年的实绩分别

① 遠山仁人：『所得倍増計画の目標と実績』，経済セミナー（173），日本評論社，昭和 45 年 5 月，308ページ。

提高到前者为54.4台、后者为96.4%的状况。

与以上介绍的个人消费水平上升的状况相反的是，生活环境的整备并没有如同计划预测的那样推进。相对于上水道普及率80%的预测，1967年的实绩只有21.1%。并且，相对于人均城市公园面积在计划实施期间增长50%以上、达到3平方米的预测，1968年只达到了人均2.4平方米。①

## 第二节　关于“国民收入倍增计划”的“中期探讨”

### 一、“中期探讨”的开始

前期实施的“国民收入倍增计划”以10年间国民经济规模的倍增为目标，提出了能源政策、人的能力的开发、计划与财政的关系等核心内容。虽说该计划关于各自的计划对象表明了出发点和目标，仅是期待了在计划实施的最初三年9%的增长率。但是，现实日本经济的推移超过了计划中的10年间平均增长7.2%的目标，同时也超过了计划中最初三年高增长9%的目标，并以更快的速度增长。增长率在1960年为13%，在1961年为14%，民间设备投资记录了接近计划3倍的平均18.3%的增长率，第二产业的增长以重化学工业为中心，在计划实施第2年的1961年达成了1970年的目标值。整体上，计划的目标和实绩偏离的现象在实施后不久就呈现出表面化的倾向。

因此，在计划制定4个月后的1961年4月，日本政府将经济的实态和各界的经济运营状况与计划作了对比性探讨，表明有必要对“国民收入倍增计划”进行补充性探讨，于是设置了综合部会。同时，与技术革新快速发展相对应地，以确立提高和活用人的能力的长期基本政策为目的，设置了人的能力部会。在计划开始实施后的4个月内提出了对计划进行再探讨的要求。

① 遠山仁人：『所得倍増計画の目標と実績』，経済セミナー（173），日本評論社，昭和45年5月，309ページ。

## 二、综合部会的设置和讨论

关于如何看待目标和实绩偏离的问题，以实绩为前提期待进一步的推进，正是站在下村理论的立场，从实绩和中长期来看日本经济平衡的崩溃，对国际收支、劳动力、差距、物价等方面的瓶颈问题现出了意见上的对立，在计划实施后的“补充性探讨”的初期就已存在。综合部会是应《倍增计划的答复报告》中“希望能在计划制定后的状况和计划实施的关联性上继续探讨审议的措施”的要求而设置的，其立脚点与后面的观点接近，并且进行了各种定量、定性的白热化讨论。

1961 年 4 月 28 日召开的第 1 次部会上，中山伊知郎部会长提出“实际的态势超过了计划线是事实。要么在哪出现下降，要么提前实现目标，不管怎样，追究到底是必然的”，并重点列举出计划进程中容易产生摩擦的设备投资，国际收支、差距，物价的三大问题。①

讨论是在现有结构的状况下，以“如果持续比预期要高的增长，在哪会产生瓶颈，或者不产生发展瓶颈”的形式展开。这个过程中，在国际收支、劳动、资金层面上出现障碍的危险性很大的议论显得非常有力，1961 年 6 月，部会长的会谈内容发表，提出“计划在概略上是正确的，但因民间设备投资的速度过快导致国民经济的发展上欠缺平衡性，因此希望进行慎重的民间设备投资”。② 实际上在景气过热中，以进口增加为主要原因的国际收支恶化状况在加速。因此，有必要采取紧急的国际收支对策，1961 年 11 月，综合部会为获得国际收支对策和推进长期计划间的平衡，发表了要求政府实行弹性的财政措施的部长会谈内容。

此后，1962 年 3 月对物价、工资、生产性的关系进行了探讨，中山伊知郎部会长发表了如下的谈话：“根据去年秋天以来实施的国际收支改善对策，暂时不论及金融出现的非常紧迫的状况，可以看到需求是根深蒂固的……如果按照这样的实际状态推算，今年下半年的国际收支均衡的目

① 伊藤正直：『国民所得倍増計画と財政・金融政策』，日本経済評論社，2012 年，81ページ。

② 武田晴人：『国民所得倍増計画を読み解く』，日本経済評論社，2014 年 5 月 25 日，63ページ。

标实现上可能会有一定的困难。相应地，在这样的情况下，政府坚持以往的金融紧缩政策，特别在进一步努力抑制设备投资的同时，应特别地协力于在产业界、金融界渗透必要的景气调整政策。”①在综合部会上，对伴随着高速增长不能解决的高效设备投资等问题达成了共识。

## 三、实施后的“中期探讨”

因1962年10月经济审议会委员任期期满进行了替换，1963年1月经济审议会在新体制下召开了第一次会议。会上，经济审议会委员也出现了大幅度的替换，对于“中期探讨”的目的和范围需要重新认识的意见登场。在1963年3月15日召开的综合部会上，中山伊知郎部会长提出了“中期探讨”的课题：“在计划和实绩间出现了很大的差异。这在现阶段应该如何考虑。认识这应是接受补充性探讨部会的综合性工作。第一，关于其原因的探讨，原因中有经过性的事物也许会对将来产生很大影响的因素。追根溯源是非常重要的。另一种类的问题是，制定倍增计划时虽在相当广的范围内探讨了很多要因，但是否除此之外就没有相当重要的情况了呢？将来计划的执行以及对政策的影响必须列举出来……所以，将来的计划将变成怎样的问题应该在探讨以上两方面的内容后再重新进行考虑。”②

中山部长提出的课题是“在此需要谦虚地再次探讨的问题是计划提出的方法是否不好，但认为比这更根本的问题在于是否错误地看待了客观状况”。“其中有两种考虑方法：其一是重新制定收入倍增计划，另外一个是本着向前的态度把重点放在解决性的政策应如何制定上”，③ 提出了有必要重新看待计划本身的意见。关于补充性探讨的方针和重点的放置方法，从“中期探讨”后期的出发点可看到两种见解出现了对立的状况。

即使在1963年4月2日的经济审议会上，同样的议论以更强的形式登场。中山伊知郎部会长表明了“第一，计划和实绩间的差异在哪，应探

① 武田晴人：『国民所得倍増計画を読み解く』，日本経済評論社，2014年5月25日，63-64ページ。

② 伊藤正直：『国民所得倍増計画財政・金融政策』，日本経済評論社，2012年，81ページ。

③ 伊藤正直：『国民所得倍増計画財政・金融政策』，日本経済評論社，2012年，81ページ。

明产生这种差异的原因；第二，讨论应如何评价日本现在的经济状况；第三，查出计划制定时没有预测到的新条件和计划中没有列举的问题点，考虑这些会对今后长时期内实现日本经济的稳定增长产生怎样的影响”①的看法，展示了“朝前看”的积极方向。与此相对地，委员这一方不断提出了各种批判性意见：“收入倍增计划应如何制定的问题可放在后面来考虑，但重要的是做好对过去和现状的分析，而部分委员所提出的朝前看的态度、对计划自身的谈论也是应该包含在补充性探讨之中的，对此综合部会理所当然是应该做的”，② 还有“关于‘朝前看’这一点，在综合部会上所做的朝前看，结果是仅仅停留在现状的分析上，并不是真正的积极向前迈进……作为分析的结果，改变计划自身，如果在制定短期计划上没有特有的向前看的积极态势，也就没有制定长期经济计划的意义”。③ 中山素平、木川田一隆、今里广记等经济同友会的成员被新增为经济审议会委员，开始了在新体制下的审议，并表明了应重新认识计划并探讨计划本身的意见④。

## 四、再次组织分科会

接受了经济审议会的议论，在 1963 年 4 月 25 日召开的综合部会上，中山伊知郎部会长表明了再探讨计划本身、推进包含再立案形式的审议和探讨、比以前更进一步干预的立场。“1960 年秋天开始了倍增计划，其后的 1961 年不断推进民间设备投资。这是一种危险状况的警告。这样常识性的补充性探讨，今后如果仅局限于此的话情况会比较糟糕。两年间的差

---

① 伊藤正直：『国民所得倍増計画財政・金融政策』，日本経済評論社，2012 年，83ページ。

② 伊藤正直：『国民所得倍増計画財政・金融政策』，日本経済評論社，2012 年，83ページ。

③ 伊藤正直：『国民所得倍増計画財政・金融政策』，日本経済評論社，2012 年，83ページ。

④ 伊藤正直：『国民所得倍増計画財政・金融政策』，日本経済評論社，2012 年，82-83ページ。

异很大，现在的经济状态仅仅是警告解决不了问题的。”①“关于现状的问题，作为现在的问题全部存在于计划之中。希望能站在为现在制定政策的立场来做。然而，是把探讨的结果作为计划的修正提出，还是以补充性探讨的形式提出，或是完全以新的形式提出，可在9月份以后进行探讨”。②

经济审议会讨论的结果，关于补充性探讨的基本方针是：①计划和实绩的不同之处在哪，产生这种差异的原因是什么；②应该怎样评价日本经济的现状；③查出计划制定时没有预想到的新条件和计划中没有列举出的问题点。从这3个观点出发，决定进行计划的再探讨，开启了包括综合部、国民生活、物价、劳动、产业结构、社会资本、国际经济、财政金融8个分科会的新体制。③

## 五、制定《中期探讨报告》

此后，分科会到1963年12月底为止频繁地召开审议会，合计可达到94次，审议的结果在同年的12月6日形成了《中期探讨报告》。不制定补充性探讨报告，而是制定《中期探讨报告》的理由在于：比较一下制定倍增计划当时的状况和现在日本的经济状况，较短的时期内内外形势发生了相当的变化。感觉到必须下决心制定具体的方针。那种态势的变化已经在最近放进了报告案中，同时关于这一点我们愿意倾听大家的意见。把开始定为“补充性探讨”的工作后来改为“中期探讨”更为合适。④

“国民收入倍增计划”的《中期探讨报告》中关于产业布局问题和地区政策、科学技术振兴政策、综合能源政策、人的能力的开发等问题，表明了中期探讨“因为时间关系和资料上的制约并没有充分地展开”所具有的保留性，承认了重新认识倍增计划整体的意图。

---

① 武田晴人：『国民所得倍増計画を読み解く』，株式会社日本経済評論社，2014年5月25日，68ページ。

② 武田晴人：『国民所得倍増計画を読み解く』，株式会社日本経済評論社，2014年5月25日，68ページ。

③ 武田晴人：『国民所得倍増計画を読み解く』，株式会社日本経済評論社，2014年5月25日，69ページ。

④ 武田晴人：『国民所得倍増計画を読み解く』，株式会社日本経済評論社，2014年5月25日，69ページ。

以该报告的主文部分为中心回顾其内容，《中期探讨报告》由第 1 部分“国民收入倍增计划的构想和现实”、第 2 部分“确保高速稳定的增长”、第 3 部分“低生产部门的现代化”、第 4 部分“强化经济社会发展的基础”共四个部分构成。从结果上看，在计划制定之际成为争论焦点的问题是最初 3 年 9%的增长率设想，其实绩超过了计划预期，经过了重新认识的《中期探讨报告》中，对计划和实绩作了如表 3-6 所示的数据归纳。

表 3-6 **《中期探讨报告》中计划、实绩的对比**[①] （单位：%）

| 支出结构 | | 实绩（基准年度到 1963 年的年均增加率） | 计划（基准年度到 1970 年的年均增加率） |
|---|---|---|---|
| 个人消费支出 | | 8.6 | 7.6 |
| 政府消费支出 | | 10.0 | 7.0 |
| 政府资本支出 | | 18.9 | 10.1 |
| 民间设备投资 | | 18.3 | 6.9 |
| 个人住宅投资 | | 19.9 | 12.8 |
| 库存品增加 | | 4.0 | 5.9 |
| 海外受入 | | 10.5 | 8.8 |
| 海外支出 | | 12.0 | 8.4 |
| 不同的生产收入结构 | 基准年度（1956—1958 年的平均值） | 实绩（1961 年） | 计划（1970 年） |
| 第一产业生产收入 | 18.3 | 14.3 | 10.4 |
| 第二产业生产收入 | 33.3 | 38.6 | 38.6 |
| 第三产业生产收入 | 37.8 | 37.0 | 39.8 |
| 运输、通信、公益生产收入 | 10.1 | 10.1 | 11.5 |
| 合计 | 100.0 | 100.0 | 100.0 |

① 资料来源：武田晴人：『国民所得倍増計画を読み解く』，株式会社日本経済評論社，2014 年 5 月 25 日，70ページ。

如表 3-6 所示，年均增长率分别为，1960 年 13%，1961 年 14%，1962 年 5%，以及预测 1963 年 6%~7%左右，表明 1961—1963 年能实现平均 9%的增长。这期间，个人消费支出大致是按照计划预测的速度增加，投资实绩超出了计划的 56%。远超过设想的设备投资的扩大成为经济高速增长的基本要因，从对增长的贡献度这一点来看，相对于计划的 12.9%，实绩为 29.3%。① 这一结果推动了产业结构的重化学工业化，第二产业的构成比在 1961 年已经达到了目标。但贸易收支以赤字的状况向前推移，由于长短外资的流入，使综合收支出现了黑字。虽说由于出口的增加，国际收支整体提高，但因为外币的制约引起了景气调整的状况，使这一实绩面临着极限。②

同时，《中期探讨报告》在讨论计划和实绩偏离情况之际，指出了计划方法论上的问题，以及基准年度和目标年份及中间年的位置确定的问题，把高速增长的成果总结为五点：①工业结构的高度化；②强化国际竞争力；③大幅度地增加雇佣；④增加人均国民收入和提高国民生活水平；⑤增大对社会资本的投资。另外，报告也较多地指出了高速增长的不良后果：①在高速增长的过程中保持稳定性的问题；②消费者物价上升的问题；③生产力水平较低部门的发展迟缓的问题；④特别强调了经济社会发展的基础整备落后的问题。并且进一步表明了今后经济增长的新条件应该是：①向开放体制的转移；②劳动力需求和供给的困窘；③伴随着高水准产业设备投资有必要提高人的、物的生产性的看法。

《中期探讨报告》于 1963 年 12 月 19 日提交给总理大臣。1964 年 1 月，按照这份报告的宗旨，由总理大臣再次对“国民收入倍增计划剩余期的中间计划情况”进行了审议，同月 22 日的经济审议会上关于如何接受审议议题的问题进行了讨论。讨论从“在制定新的 5 年计划之际，要么考虑把 10 年倍增计划从形式上废除，从新的立场来制定；要么从 10 年倍增计划框架内的内容”开始。中村伊知郎部会长提示了三种做法：①以纠正

① 経済審議会：『国民所得倍増計画中間検討報告』，昭和 43 年 6 月，6ページ。

② 武田晴人：『国民所得倍増計画を読み解く』，株式会社日本経済評論社，2014 年 5 月 25 日，70ページ。

高速增长带来的不平衡为中心；②以政府的政策为中心制定方案；③以民间私营部门为中心，仅做经济稳定指标的预测。中山伊知郎部会长在制定《中期探讨报告》之际，表明了以下态度："大家在进行中期探讨的时候，并不是以政府政策为中心去做，而是应尽可能放松对民间部门的束缚，仅倾向于政府制定的经济稳定指标就可以。"①

对于中山部长的说明，有赞成和反对的两方面意见："虽不拘泥于倍增计划，但局限于计划自身。政府的计划是好的，民间的预测、经济稳定指标从制定之初就应该清楚地决定了"，以及"中山委员所列举的3个要点之间是相互关联的，其中的第2点是重要的。随着自由化的推进，当出现了不均衡的时候，若想修改这种状况，除了预算和金融之外就没有别的方法了。"②结果，当初预定的新部会的名称从"计划部"向"企划部"变更，在审议开始的时候综合部会被废除了。于是，从1961年4月到1963年12月期间持续的收入倍增计划的"中期探讨"阶段结束，从1965年起开始了中期经济计划的审议。

## 第三节　计划实施后产生的正面效应和负面效应

### 一、计划实施后的主要功绩

#### （一）向"经济发展季节"的转换

如前文所述，池田勇人内阁实施的"国民收入倍增计划"是在岸信介内阁修改《日美安全保障条约》所导致的国内政治对立、矛盾激化状况下的政策上的转换，对将国内政治上的对立转换为经济上的发展上起到了积极的作用。首先这一点值得肯定。对此，下村治表明："'安保骚动'之所以产生那么激烈的能量，即火种供给的主要来源是国民的需求没有得到满

① 経済審議会：『国民所得倍増計画中間検討報告』，昭和43年6月，12ページ。

② 経済審議会：『国民所得倍増計画中間検討報告』，昭和43年6月，14ページ。

足。解决这种需求上的不满，毫无疑问必须依靠经济的高速增长来实现。如果能够这样，‘安保骚动’的火种会完全消失。或者是没有了推进的能量。政治上也好，社会上也好，不容置疑地应期待快速打造稳定的状态。”①

另外，与池田勇人关系很亲近的伊藤昌也和宫泽喜一对于让池田勇人作为岸信介的继任表明了不同的异议。宫泽喜一回忆说：“在安保骚动的混乱状况之后，像池田这样性格的人是无法安定局面的。因为如果不是像石井光次郎那样圆滑的人将难以控制今后局面。”其理由为：“池田这个人在当时被认为是非常勇猛的武士，突然以不认识的面孔用经济的方式来安定世间，让国民完全从‘安保骚动’转移视线，他应该是不具备这种能力的。”“但在安保之后的总裁选举中，‘忍耐’这样的语言从大平正芳先生的口中说出，‘宽容’这样的语言大概也是从我这想出来的吧。总的来说是以‘宽容和忍耐’的姿态从政，最终自然地向实施‘收入倍增’的方向转移。可能是因为在安保骚动上聚集了来自民间的能量，由于岸信介首相的辞职，必将会拥有转向了别处的力学要素的缘故吧。”②

总之，在政局出现变动的初期，在众人的意识之中，曾经失言说出“让穷人吃麦子”的池田勇人并不被认为是解决这样严峻政治对立状况的最合适人选。那么，被认为如此不能胜任的池田勇人为什么能打开这样的困难局面呢？对此，根据伊藤昌的说法，池田勇人自身认为“这绝对是由我来做的，在我的前面有政权，只有我能抓住它”的“火中拾板栗”的状况。③

当然，池田勇人应该也没有完全设想到能通过“收入倍增计划”带来状况的大好转。1960 年 7 月 6 日准备参加总裁竞选的池田勇人表明了 6 项新政策：①革新议会政治；②确立社会秩序；③国民生活水平的提高和充实社会保障；④文教的革新；⑤以和平的立场树立自由合作的国际关

① エコノミスト編集部：『高度成長期への証言』，日本経済評論社，1999 年，27-28ページ。

② エコノミスト編集部：『高度成長期への証言』，日本経済評論社，1999 年，43ページ。

③ エコノミスト編集部：『高度成長期への証言』，日本経済評論社，1999 年，68ページ。

系；⑥革新党风。其中，第③项揭示了池田勇人的将国民总生产在10年后翻两倍的目标。这可能是池田勇人直觉上的判断，但作为新政权支柱的似乎除了经济政策之外就没有别的了。同时伊藤昌也并不认为池田勇人是真正地想致力于实施"国民收入倍增计划"，并且其自民党的盟友前尾繁三郎也认为"倍增计划只不过是选举对策"。不管其内心是如何考虑的，当池田勇人本人任自民党总裁后不久被问及"当前最大的责任和义务"时，他是这样回答的："现在是再现民主议会政治的时候。至今为止的与在野党对立状态中的'力的政治'是不行，应该在忍耐和宽容中相互合作、再兴议会。"这表明了他当前以"忍耐与宽容"为特征的政治"低姿态"，以及意图打开政治局面的立场。①

此后，经过一系列的探讨，池田勇人内阁把经济政策推到最前面的意图逐步明确，与此相对应地，作为信息传递者的媒体方，压制了岸信介内阁辞职后不久成为社会争论焦点的《安全保障条约》等政治问题的相关信息，转向了对经济政策的关心。报道方式能够促进向"经济的季节"的转换。在此意义上，媒体放弃关注政治的焦点，这具有重要意义。但同时，一些商业媒体为能提供读者关注的信息而相互竞争，读者中也有人欢迎媒体的这种转换，并持有希望揭开不和谐的对立时代帷幕的想法。于是，在自然接受《安全保障条约》的半年后，世间言论的关心点转向了"经济政策"上。

最后在这里应该提及的是，给这种转换踩了"急刹车"，让人感受到危险性的是在1960年10月12日日比谷公会堂举行的自民党、社会党、民社党三党的讨论会上，社会党委员长浅沼稻次郎被右翼青年刺杀的事件。这唤起了人们对"二战"前恐怖时代的记忆，显示了日本民主主义的未成熟性。

### (二)作为保证政策正当性的工具

作为政治语言的"经济增长"在向国民生活渗透的同时，也被用作了证明政策正当性的证据。并且，其具体的表现形式为"经济计划"。

① エコノミスト編集部：『高度成長期への証言』，日本経済評論社，1999年，68ページ。

这样的特征在鸠山内阁施行“经济自立5年计划”的时代已经产生。20世纪50年代的后半期树立了《培育石油化学工业的5年计划》和《钢铁合理化发展计划》，但这些都不仅仅是个别产业的计划立案。在“国民收入倍增计划”实施期间，日本推进了1962年的《新产业都市建设促进法》和1964年的《工业整备特别地区整备促进法》等产业布局政策。并且，1960年6月的内阁会议上确定的《贸易和兑换自由化的计划大纲》，也在倍增计划的实施过程中被再次确定并推进。通过这样明确地表示“政府的作用”，制定经济政策的各官厅在所管辖的范围内朝着积极施行政策的方向前进。

限定委托于自由的企业体制和市场机构的基本态势，这种动向可以说对于推进倍增计划是必要的。但是开始运作的不仅仅是这些。在倍增计划内阁会议决定之际形成和确定的《别文“国民收入倍增计划”的构想》是这种动向的根据。其代表性的政策为：1961年制定的以《农业基本法》为基础的农业政策，1962年10月内阁会议上决定的《全国综合开发计划》，1963年7月的《中小企业基本法》。

关于处理农业间、地区间以及企业间差距的政策，池田勇人首相的基本立场为“确信因为经济增长会产生缩小这些差距的可能”。对此，当时也有批判性的意见。例如长洲一二指出：“没有扩大和发展最低水平的提高是不可能的，在某种意义上是当然的。但是，即使高速增长作为消除二元结构的必要条件，也不是充分条件。饼子如果不变大，切下来的一块饼的大小自然是不可能增加的。可是每个人取饼的多少会因为切法的不同而有差异，这是事实的情况。把‘二元结构’作为问题的人们不是反对把饼做大，而是考虑如何用刀子切饼的切法问题。”①

这样的批判作为事实上存在的问题被写入“国民收入倍增计划”《中期探讨报告》，成为必然的结果而被接受。虽说如此，但没有按照实际的情况也没有经过确认的程序，着手实施的《农业基本法》和《全国综合开发计划》就出现了问题。当然，《农业基本法》是推进“纠正与其他产业生产性上的差距时，以提高农业的生产性以及增加从事农业劳动者的收入，从而

---

① 星野進保：『政治としての経済計画』，日本経済評論社，2003年，287ページ。

让从事农业的劳动者与其他产业的劳动者过上同样条件的生活为目标"①的必要施政政策。从那个原则来看，是沿着倍增计划中所加入的想法而展开的。但现实是，从对农地法等的制约在被指出的同时完全没有着手的事实来看，并没有提高自主家庭经营的劳动生产率，也没有能够扩大经营规模，差距反而进一步扩大。因此，与米价相关的补偿性生产费等政策上的补助变得必要，并且政府投入了许多以经营合理化为名目的大额资金。

在产业布局政策上，围绕指定新产业都市的引导运动由于过热产生了危害。并且对于该运动之外的人们制定了缩小差距的目标。这些演变成了扭曲的方式进行的与"饼的切法"相关的争论。"全国综合开发计划"针对倍增计划带来的在重点工业开发过密问题等产生的"外部不经济"，提出了"从开发效果好的产业开始按照顺序集中地开发的'据点开发方式'"，②并产生了一定的效果。抽象地说，不论是农业间的问题还是产业布局的问题，都不是如同池田考虑的那样是能自觉解决的问题，其限度在于寻求弥补"市场的失败"的政策性干预。但在这样的情况下所实施的各项政策，以《农业基本法》作为典型，具有与"政府的失败"相关联的可能性。但是如果能正确理解看上去无药可救的进退两难的状况，这与其说是"政府的失败"，不如说是"政治上的失策"。

与"政治上的失策"相关联的重要事情，在于考虑以下的政策决定过程中出现的问题。即使《别文"国民收入倍增计划"的构想》的内容能够作为这种争论和新政策的根据，实现该内容的契机还是在于1955年体制的内部。前面曾论及的1955年的体制是以"经济增长论争"为轴，被评价为维持经济稳定的政治体制。但是在这里不仅看到在野党与执政党相对立的轴，更重要的是不应该看漏作为重要因素的决定自民党政策的结构。

根据《保守协议》获得稳定多数支持的是自由民主党，即使其党内的政策决定与以往的过程完全不同。1956年的预算案是4年来第一次在3

① 武田晴人：『国民所得倍増計画を読み解く』，株式会社日本経済評論社，2014年5月25日，90ページ。

② 武田晴人：『国民所得倍増計画を読み解く』，株式会社日本経済評論社，2014年5月25日，91ページ。

月份通过，并且在向国会提交之前，接受了自民党内部大幅度的修改。①并且在向国会提出之前，接受了自民党大幅度的修改。通过这个例子可看出，由保守合同所实现的1955年体制中，向国会提出前通过政府和在野党间的冲突，对重要法案、预算案进行审议和修正的状况已成为惯例。“对自民党关于政府提出的法案，进行了在向国会提交之前必须事先按照‘政调会’的相关部会、‘政调审议会’、总务会的顺序进行意见调整的严格要求。”②

在“政策决定过程”逐步制度化的进程中，在在野党和执政党之间进行论战的基础上，已经暗示了党内进行调整具有实质性的意义。并且，以各自的选举基地和关联团体的请愿为背景，在野党议员寻求个别内容的修改成为常态。个别利益集团提出的要求，仅限于依据“经济计划”的抬头和内容的才能被正当化。于是有了“议员群体”的诞生。《别文“国民收入倍增计划”的构想》的内容若追加到“国民收入倍增计划”中，也反映了如上政策决定的过程。因为这些非常深入地与预算要求纠缠在一起、与“饼的切法”相关的争议，所以经历了该过程后，实现的结果正如下村所评判的那样，并没有将“增长的成果给国民使用”。

## 二、主要功绩所产生的正面效应

综合前文所列举的各项数据表明，由于“国民收入倍增计划”所取得的空前成功，该计划被评价为“二战”后对日本经济高速增长最具成效的长期经济规划。“国民收入倍增计划”是日本经济腾飞的基础和转折点：通过提高劳动生产率，实现了国民收入倍增；通过提高居民收入在国民收入分配中的比重，给予了经济持续增长的动力；国民收入的大幅度提高直接刺激了日本国内需求的增长，加快了日本经济发展方式的转型；在经济快速发展的同时日本社会的保障制度也得到了一定程度的发展，发展路径由注重“强国”转为“富民”。整体上它为日本经济呈现出一个新的发展模式，具体效用和成果如下：

---

① 武田晴人：『国民所得倍増計画を読み解く』，株式会社日本経済評論社，2014年5月25日，90ページ。

② 武田晴人：『高度成長』，岩波書店，2008年，24-26ページ。

第一，通过提高劳动生产率，实现了国民收入倍增。

日本在制定“国民收入倍增计划”时吸纳了各方学者的意见，也听取了来自企业界的声音，从经济学基本原理出发，制定了符合日本经济发展实际情况的倍增计划，提出在劳动生产率翻番的情况下实现国民收入倍增。这实际上是以提高劳动生产率为目标，迫使日本企业放弃当时实行的粗放式生产经营方式，促使企业通过大量投资引进技术、加大自主研发的力度、培育自主创新能力，实现粗放式向集约式经济增长方式的转变，从而提高劳动生产率，增加员工收入，增强企业的国际竞争力。同时在提高农业生产效率方面，日本在很短时间内就实现了机械化，大幅度提高了农业产量和劳动生产率，从而提高了农民的收入水平。通过提高企业和农业劳动生产率，日本整体上提高了国民收入，实现了国民收入倍增。

第二，带来了国民经济的持续高速增长，居民收入在国民收入分配中的比重得以提高。

在 1961—1970 年的 10 年间，工人工资收入与 GDP 呈对等上升趋势，普通居民的收入翻了一番，人均实际收入增加了 1.4 倍，失业率则保持在 1.1%～1.3%的低水平。如图 3-1 所示，1961—1970 年，日本 GDP 增长率与主要行业工资增长率的差距在缩小，甚至在 1970 年出现了低于工资增长率的情况。由于一系列政策的实施，日本的收入分配格局得到了很大改

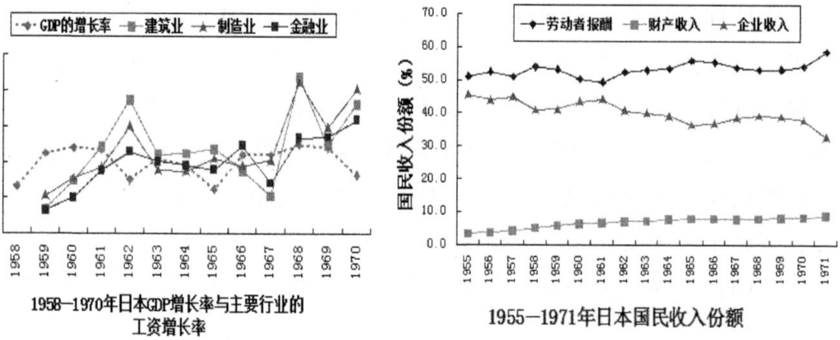


图 3-1　主要行业工资增长率及国民收入份额变化①

① 资料来源：根据日本内阁府经济社会综合研究所国民经济计算部门统计数据整理而成。

善，劳动者报酬在国民收入中所占的份额不断提升，从1961年的49.3%提升到1971年的60.2%。通过实施“国民收入倍增计划”，日本在实现经济快速发展的同时，政府较好地协调了各经济主体的利益分配问题，居民收入在国民收入分配中的比重得以提高。

第三，国民收入的大幅度提高直接刺激了国内需求的增长，加快了日本经济发展方式的转型，形成了以中产阶层为主流的和谐格局。

日本政府为了在实施国民收入倍增计划中扩大有效需求，首先考虑到的是在增加国民收入的过程中缩小收入差距。为缩小城乡、地区间的差距，促进落后地区的发展，日本政府从20世纪60年代开始先后制定和执行了《山村振兴法》《过疏地域振兴特别措施法》《欠发达地区工业开发促进法》《新产业城市建设促进法》等法律，并通过系列匹配的财政和金融政策的实施，促进了不发达地区的工业开发，缩小了城乡间和地区间的差距。

其次，在增加国民收入时更多地注重提高中低收入阶层的收入。农村居民收入水平低下是当时日本收入分配领域的主要问题之一，在直接增加农民收入和对农民的补贴之外，推进城市化的进程，是解决农村居民收入低的主要途径，日本政府通过推进城市化提高农村迁移者的收入水平，进而提高他们的消费能力，整体上提高了社会中低收入阶层的收入。

最后，日本政府把注重培育社会的中产阶层、迅速扩大中产阶层的比例作为计划的核心。实施“国民收入倍增计划”的10年间，日本社会最终形成了“1亿总中流”①的社会格局，形成了一个强大而稳定的中产阶层，在收入分配上打造了突出中间部分的“橄榄型”社会结构。从机制上看，中产阶层的扩大就是低收入者不断向中等收入阶层流动的过程，这个流动的过程提高了居民的收入，缩小了收入分配差距，刺激了社会的有效需求，有利于经济增长和社会稳定②。

第四，提高社会福利，充实社会保障制度，发展路径由注重“强国”转为“富民”。

---

① 20世纪70年代日本社会形成了1亿国民均认为自己属于社会中等收入阶层的社会格局。

② 刘绮霞，刘绮莉：《日本“国民收入倍增计划”的策略和路径研究》，载《财政研究》2015年第3期，第110~111页。

随着经济的快速发展，日本社会的保障制度也得到了一定程度的改善，日本的发展路径由注重“强国”转为“富民”，开始关注弱势群体的利益，致力于提高全民生活水平。日本在实施“国民收入倍增计划”的过程中，始终贯彻经济增长和社会保障平衡发展的原则，以提高社会福利和充实社会保障制度为目标。

首先，在居民收入分配的初次分配阶段强化实施了最低工资制度。其次，在认识到二次分配中社会保障具有防止收入差距扩大作用的基础上，加强了对社会保障和社会福利的扶持力度，并规定对社会保障和社会福利的拨款力度从1961年起必须保持年均8.9%的增长率。对社会保障和社会福利的拨款占国民收入的比率从1961年的4.8%提高到1970年的6.1%。最后，在社会保障制度方面，开始实施国民医疗保险、失业保险以及年金制度等，并将防止贫困作为核心课题，推进关注社会弱势群体的福利制度等一系列举措。

通过以上措施，在经济高速发展的同时，日本社会的保障制度也得到了一定程度的发展，全民整体的生活水平得到了提高，朝着“国强民富”的目标迈进。①

## 三、计划实施后产生的负面效应

“国民收入倍增计划”实质上是日本社会整体经济的一次大转型，其呈现出了一个新的经济发展模式。当然，每一个经济计划都不是万全之策，无论是它的制定者还是执行者，在计划实施中都会有疏漏之处，“国民收入倍增计划”也不例外，该计划在实施过程中也产生了许多问题。由于经济发展速度高于人们预期，政府与市场主体对问题的估计不足，该计划的实施导致了工农业生产率差异较大、通货膨胀严重、大都市人口过密、环境公害等负面效应。

### （一）经济增长带来的负面效应

首先，以通胀问题最为突出。“在这个计划中总供给和总需求最终是

① 刘绮霞，刘绮莉：《日本“国民收入倍增计划”的策略和路径研究》，载《财政研究》2015年第3期，第111页。

一致的，所以从长期来看是能够维持物价水平的稳定的。但是，完全不出现景气变动和短期物价变动是困难的……维持物价的稳定是完成计划的重要条件"。① 但实际上在 1961—1970 年，日本年通胀率达到 5.7%，甚至到 20 世纪 60 年代后期可以说进入了通货膨胀时期。由于前期设备投资带来了需求过剩的现象，再加上土地价格及房地产价格开始出现繁荣的景象，在"国民收入倍增计划"实施期间日本通胀率一直维持在 4%~8%的区间内，虽然并没有出现超过 10%的恶性通胀，但对于通胀问题的低估及其对居民实际收入的影响仍存在诸多质疑。"国民收入倍增计划"对于物价的上涨采取了过于乐观的态度，因此也有人说收入倍增其实是物价倍增，10 年间实际工资水平仅增加 65%，并没有实现真正意义上的国民收入翻番。②

其次，1970 年东京的消费物价比 1960 年上涨了 76%，居民收入增长的一部分被蚕食。这些为日本社会留下了很多经济发展的后遗症，并为后来"泡沫经济"的崩溃埋下了伏笔。③

高速经济增长所带来的丰富的消费生活在 20 世纪 90 年代初期"泡沫经济"崩溃后，被给予了"过剩消费"的评价，也不能描述非常乐观的将来景象。但这样的状况并不是完全不可理解的。"经济增长"在这之前也好，今后也好，都会作为一个重要的政治语言被继续描述下去，这是因为保证对富裕生活追求的经济增长是经济实态的体现，也是对过去历史的延续。

20 世纪 40 年代到 90 年代，"经济增长"里包含的内容有着很明显的蜕变。曾反对"国民收入倍增计划"的社会党以"高速增长"为目标公开发表了独立的计划。对此，同一党派的腾田清一在强调计划制定符合当前社会党既定路线范围的同时，说道："看战后一直以来的复兴计划时，能明显地看到与自民党间的对决姿态。但是对于这种高速增长的政策，社会党的对应方式在相同的基点上，对量的争论关系似乎有些过分往前了，我至

① 日本经济企划厅：《国民收入倍增计划》中文版，商务印书馆 1980 年版。

② 全毅，孙鹏，刘婉婷：《日本实施国民收入倍增计划的背景、经验及启示》，载《世界经济与政治论坛》2014 年第 3 期，第 153 页。

③ 刘绮霞，王志伟：《我国实施"居民收入倍增计划"的路径与经验借鉴研究》，载《中央财经大学学报》2015 年第 11 期，第 25 页。

今都在反省。"①也就是说，为了提高增长率，出现了向"数量上竞争"倾斜的状况。另外，作为提高社会保障中最必要的对于社会弱势群体的保护对策，以劳动工会为组织基础的在野党并没有强烈地提出不同提案。对于池田内阁时期的"国民收入倍增计划"的推行，也只不过强调了对通货膨胀的担心而已。还应该提及的是，当时一位九州大学的教授高桥正雄曾站在在野党的立场参加了社会主义协会的建立，或者说参加了 1961 年设立的和平计划会议，关于"国民收入倍增计划"的在野党与执政党的对决，他是这样批判性回顾的："那时候，如果真的是革新势力，一方面在说促进经济增长的同时，另一方面为压制高额利润而进行着大量增税，朝着解决社会资本、环境问题、地区间差距问题的方向发展。同时社会保障也应该是必须做的。但是与此相反，革新阵营只是尽可能地进行了对中小企业的组织活动。" ②

此外，整体上的社会保障制度虽得到了一定发展，但多方面的社会资本投资追赶不上经济增长的速度，造成了社会保障制度被轻视的较为缓慢的发展状况。

### （二）没有被充分发展的社会保障制度

关于 20 世纪 60 年代的社会保障问题，如前文所述，随着经济的快速发展，日本社会的保障制度也得到了一定程度的改善，并开始关注弱势群体的利益，致力于提高全民生活水平。这些从 1961 年开始实施的"国民皆保险"和国民年金制度中可看出，同时社会保障作为池田内阁政权公约的支柱之一，以缓慢的步伐走上了逐步充实的道路。

但也许是由于社会保障问题在倍增计划的制定阶段就没有达到相应的期待性的结果，或是在实施过程中没有得到充分的展开，社会保障制度在这一时期没有得到全面的发展和完善。社会保障的发展能够唤起有效需求等的对经济增长贡献度的论点是没有被论及的。在经济增长的过程中，人

① エコノミスト編集部：『高度成長期への証言』，日本経済評論社，1999 年，83ページ。

② 武田晴人：『国民所得倍増計画を読み解く』，日本経済評論社，2014 年 5 月，97ページ"。

们的生活随着工资水平的上升、“总中流意识”的加强，达到了预期的富裕的水平。但其中遗留下来的对于社会弱势群体的关注和照顾在没有资助者的状况下处于被轻视的状态。这是与在实施“国民收入倍增计划”期间，日本政府的主张以及财政政策相关联的。

这种情况在《中期探讨报告》中能够看到，大金额的社会资本投资作为公共事业在推进的过程中没有追赶上经济增长的速度，因此有必要进一步扩大投资。虽然出现了超过预想的高速增长，但“神武景气”之际出现的瓶颈状况并没有以明显的形式发生。即使有国家铁路运输力不完备的问题，在运输方面随着机动化进程的推进，很难想到会因为产业发展带来社会资本整备明显落后的状况。

但是，追求社会资本扩充的强有力的推力应是通过税收的自然增加而增加，然后按照政府的支出用途进行重点分配。社会资本投资的增加不仅仅停留在单纯的支出增加，如果由于支出的增加能带来劳动效率的提高，那还有可能补救。但如果有效果的社会资本提高的余地逐渐变小，通过无视核算和效率的公共事业带来分散性的补助金，并会造成对基地等区域的重点补助金逐步扩大的状况。

其结果是，对于家庭生活部门的环境整备没有进展，财政支出中面向社会保障和收入再分配的部分的预算编制持续很少。20 世纪 60 年代前期曾担任日本财务部主计局局长的石野信一回忆道：“作为政府，无论社会资本的发展怎样落后都必须发展公共事业。……因为社会保障的发展非常欠缺，所以需要充实；文教层面上也是如此，在所有的层面上都应该打出有效的政策，这样才能达到均衡财政。”①从以上可看出，财政部的预算编制重视了政策间的平衡。但仅从以上描述很难认为政府在实行“国民收入倍增计划”中对于重点问题的处理是按照预算编制中的思路来考虑的。在维持均衡财政的同时，为满足各部委和政党议员的要求，可增加零星的小预算，这能看出财政部在预算上持有强力的权限。暂且不说其是否合理，结果“预算的俘获物”在执政党党内的政策决定和调整的过程中产生，此时的活跃程度打造出了与下次选举结果相关联的短小政治结构。“国民收

① エコノミスト編集部編：『高度成長期への証言』，日本経済評論社，1999 年，77ページ。

入倍增计划"被赋予了同样的政治使命。

在这一点上，意义深刻的是前面所提及的《振兴特定产业临时措施法案》。这一法案与"国民收入倍增计划"中的"新产业秩序"相关联，以控制贸易、资本的自由化，实现"国民收入倍增计划"所追求的强化国际竞争力的政策措施为意图。并且之后对其形式如同"日本股份公司"一样进行了批判，体现了政府介入干预性过强的一面。因此，从自由主义要求很强的经济界中提出了"官僚统治复活"的疑虑，反对政府的过强干预，提出了《没有资助者的法案》。法案所企划的投资调整等是在废除《新金融方式》的方案后，开始准备实质性的方案。决定该法案命运的，是池田勇人首相强调的增加对民间自由企业活动信赖的主张。经团连会长石坂泰三崇尚保护主义且对政府的依存心很强，他是这样批判的："虽说是孩子但已不是婴儿，并且已经进入学校了，但还让他坐在婴儿车中玩着回转的风车，让他开心，这样的做法合适吗?"①表现了自由经济主义者的想法。此外，寻求设备投资调整的日本银行总裁山际正道认为，投资判断应该是经营者的工作，而"不是政府决定的问题"。因此在投资调整等领域承认政府的作用，至少在产业政策的部门中是无法被接受的。

与议论相关的重要之处在于，《特定产业振兴法案》的废除理由在于没有资助者。如果改变看法，这个时代的执政党中与农林业相关的议员，与中小企业相关的议员、建筑行业的议员，还有其背后的金融组织，在这些能找到资助者的部门，政府的作用是有扩张可能性的，也能够编制预算。由"国民收入倍增计划"带来的经济高速增长，导致了税收的增加，就是通过这种形式来进行分配的。

关于"没有资助者"这一点，以城市市民为中心的整备生活环境层面上的社会资本的整备迟缓，社会保障制度以发展不充分的状态被放置。主要是因为在预算编制中过于强调平衡而导致对社会保障等不能进行充分的预算分配。但正如《中期探讨报告》中指出的一样："国民收入中转账收入的比率从国际化的角度来说虽然比较低，但其中公共投资所占的比率最高，并且有急速增加的倾向。"②当然也有另外一种说法，虽说在公共投资

① 城山三郎：『もうきみたは頼まれね』，每日新聞社，1955 年，166ページ。

② 経済審議会：『国民所得倍増計画中間検討報告』，昭和 43 年 6 月，47ページ。

上有落后的地方，但在后发追赶的过程中，按照先后顺序首先向关联产业进行投资，其比率与先进国家的水平相当。

总之，在“国民收入倍增计划”实施的过程中，日本社会整体虽达到了富裕的生活水平，社会保障制度得到了一定程度的发展，但因为前面所论及的“没有资助者”即预算分配不足的缘故，以都市市民为中心的生活环境层面上的社会资本的整备发展迟缓，导致社会保障制度以发展不充分的状态被放置，具体表现为对于社会弱势群体的关注和照顾处于被轻视的状态。

### (三)被忽视的环境公害问题

在“国民收入倍增计划”实施的过程中，环境公害问题也处于与社会保障制度同样的状况。20世纪60年代日本经济的高速增长是以重化学工业的发展为主导的，各地形成了炼钢厂和炼油厂的联合企业，直接带来的是大气污染和水质的污染；农业部门为提高劳动生产率开始使用汞化物农药和有机肥料，也导致了环境的破坏；大城市工业排放的烟尘以及汽车的普及更加剧了大气的污染。

经济的高速增长把日本带入发达的现代工业社会，同时也带来了严重的产业公害问题。工业有毒物体排放及有害化学物质的滥用作为高度成长的最大副产品，严重地破坏了自然环境，危害了人类健康。然而，在经济高速增长期的日本，人们的环境保护意识单薄，对公害问题严重性的认识是在付出惨重代价以后才逐步提高的。同时，政府作为国民生产生活活动的“守夜者”，在整治公害问题和环境保护问题上长期处于被动局面。

由于对经济发展带来的危害估计不足，以及当时的佐藤内阁并未制定出有效的应对政策，20世纪60年代中后期公害问题开始进一步恶化。日本各地也相继出现了严重的环境污染事件，被称为四大公害的事件是熊本县水俣市的“水俣病”“第二水俣病”事件，新潟县的阿贺野川有机水银中毒事件，富山县神通川流域的“痛痛病事件”，以及“四日市”哮喘事件。这四大事件都是因为环境污染引起区域性疾病，这些公害病使成千上万人的身体和健康受害。此外，在高度成长时期，除了四大公害事件外，严重的公害事件还有很多。如1955年森永乳业的德岛工厂在奶粉中加砷的事件，造成万余人砷中毒，百余人死亡；20 世纪 50 年代后期至 60 年代初大日本制药公司经销的萨利德迈镇静安眠药事件，造成 5000 名胎儿残疾；20 世纪 60 年代曝光的奎诺仿药物中毒事件，给众多的斯蒙病患者带来终生苦恼。此外，化学农药对农作物的危害问题，以及工业及民用烟尘、飞机及汽车噪声、汽车尾气等问题，都对国民的生存环境造成了破坏。

对于公害问题的严重性，政府、企业和国民都有一个认识的过程。"水俣病"事件发生后，受害者强烈要求有关企业采取补救措施并向受害者赔偿，但是企业长期不肯承认自己的过失。企业工会从保证职工就业和收入的立场出发，站在了厂家这一边；地方政府从发展地方产业和税收的角度考虑，对受害者的诉求置若罔闻。面对企业、企业工会和地方政府三者结成的利益本位同盟，受害者作为少数弱势群体陷入孤立无助的窘境。这是公害问题长期泛滥的重要原因。解决这一问题的根本出路是唤起广大民众自觉的环保意识，但最直接而现实的手段就是制定专门法律，用经济和法律的手段制止公害的蔓延。

针对这样的状况，《中期探讨报告》中曾指出了公害的问题，也认识到要进行必要处理。但它只强调了"自身责任"，对于公害发生源的企业，只是期待它们能进行自发的应对。在言论中指出对于公害问题应追及企业责任，并加强政府监督作用的意见非常多。公害问题是伴随着都市化过密问题而产生的，对于以农村地区为选举基地的党议员而言，很难成为他们关心的重大事情。另外，对于以劳动工会为组织基础的在野党而言，他们担心过于强调自己基地上具有危险性的公害问题，会带来难以处理的质疑。关于前面所提到的有机水银中毒的"水俣病"，当时新日本氮素劳动工会站在保护企业的立场，与地区居民之间是对立的，该工会人员在既是区域的居民又是公害发生源企业的员工的双重身份中"被撕裂"。公害运动作为和既存的政党组织独立开来的居民运动，活跃地开展于 20 世纪 60 年代的后半期。在这里表现出伴随着"国民收入倍增计划"的高速增长，政策所产生的不良后果和问题很难细致分析，并作为政治课题来处理。

于是，环境公害问题在这一时期被放置，对于政府没有采取充分对策的异议逐步扩大，但政府表明了信赖自由的企业体制和市场机制可实现经济增长，并以此作为解决环境公害等问题的立场。通过这能看出当时池田勇人内阁在解决环境公害问题上的基本考虑方法是有局限性的。

## 第四节　日本社会各界的评价及反思

关于“国民收入倍增计划”的评价，多认为其带来了日本经济史上一个时代的转换，同时作为要点有必要指出的是“经济增长”这一用语在日本社会渗透的效用。其效用在于，与计划的具体内容相比，它更多地带给人们对生活革新、社会发展等光明未来的描述和期待，将人们对政治的关心转移到了对经济发展的关心。

在收入倍增计划的“中期探讨”过程中，下村治在《日本经济的增长》的“前言”里，对至今为止对日本经济的各种议论，他是这样写的：“把所有的缺点和弱点并排列举出来，嘲笑国际水平的低下，文化的、社会的、经济的不平衡，以及看着那些越来越有劲地说着日本经济陷入了破裂局面的人，让我想起了安徒生的通话《丑小鸭》。”按照下村治的看法，在推进“国民收入倍增计划”的过程中，二元结构和收入差距等会伴随着经济增长不断消除，这与当时大部分人的预测是不同的。并证明了当时的日本“已不是丑小鸭”，而是“到了终于开始可以展示自己美丽雪白的翅膀，拍打着向着高空飞翔的时候”。①

保守派和革新派都认为经济结构落后的意识很强，其中围绕经济增长率高度的政策论争不断持续。保守派和革新派本来作为政策立案的对抗势力，应该站在为挖出经济增长政策的问题点而展开各自批判的位置，却最终没能发挥其本来的作用。在这一层面上，更多的是关于《农业基本法》和《中小企业基本法》《新产业都市建设推进法》等的立案，把这些作为20世纪60年代前半期的经济政策付诸实施的官僚组织进一步制定了“倍增计划”，并把这些政策正确性的依据写在了《别文“国民收入倍增计划”的构想》里，把视线朝向了缩小差距的问题。同时，这些政策只能勉强解决几个应该解决的独立课题。总的来说，不是下村治所说的那种乐观状况，也不是伴随着经济增长问题全部都能解决的状况。

---

① 上久保敏：『下村治「日本経済学」の実践者』，日本経済評論社，2008年，140ページ。

此后，在池田勇人后继的内阁中，如佐藤内阁的“经济社会发展计划”对于“国民收入倍增计划”的评价是，认为它仅是单纯的“计算性口号”，没有积极展开实质性内容的意欲，仅仅只是作为表示政权独立性的“增长战略”而已。这是追求“无定见的经济增长”的结果。只是注重数量上的竞争，而不考虑质量的方式，只是将经济增长作为政治语言巧妙地使用而已。优劣的比较并不是简单明了的，因为没有必要把在数量上无法计算的质量、结构的问题等放入视野来询问经济发展的“质”的问题。总之，“国民倍增计划”所开创的时代强烈地带上了“经济增长至上”的性格特征。

此外，“国民收入倍增计划”的立案过程中所强调的企业旺盛的设备投资意欲，以及支撑其的技术革新力虽然还没有看到衰落的迹象，但是一直以来丰富的劳动力供给的情况开始崩溃。20 世纪 60 年代中期日本经济开始向劳动力不足的经济状况转移，并期待劳动力质量的提高，如果注意到这个侧面，政府可能在更广的范围内对劳动者的现状采取融洽的政策。并且，比这更重大的事情在于“经济增长至上”的起点，让人想起经济结构现代化、合理化的必要性和完全雇佣两课题相调和的手段，追求完全雇佣的政治选择的前方看准的应是福利国家的建设，向从失业的恐怖中解放出来的“二战”后西方发达工业国家的经济社会靠近，但结果却是在持续的经济增长变得模糊而看不清了。如果在打造实现完全雇佣的福利国家高速增长的佐藤内阁执政的 20 世纪 60 年代后半期，就开始早期着手于实现福利社会、追求富裕的国民生活的话，日本经济可能就不会面临低福利的困难。在这个意义上，追求“无定见的经济增长”的罪过是很深的。

批判日本“经济增长的成果没有作为国民的财富被使用”的下村治曾预测，这样的高速增长将会在 20 世纪 70 年代发生大的转换，也就是经济的“定常状况”，即接近零的经济增长率。武田晴人曾在书中表明：“借用 1956 年经济白皮书的表现方法，80 年代初的社会已经不是高速增长的时代，我们正面对着不同的事态。通过增长追求富裕的余地已被用尽。在有限资源的条件下，为了能保全环境、维持有节度的生活，需要寻求的是分配的公正性。”①但现实是，并没有发生这样政策基调的转换。高桥正雄是

① 武田晴人：『高度成長』，岩波書店，2008 年。

这样认为“高速增长期”的：“经济增长和技术革新发挥着如同鸦片作用的时代。”①经济增长让各种问题摩擦性地产生，渗透了其能成为解决问题有效手段的观念，并且从中无法解脱出来，如同麻药中毒症状一样不断蔓延。政府完全没有顾及时代的错误，意图通过追求经济增长再次实现以前的梦想。人们对于这样的言论非常期待而且呼声很大是当时的实际情况。

① エコノミスト編集部：『高度成長期への証言』，日本経済評論社，1999年，91ページ。

# 第四章　日本“国民收入倍增计划”的历史地位与战略意义

本章首先肯定了“国民收入倍增计划”是“二战”后对日本经济高速增长最具成效的长期经济规划，分析了该计划在决策和制定过程中的理论逻辑和依据，指出它为日本经济提出了一个新的发展模式。其次，表明“国民收入倍增计划”的实施取得了空前的成效，通过计划实施前后具体数据的比较分析，指出日本国民经济各部门提高了劳动生产率，实现了国民收入倍增，直接刺激了日本国内需求的增长，实现了国民经济和国民生活的均衡发展，在日本经济史上具有重要的历史地位。最后，总结“国民收入倍增计划”实质上也是日本经济社会大转型时期实施的一项具有举足轻重意义的发展规划，该计划的实施成功开启了日本经济腾飞的黄金时代，在日本经济史上具有重要的战略意义。

## 第一节　“国民收入倍增计划”的理论逻辑及依据

日本“国民收入倍增计划”作为在其经济高速增长时期实施的长期经济规划，对20世纪六七十年代日本国民经济各部门的发展做了长远的战略规划。该计划立足于日本的市场经济，在10年时间内促使日本的实质GNP(国民生产总值)增加了两倍，通过政府的责任充实了社会资本和完善了社会保障制度，在重视科学技术和教育层面上人的要素的同时，实现了完全雇佣，并缩小了经济发展的二元结构和收入差距。

一直以来在计划目标值上比较保守的日本政府在“国民收入倍增计划”中制定了较高的经济增长目标，也给企业指明了“工场内整体创新”的方向，在工场内实施设备现代化的政策，并推动了在全国范围内的综合大开发的热潮，带来了“投资带来投资”关联效果。并且，作为主导贸易自由化的该计划，引导日本企业致力于设备投资，提高生产效率，强化产业整体的竞争力，推动产业现代化的发展。

整体而言，“国民收入倍增计划”带来了日本社会经济整体发展模式、政策实施方式的改变。在对该计划进行评价的基础上，还有必要进一步深入挖掘计划背后的理论逻辑和依据。而对于制定“国民收入倍增计划”的理论逻辑分析，有必要逐层剖析决策过程中的各项决策要素，即决策指导思想、决策目标、决策组织和决策者、决策过程以及实施模式，从而探究得出该计划制定和实施的依据。

### (一)决策指导思想：“月收入翻番论”

20世纪50年代中期，日本社会各界开始对经济发展的目的进行深刻反思并展开了深入的探讨。经济思想上，“福利国家论”逐渐取代“强国论”，经济界人士普遍认识到建立福利国家必须从提高国民收入水平、关注民生问题做起。日本经济学界和政府官员所展开的探讨，对池田勇人“月收入翻番论”的形成产生了较大的影响。其中，具有代表性的是东京大学中山伊知郎教授和时任政府官员下村治。

中山伊知郎教授在1959年1月3日的《读卖新闻》发表了“工资翻番”论，他认为：提高劳动生产率是经济增长的必要条件，为了促进日本经济的进一步增长，应树立将劳动生产率提升至可让工资增长一倍的目标。同年，时任大藏省财务调查官、国民金融公库理事的下村治提出了“有效需求带动经济增长”的理论。在以上理论的基础上，池田勇人在当年的参议院选举中提出：在促进社会基础设施投资的同时，通过降低利息和减税、有效利用民间创意等建立有利于经济发展的体制，让日本经济实现持续性增长和经济总量的扩大。此后，池田勇人在《我的月收入翻番论》中指出：并不是马上实现月收入翻番，而是通过国民的努力和政府出台较好的政策来提高生产力，并增加GNP和国民收入，从而实现国民月收入增加一到两倍。

池田勇人认为，即使没有强有力的政策引导，经济规模依然会自然扩大。政府需要做的仅仅是通过不断扩充社会基础设施来预防和消除经济发展瓶颈的产生。“国民收入倍增计划”是在池田勇人“月收入翻番论”的指导思想下制定和决策的。

### (二)决策目标：经济增长预期值

制定“国民收入倍增计划”，首先涉及预测经济增长率的问题。而研究经济增长率，有必要了解至今为止实现日本经济增长的主要因素。众所周知，20世纪50年代中期是日本经济的复兴阶段，旺盛的复兴需求成为经济增长的强劲动力。然而一旦经济复兴阶段结束，必然会产生需求过剩的问题。因此，必须挖掘新的消费需求、实施技术革新，以便确立维持经济高速增长的新元素。

挖掘新的消费需求，需要提高消费支出的增长率并增加消费支出项目。实施技术革新则是通过投资需求的增加速度、投资对象行业和设备种类等指标来判定的。投资有需求效应和供给效应这两方面的内涵，前者需要考虑投资乘数，后者必须考虑与投资产出系数的关系。而产出系数和投资乘数并非固定值，它们会受各种因素影响而产生变动。从当前的消费倾向、消费增长率、产出系数的下降等方面综合判断，计划制定后的未来10年的年均增长率预期为6.5%~8%。

具体到影响经济整体发展状况的不同要素，首先，计划制定后的未来10年的劳动力平均年供给增加率预计达到1.2%，并将呈现出前高后低的趋势。劳动生产率的年上升率在第二、第三产业部门中预计达到5.5%~6%，而设备资本的增加率是9%~10%。为应对劳动力需求的增大，仅仅依靠增加和补充新劳动力是不够的，还需要加大劳动力在产业间的流动。其次，结合需求层面和供给层面进行综合性探讨，结果显示：企业设备的固定资本系数受产业结构高度化的影响虽略有提高，但进入倍增计划的后半期，随着社会资本基础设施的充实将会呈现水平发展倾向。而革新性技术的导入也会产生与系数上升相抵消的状况，投资乘数随着消费增加率的上升也会变大，但是整体经济有望高速增长以及企业对于劳动力的旺盛需求均有可能推动工资的上涨和消费需求的增加。

### (三)决策组织和决策者

“国民收入倍增计划”是池田勇人召集当时日本社会各界精英制定的以均衡国家经济增长与国民生活水平、建立新经济发展模式为目标的一项长期经济计划。该计划的制定和决议经过了反复论证和探讨，政府共设置了4个专业部会和17个专业性小委员会，各部会委员、专家委员等达250名，而参会的委员、专家、民间有识人士、政府职员等更多达2000余人。

从专业部会会长和小委员会委员长的构成来看，19名制定计划的核心成员中，7名来自于大学，5名来自于政府，2名来自于企业，3名来自于政府和民间智库、2名来自于媒体，这些成员均是各领域的杰出代表。所以说，该计划的制定是集社会各界精英的智慧与经验所做出的重大决策。

### （四）决策过程

在综合政策部会的会议上，委员就“倍增计划”的基本构想进行了反复的斟酌和推敲。方法论探讨小委员会和政策探讨小委员会分别将各自的探讨成果归纳为计划的“主体框架”和“政策支柱”，并于1960年5月19日提交给综合政策部会。其中，政策讨论小委员会就未来十年的长期性政策课题进行了系统性整理：①充实社会基础设施；②引导产业结构升级发展；③促进贸易和国际经济合作；④提高人的能力和振兴科技；⑤缓和二元结构和确保社会安定；⑥确保经济的稳定增长和财政金融的正常运行。①

以上各项内容表明，在“国民收入倍增计划”制定之初，日本政府就已具有明确的政策目标，而且对这些目标给予了足够的重视。综合政策部会在计划的“主体框架”和“政策支柱”相关提案的基础上，制定了《国民收入倍增计划制定纲要》。

池田勇人内阁于1960年7月19日登上日本的历史舞台。池田勇人把“国民收入倍增计划”作为最大的政策课题，大胆地把日本的发展方向由“政治时代”引向“经济时代”。池田勇人内阁进一步接受和贯彻了下村治的“高度增长论”，由经济企划厅和经济审议会牵头推算和审议“收入倍增计划”中的主要经济指标，该计划在当时被称为“下村计划”。1960年8月，“下村计划”出台，该计划提出在未来10年实现10%的增长率。以此

① 前田清，林雄二郎など：『「所得倍増計画」を批判する』，東京：実業の日本社，昭和36年8月，16- 17ページ。

为背景，池田内阁于当年9月5日发表了到1963年年底实现年均9%的经济增长率的“新政策”。① 之后，将企划厅制定的“国民收入倍增计划”与“新政策”折中后，确定了今后10年中前3年的增长率为9%，整体10年的平均增长率为7.2%。

经过以上制定程序和审议过程，“国民收入倍增计划”终于出台。整个过程中，池田首相和下村治所提出的“经济增长”和“国民收入倍增”的理论逐渐为日本民众所接受。

### (五)计划的实施模式

“国民收入倍增计划”在国民经济规模倍增和具体目标数据的基础上，对国民经济各部门的发展做了长远的战略安排。该计划在实施过程中以法律法规的形式颁布，对政府而言是考核业绩的准则，对企业而言则是指导性计划，所以政府通过向企业提供有效的公共服务，引导并推动企业发展，来实现计划的最终目标。可以说，该计划的制定和实施方法，为日本社会的“政企合作”和“官产学”合作模式的发展打下了基础，为日本经济的发展提供了一个新的发展模式。

## 第二节 “国民收入倍增计划”在日本经济史上的地位

在日本经济发展的高度增长时期，最有影响的经济计划莫过于池田勇人内阁时期制定的“国民收入倍增计划”。通过本书第二章对该计划核心内容的详细阐述，可知“国民收入倍增计划”是日本社会在转型过程所实施的一项长期发展计划，它涵盖了政治、经济、教育、科技、人才培养以及社会保障等多方面的内容，也聚焦了当时日本社会急需解决和发展的一些难点问题。可以说，该计划的出台和实施是日本经济社会发展到一定阶段的必然产物，是时代和历史选择的结果。

同样，通过在本章第一节中对“国民收入倍增计划”制定背后的理论逻辑和依据的分析，可知该计划的制定经过了来自不同领域的2 000余名

① 原朗：『高度成長展開期の日本経済』，株式会社日本経済評論社，2012年11月10日，78ページ。

专家学者、政府官员和民间企业家的反复论证，整体而言，该计划的制定过程具有科学依据，计划的实施也符合日本经济增长已经起步的大环境。早在20世纪50年代岸信介执政时期，理论界就展开了关于经济发展前景及其增长可能性的大讨论，时任开发银行经济研究所所长下村治以“资本产出系数”和“进口依存度”为分析数据，得出日本经济已进入高速增长时期的结论，并建议政府审时度势，制定相应的对策。1959年，首相经济政策咨询机构经济审议会会长石川一郎接受岸信介首相的委托，开始进行是否制定以“国民收入倍增”为目标的长期经济计划的咨询论证，其后将咨询报告交给了池田勇人。以此为基础，经济企划厅又花费了半年时间，组织政府各部门及民间各界专家反复研究修改该计划，最终于1960年12月底该草案被内阁正式采纳。

“国民收入倍增计划”开宗名义地表明：“本计划的最终目的是提高国民生活水平和实现完全就业，为此必须最大限度地谋求经济的稳定成长”。① 计划中写明：今后的10年中，国民经济规模的实际价值和国民实际收入都要翻一番，即在1970年的国民生产总值将达到26万亿日元，国民人均收入为20.8万日元(579美元)，使日本经济达到欧洲国家的中等发展水平。② 为实现该目标，国民经济的年均增长速度要达到7.8%。

20世纪50年代末的安信介内阁时期社会动荡不安，被称为“政治季节”，而池田勇人上台后表示要“宽容与忍耐”，并进一步提出了“收入倍增”的响亮口号，促使“政治季节”向“经济季节”转化，表明了要实施“国民收入倍增计划”的态势，该计划为当时的日本国民许诺了收入将倍增的目标，即到1970年日本人均国民收入将达到20.8万日元(合579美元)，约为1960年2倍的水平。而劳动收入将达到1960年的3.3倍，平均工资将达到1.94倍，这样工资差别将迅速缩小，工资的平均增加将超过2万日元。③ 该计划的目标赢得了当时大多数日本国民的响应，并将日本引入

① 三和良一，原朗：《近现代日本经济史要览》，东京大学出版会2007年版，第157页。

② 刘绮霞，赵晋平：《日本“国民收入倍增计划”出台的历史背景及其决策要素》，《日本学刊》2016年第2期，第116页。

③ 全毅，孙鹏，刘婉婷：《日本实施国民收入倍增计划的背景、经验及启示》，载《世界经济与政治论坛》2014年第3期，第148页。

“经济季节”，通过政府、企业和国民的共同努力，促使倍增计划的目标提前实现。

从结果上看，日本仅用7年的时间就完成了倍增计划的目标，经济迈上了一个新台阶，并且日本经济无论是总量还是人均数据都取得了骄人的成绩。1970年，日本GDP总量达到2 090亿美元，GNI总量为2 088亿美元，而同期美国GDP总量为1.02万亿美元，英国为1 248亿美元，联邦德国为2 088亿美元，日本已经成为仅次于美国的世界第二大经济体。从人均数据上看，到1970年日本人均GDP达到2 003.6美元，人均GNI为1 810美元，年均增长率也维持在较高水平。而同期美国人均GDP为4 997.8美元，英国人均GDP为2 242美元，联邦德国人均GDP为2 572美元。伴随着国民收入的提升，日本国民生活水平显著上升，日本居民“恩格尔系数”逐年下降，从1960年的41.6%下降到1965年的38.1%，再到1970年的34.1%。

从其他指标来看，日本经济、社会及产业变化都较好地实现了“国民收入倍增计划”提出的目标。1960年至1970年的10年间，日本经济保持了年均10.3%的增长，三大产业结构得到了合理的调整，农业份额不断降低，人均实际国民收入增加了两倍，人均消费水平大幅度提高，失业率保持在1.1%~1.3%的低水平；三大产业结构得到了合理的调整，农业份额不断降低，第二、第三产业在国民经济中所占比例越来越大，工农业生产较之以前也有较大幅度的提高；国际贸易得到了较大程度的增长，进出口总额占GDP的比例达到20%，国际收支情况也得到了有效改善，国家外汇贮备额逐年增长，城乡人口比例不断上升，城市化进程速度加快，城市人口占总人口达70%以上。①

综合各项数据表明，“国民收入倍增计划”的实施取得了空前的成效，提高了日本国民经济各部门的生产效率和劳动生产率，提升了居民的实际收入水平，实现了国民收入翻番，发展并健全了政府收入分配和社会保障机制，实现了国民经济和国民生活的均衡发展。它被评价为对“二战”后日本经济高速增长最具有影响力的长期经济规划，因此，该计划在日本经

① 全毅，孙鹏，刘婉婷：《日本实施国民收入倍增计划的背景、经验及启示》，载《世界经济与政治论坛》2014年第3期，第149~150页。

济史上具有重要的地位。

## 第三节 “国民收入倍增计划”具有的战略意义

经过10年的发展，日本成功迈入发达经济体行列，成为当时的世界第二大经济体。无论从经济发展的数量还是质量来看，日本经济都有了较大水平的提高，计划实施的10年也成为日本经济发展史上的“黄金十年”。可以说，在这十年内实施的“国民收入倍增计划”成功地开启了日本经济腾飞的黄金时代，该计划是日本经济腾飞的基础和转折点。

首先，应该看到日本在制定“国民收入倍增计划”时，采纳了来自政界、学术界、企业界等各界学者专家的意见。从经济学的基本原理出发，提出了在提高劳动生产率的情况下实现“居民收入倍增”的目标，而劳动生产率是指国民经济各部门的生产效率和效益，该目标的制定和提出符合当时日本经济发展的实际情况，推动日本经济的各部门转变经济增长方式、提高劳动生产率，从而提高国民整体的收入水平。

其次，可看到日本通过实施“国民收入倍增计划”，避免了收入分配差距扩大这一经济发展的难题。在制定和实施该计划时，日本政府注意到当时社会存在着农业与非农业之间、地区之间、大企业与中小企业之间的发展不平衡，以及收入分配差距扩大的问题。日本在认识到此类问题严重性的同时，在计划实施时着重在增加国民收入的过程中缩小收入差距。通过促进不发达地区经济发展、促进中小企业现代化发展等相关法律的制定，以及一系列援助性财政金融政策的实施，促进了落后地区的经济发展，从而缩小了城乡之间、地区之间以及大小企业之间的差距。缩小经济发展的差距、避免收入分配差距的扩大对于日本经济持续稳定的发展具有重要的战略意义。

再次，可看到日本政府在“国民收入倍增计划”中注重培育社会的中产阶级，并形成了稳定而强大的中产阶层。“国民收入倍增计划”的实施不仅使日本国民的收入实现了倍增，而且工资差距迅速缩小，而且在实现经济快速发展的同时，日本政府较好地协调了各经济主体的利益分配问题，在收入分配上打造了突出中间部分的“橄榄型”社会结构，使日本社会最终形成了“1亿总中流”的社会格局，即在20世纪70年代有1.2亿国民的日本社会中有1亿国民认为自己属于社会的中等收入阶层。稳定的中产阶级的形成从机制上看，实际上就是社会的低收入者不断向中等收入阶层流动的结果，在流动的过程中国民的收入得到提高、收入分配差距缩小，这些都有利于日本社会的稳定和经济的持续发展。

最后，日本在实施“国民收入倍增计划”的过程中，始终贯彻经济增长和社会保障平衡发展的原则，通过提高社会福利水平和加强对社会福利和社会保障的扶持力度，不断充实社会保障制度，发展路径由注重“强国”转为重视“富民”。最终日本整体上提高了全民的生活水平，社会的保障制度也得到了显著发展，这为其在20世纪70年代实现真正意义的“国强民富”打下了坚实的基础。

综上所述，“国民收入倍增计划”作为在日本经济大转型时期实施的一项具有举足轻重意义的经济社会发展规划，它带来了20世纪六七十年代日本社会经济发展模式、政策实施方式的改变，提高了国民收入和生活水平的提高，实现了经济增长和社会保障的平衡发展，开启了日本经济腾飞的黄金时代。因此，该计划在日本经济史上具有重要的战略意义。

# 第二部分　日本“国民收入倍增计划”对我国的启示

他山之石，可以攻玉。借鉴日本“国民收入倍增计划”的制定框架、决议过程以及实施路径，能够为我国经济选择健康的发展方式和实现经济增长的宏伟目标提供有益的启示。同时，也能为解决当前我国收入分配差距过大、在“国富”的同时实现“民富”提供经济持续性发展的动力和源泉。但是，仅仅照搬日本当年的经验，中国式“收入倍增计划”很难实现，必须在对我国经济发展总体方向和具体路径具有清醒认识的前提下，对两国所处的背景和面临的经济问题进行深入的比较，根据两者之间的相似性和差异性着眼来进行分析，才能得到有效的借鉴和启示。

# 第五章　对实现居民收入倍增的启示

第五章中，笔者首先分析了我国经济发展现阶段所面临的来自收入分配问题的困境和难题，提出了我国应实施“居民收入倍增”的课题。其次，在比较分析中日两国实施“收入倍增计划”所处社会和经济背景异同点的基础上，通过理论分析和实证研究相结合的方法得出了对我国缩小收入分配差距、实现居民收入倍增的路径和策略上的相关经验借鉴。最后，指出有必要根据我国国情借鉴日本制定和实施“国民收入倍增计划”的路径及经验，实施中国式“收入倍增计划”，在保持经济高速增长的同时力图实现居民收入水平与经济发展相协调。

## 第一节　我国收入分配改革的现状与中国式“收入倍增计划”的提出

为实现我国的居民收入倍增并解决收入分配问题，除了国内的决策部门和专家集思广益、建言献策之外，需要有效借鉴和吸收国外的经验、教训。“他山之石，可以攻玉”，20 世纪 60 年代日本在其经济高速增长时期实施的“国民收入倍增计划”成为日本经济腾飞的基础和转折点。正是因为成功实施了“国民收入倍增计划”，日本在 1960—1970 年的 10 年间，年经济增长率超过了 10. 9%，而实现人均国民收入的倍增仅用了 7 年。居民收入的提高，既拉动了内需消费，还促使日本社会形成了强大而稳定的中产阶层。日本在经济快速发展的同时合理分配了社会财富。

因此，在我国经济发展的现阶段，面对收入分配问题的困境和难题，有必要根据我国的实情借鉴日本制定和实施“国民收入倍增计划”的路径及经验，实施中国式的“收入倍增计划”，在保持经济高速增长的同时努力实现居民收入水平与经济发展相协调，提高全体居民的生活水平和消费能力。①

## 一、我国收入分配改革的现状与难题

经过多年的经济发展和改革，我国已建立以按劳分配为主体、多种分配方式并存，按劳分配与生产要素分配结合的基本分配制度。通过把市场竞争机制引入到收入分配领域，克服了计划经济体制下收入分配中的平均主义倾向，极大地解放了生产力，推动了经济社会的快速发展。然而，随着我国经济社会发展进入新的阶段，在改革不彻底、制度不健全、调控不到位等诸多因素的影响下，收入分配呈现比例失衡、差距扩大的趋势，一些弊端逐步凸显出来，成为社会关注的焦点。收入分配问题涉及每个社会成员的切身利益，从不同的视角和立场出发会看到不同的矛盾和问题，但归结起来突出表现在以下三个方面。

### （一）劳动者报酬和居民收入占 GDP 比重偏低，且持续下降

劳动者报酬在 GDP 中所占比重偏低是初次分配的结果，居民收入占 GDP 比重是在劳动收入基础上进行二次分配的结果，还包括居民的财产性收入和转移性收入等非劳动收入。前者通常可以通过收入法 GDP、资金流量表和投入产出表三个数据渠道获取，后者主要通过资金流量表获取。由于三种统计的方法不同，得出的数据并不完全一致。但无论用哪种数据，都可以得到自 1995 年以来我国劳动者报酬占 GDP 比重呈持续下降的结论。综合来看，2008 年我国初次分配中劳动者报酬在 GDP 中所占比重为 42%左右，相比 1995 年下降约 10 个百分点。而同期企业所得、政府生产税净额占 GDP 比重都有明显上升。因此，初次分配中企业和政府获取的越来越多，而劳动者获取的越来越少。加上受劳动收入持续下降的影响，财产性收入占比也在下降。②

---

① 刘绮霞，王志伟：《我国实施“居民收入倍增计划”的路径与经验借鉴研究》，载《中央财经大学学报》2015 年第 11 期，第 26 页。

② 余斌，陈昌盛：《国民收入分配困境与出路》，中国发展出版社 2011 年版，第 2~3 页。

从国际比较来看，我国劳动者报酬在 GDP 中所占比重、居民收入占 GDP 比重都明显低于发达国家当前水平。在主要发达经济体中，劳动者报酬在 GDP 中所占份额一般介于 50~57%，居民收入占 GDP 比重则介于 65%~72%。就特定发展阶段看，有两个基本特点。一是工业化加速推进特别是重化工业阶段，劳动者报酬占比会相对偏低，并伴有少数年份的下降，但持续下降现象罕见。例如，日本、韩国在其重化工业阶段，劳动者报酬占比也曾出现过低于 40%的年份，但没有出现过长期下降。二是无论是老牌英美工业化国家，还是“二战”后的工业化国家，初次分配中劳动者报酬占比始终是各要素中占比最高的，而且工业化进程中该比例总体呈上升趋势，并随着工业化完成而趋于稳定。我国劳动者报酬占比和居民收入占比偏低，一定程度上是发展阶段的体现，但自 1995 年以来呈现持续下降趋势，用发展阶段已经不能给出充分解释。①

我国当前劳动者报酬占比下降问题，不是简单用农业劳动力向第二、第三产业转移，以及资本有机构成比例提高所能够充分解释的，而是由于劳动要素分配在产业中的地位普遍下降所造成的。

### (二)城乡、地区、行业和社会成员间收入差距仍在扩大

1. 城乡差距是居民收入差距的最大来源

近年来，我国政府十分重视“三农”问题，先后出台了一系列支农、惠农政策，城乡差距拉大的趋势得到了遏制。1985 年城镇居民人均可支配收入为农村居民人均纯收入的 1.86 倍，2007 年达到 3.33 倍的高位，2008 年略有下降，但仍为 3.31 倍，2009 年又扩大至 3.33 倍，绝对收入差距超过 12 000 元。另外，从衡量收入分配的基尼系数来看，农村和城镇各自的基尼系数虽然近年来有所上升，但都低于 0.4 的水平，也低于全国的基尼系数。根据收入差距贡献分解，城乡收入差距对全国收入差距的贡献率约为 48%，我国居民收入分配差距很大程度上反映的是城乡收入差距问题。②

---

① 陈昌盛：《优化我国收入分配格局的思路和政策建议》，载《团结》2010 年第 4 期，第 30~35 页。

② 余斌，陈昌盛：《国民收入分配困境与出路》，中国发展出版社 2011 年版，第 3~4 页。

2. 地区发展不平衡拉大区域收入差距

在我国区域协调发展战略推动下，近年来资本、产业向中西部地区转移的趋势明显，地区发展不平衡带来的区域收入差距问题没有明显恶化。但是，发展不平衡、区域收入差距大等问题依然突出。从城镇居民人均可支配收入看，全国最高省份与最低省份之比，由21世纪初的2.2倍扩大到2009年的2.4倍，绝对收入差距为17 000元。得益于惠农政策的持续实施，农村居民人均最高纯收入与人均最低纯收入之比，由2000年4.2倍扩大到2006年的4.6倍的高点后，近年来有所回落，2009年降低到4.18倍。但地区之间的城乡居民收入差距依然很大，明显高于全国城乡平均差距。①

3. 行业收入差距拉大

改革开放之初，我国各行业间收入水平差异不大，最高收入与最低收入之比为1.8倍，随后呈逐步扩大趋势，2000年达到2.63倍。据人力资源和社会保障部统计，目前电力、电信、金融、保险、烟草等行业职工的平均工资是其他行业职工平均工资的2~3倍，如果再加上工资外收入和职工福利待遇上的差异，实际收入差距可能在5~10倍。除了行业特征和技术密集等合理因素外，当前我国行业间的收入差距在很大程度上是行业垄断的因素导致的。

4. 社会成员间差距拉大，基尼系数持续攀升

改革开放之初我国平均主义盛行，基尼系数只有0.16。随着经济体制和收入分配改革的深入推进，市场竞争机制逐步建立，居民收入差距不断扩大。1990年基尼系数达到0.35，2008年则攀升到0.47，在世界主要经济体中属于偏高的国家。全国居民收入调查显示，1988—2008年收入最高的10%人群和收入最低的10%人群的收入差距，从7.3倍上升到23倍。②

### （三）收入分配秩序不规范，寻租和投机现象比较突出

目前，部分公务员及企事业单位工资制度不够规范，地区间、部门间

① 付瑶：《当前中国收入分配改革的复杂性研究》，云南师范大学硕士论文，2013。

② 余斌，陈昌盛：《国民收入分配困境与出路》，中国发展出版社2011年版，第4~5页。

及国有企业间的收入差距很大，存在“灰色收入”的现象，造成“工资不高，收入不低”的局面。

收入分配格局决定基本的需求结构，收入分配格局恶化将影响经济社会持续发展。从宏观上看，国民收入中资本所得持续提高，正是我国近年投资率持续保持在40%左右的重要原因之一。而与高投资率相对应，我国消费率持续走低，消费需求增速一直低于GDP增速。作为居民消费需求的主要来源，劳动收入占比的持续下降是主因。从微观上看，由于居民收入差距持续拉大，具有高消费倾向的低收入者无钱消费，加上二次分配的逆向调节，进一步恶化了低收入者的处境，导致内需相对不足，产业升级缓慢。可以说，正是收入分配格局的不合理之处，一定程度上固化了我国改革开放以来投资和出口的发展模式，成为阻碍经济发展方式转变的重要原因。而且，收入分配关系存在不合理之处，对社会稳定、和谐的冲击与破坏作用也在逐步显现，加快调整和理顺收入分配关系成为“十三五”时期最为紧迫的任务之一。①

## 二、我国“收入倍增计划”的提出

### （一）国际比较分析

虽然不同国家受自然、历史条件及文化传统差异影响，在不同的发展阶段会出现收入分配差距很大的状况，面临的问题也不一样。但是收入分配结构不合理、差距过大的现象，不仅影响社会稳定，而且损害经济持续增长，关于这一点已基本成为全球性共识。日本在经济高速增长时期，推行“国民收入倍增计划”，通过该计划的实施，既保持了经济持续增长，又控制并缩小了收入分配差距，这方面的重要经验是值得我国充分吸收和借鉴的。

而拉美国家在经济高速增长时期没有处理好收入分配问题，跌入“中等收入陷阱”，导致经济衰退、政治混乱和社会动荡。因此，在世界各国的发展过程中，都非常重视收入分配调整，把其作为社会管理和公共政策

① 余斌，陈昌盛：《国民收入分配困境与出路》，中国发展出版社2011年版，第5~6页。

作用的重点。我国现阶段在实施收入分配改革，实现居民收入倍增的过程中有必要借鉴国外的先进经验并吸取其教训。

第一，库茨涅茨曲线(倒U形曲线)反映了西方国家经济和社会发展过程中收入分配状况变化的一般规律。即在工业化初期，收入分配的不平等程度不断加剧；随着工业化的完成，不平等程度逐渐缓解。但需要说明的是，这一转折不是自然而然地到来的，而是随着不同社会群体的利益冲突和政府主动的政策干预而逐步妥协的。发达国家的经验表明，收入分配结构的变化，既是库茨涅茨曲线一般规律的体现，也是工人阶级斗争和政府主动政策干预的结果。①

第二，收入分配是否公平合理，也涉及市场规则本身的完善问题，如打击商业贿赂、鼓励机会均等、消除垄断因素等；政府公共服务和社会政策领域的进步，包括社会保障制度的建立，实行义务教育，反对就业歧视，消除人口流动的制度障碍等。

在市场经济制度比较完善的国家，其拥有的反垄断制度促进了市场公平、技术进步，防止了收入差距的扩大；其帮助困难群体就业的积极就业政策，通过促进就业，在降低贫困发生率、减少社会排斥以及防范收入差距扩大等方面发挥了积极作用；覆盖全民的公共教育，保障了公民受教育权利，是促进起点公平的基本手段，也是重要的再分配手段；规范收入来源和数量，有利于限制和打击各种非法收入。②

第三，在工业化的中期，即我国目前的发展阶段，要特别重视初次分配问题。与雇主相比，雇员一般来说是弱者。要鼓励签订集体劳动合同，打击"黑包工"，维护劳动力市场的流动性，建立健全最低工资制度，避免工薪收入占GDP份额下降。

需要强调的是，最低工资和集体协商制度也有其负面作用。在劳动力供过于求的情况下，推行最低工资制度有可能带来资本、技术替代劳动力的效应，损害低端劳动力的就业机会，导致更大的不平等。集体协商应当

---

① 信卫平：《关于对利益受损职工补偿问题的思考》，载《中国劳动关系学院学报》2012年第1期，第1~6页。

② 余斌，陈昌盛：《国民收入分配困境与出路》，中国发展出版社2011年版，第13~14页.

建立健全必要的制度规则，否则可能引起社会群体之间的对立和社会矛盾的激化。

第四，再分配制度的实行，不仅需要公正的社会观念，而且需要比较完善的居民收入登记制度。在推行消费性增值税的同时，逐步提高个人所得税的比重，尽快推行遗产税、赠与税和奢侈品消费税，逐步完善社会捐赠的免税、抵扣制度，并鼓励社会慈善事业的发展。

个人所得税是市场经济国家财政收入的重要来源，也是调节收入分配的税种。遗产税和赠与税在维护起点公平、均衡社会财富、防止财富过度集中而加剧贫富差距方面具有明显调节作用。对奢侈品消费征税的主要作用是限制奢侈性、炫耀性消费，防范高收入阶层的奢侈消费给中下层民众带来冲击。对投资兴办企业减免税费有利于扩大经济规模和就业，从而缓解初次分配差距。

第五，从长远来看，最低生活标准的建立、义务教育水平的提高以及养老、医疗等各项社会保障措施的完善，不仅有利于居民获得市场经济条件下的起点公平，而且有利于缩小收入分配上的代内、代际差距，保持经济、社会的可持续发展与稳定。

各国社会保障体制的发展过程和保障水平有较大差异，但都将其作为一种重要的再分配方式。公共援助在发达国家的社会保障体系中处于重要的位置，是政府促进社会稳定的重要手段。援助或扶持欠发达地区发展，是缩小地区差距、缓解社会矛盾的重要举措。①

第六，完善的社会保障和收入调节制度应当与经济发展水平相适应。福利制度有很强的刚性作用，一旦建立就很难削减，否则容易引起严重的社会冲突和矛盾的激化。近期法国的退休制度改革就引起了持续性的大罢工。因此必须适度，且社会保障体系的建设要注重制度的统一性、缴费的公平性。

较高水平的福利保障并不必然会损害经济增长，“福利国家”的全球竞争力普遍较强。根据世界经济论坛发布的《2010—2011 年全球竞争力报告》，瑞典、芬兰和丹麦这些号称是“从摇篮到坟墓的最慷慨福利模式而

---

① 余斌，陈昌盛：《国民收入分配困境与出路》，中国发展出版社 2011 年版，第 14~15 页。

闻名于世”的国家，其世界竞争力排名都位列前10名之中。

第七，一个国家收入分配制度的核心，是应当鼓励人们通过自己勤奋的工作来取得合理的报酬。在所有主要工业化国家中，工资性收入都是居民最主要的收入来源。能否激励人们勤劳致富是政府再分配政策成功与否的试金石。①

判断一个国家的收入分配是否公平，不能仅仅看其基尼系数的大小，或者居民有没有财产性收入，更重要的是看这个国家崇尚的社会价值理念，是激励绝大多数社会成员努力工作、勤劳致富，还是引导公众投机取巧、好逸恶劳。②

### （二）我国“收入倍增”课题的提出

近年来，我国居民收入分配结构失衡以及居民收入差距扩大的现象一直比较突出。一方面，劳动者报酬在GDP中所占比例偏低，居民收入分配过分向政府和企业倾斜，政府和企业的收入增长速度要快于居民收入水平的增长速度；另一方面，居民收入分配差距出现不断扩大的趋势，我国的基尼系数高于所有发达国家和大多数发展中国家，属于收入分配差距较大的国家。

长此以往，将会减少城乡居民的有效需求，既不利于我国经济的均衡发展、削弱经济持续增长的动力，也不利于社会的稳定和长治久安。为解决当前我国经济发展中所面临的分配问题，实现居民收入倍增，党的十八大提出“收入倍增计划”，十九大报告之后再次提出。党中央、国务院在十八大报告中提出了到2020年之前实现国内生产总值和城乡居民人均收入比2010年翻一番的战略目标。这是中共中央首次明确提出居民收入倍增目标，该目标成为与中国老百姓息息相关的重要决策。习近平总书记在十九大报告中提出“决胜全面建成小康社会，开启全面建设社会主义现代化国家新征程”的目标，并进一步指出从现在（2017）到2020年是全面建

① 余斌，陈昌盛：《国民收入分配困境与出路》，中国发展出版社2011年版，第15~16页。

② 郭文惠：《马克思主义文化观的当代价值》，载《特区经济》2012年第11期，第20~23页。

成小康社会决胜期。全面建成小康社会为实现居民收入倍增并解决收入分配问题，除了国内的决策部门和专家集思广益、建言献策之外，需要有效借鉴国外的经验并吸取其教训。

因此，在我国经济发展的现阶段，为全面建成小康社会，面对收入分配的困境和难题，我国可根据实情借鉴日本制定和实施“国民收入倍增计划”的路径及经验，实施中国式的“收入倍增计划”，在保持经济高速增长的同时努力实现居民收入水平与经济发展相协调，提高全体居民的生活水平和消费能力。①

## 第二节 中日两国“收入倍增计划”的比较分析

当前我国的经济状况与日本实施“国民收入倍增计划”之初的20世纪60年代的经济社会有一些相似之处，同时也因为我国独特的国情，面临着更为复杂的国际和国内环境。所以，如果完全按照日本当年的经验，中国式“收入倍增计划”很难实现，有必要对中日两国所实施的“收入倍增计划”的异同点进行比较乃至更深入的研究。首先，比较分析中日两国实施的“收入倍增计划”在“经济计划”上的本质特点；然后，比较分析两国实施“收入倍增计划”所处的时代背景、面临的社会环境和经济发展的阶段等方面的异同点。通过比较研究，广泛、深入地了解中国式“收入倍增计划”与日本的“国民收入倍增计划”在本质上的不同和相同之处，将有利于总结经验，为我国实现居民收入倍增提供具有参考价值的策略和路径选择，使我国的经济发展获得持续的动力和源泉。

### 一、经济计划的特点分析

#### (一)日本的经济计划

市场与计划是现代经济社会的两种经济手段，在资本主义国家中日本是在市场经济的前提下，比较重视计划这个经济手段的国家之一。日本的

① 刘绮霞，王志伟：《我国实施“居民收入倍增计划”的路径与经验借鉴研究》，载《中央财经大学学报》2015年第11期，第26页。

经济计划不具备法律效力，只是代表了政府对未来经济发展的期望。

日本的“国民收入倍增计划”是在市场经济机制下实施的长期经济计划，该计划的性质不是指令性的，而是指导性的。该经济计划的作用在于：发表主要经济部门在10年间的经济预测，公布政府部门10年间的长期经济活动实施计划，包括公共投资和社会保障计划、财政金融政策等具体的实施方案。在该经济计划中，政府发挥着指导性的作用，主要体现在：①

(1)通过制定市场规则和排除不正当竞争和垄断等确保和促进市场机能的效率。

(2)及时调整市场机制，弥补市场存在的缺陷。

(3)对企业界实行行政指导或使用经济手段诱导企业遵从政府计划，形成宏观经济与微观经济较好的衔接。②

(4)合理配置公共投资，降低外部成本。

(5)通过建立和完善社会保障制度，缩小贫富差距，实现居民收入分配的公平化。

经济计划虽然只具有指导性意义，但在日本经济高速增长时期实施的“国民收入倍增计划”旨在落实国家计划的行政指导，对日本经济发展的作用却是非同寻常的。

### (二)中国的经济计划

中华人民共和国成立70年以来，我国始终坚持走社会主义道路，在经济体制方面进行探索和改革，改革开放前的30年我国实行的是高度集中的计划经济体制，改革开放以来的40多年我们逐步构建和完善了中国特色社会主义市场经济体制。从传统的计划经济体制到社会主义市场经济体制，再到使市场在资源配置中起决定性作用和更好发挥政府作用，是对我国社会主义发展道路演变轨迹的高度概括。③

① 富元国光：《日本的经济计划》，载《中外管理导报》1996年第3期，第5页。

② 冯昭奎：《日本经济计划的特点》，载《中国机制改革》1992年9期，第61页。

③ 顾钰民：《从传统计划经济到中国特色社会主义市场经济》，载《高校马克思主义理论研究》2019年第3期，第65页。

如前所述，为解决近年来我国经济发展中面临的收入分配结构失衡和居民收入差距扩大的问题，实现居民收入倍增，我国在十八大报告中提出了到2020年之前实现国内生产总值和城乡居民人均收入比2010年翻一番的战略目标，这是我国首次明确提出居民收入倍增的目标，因此有必要根据我国的国情实施中国式“收入倍增计划”。

中国式“收入倍增”是在习近平新时代中国特色社会主义市场经济理论的指导下，要求遵循市场经济的一般规律，处理好政府和市场的关系，发挥好市场经济和社会主义基本制度两方面的优势，提高经济运行的效率的长期经济计划。在该经济计划中，我国政府把自身的功能和作用定位在有限的范围内，尊重市场规律，引导微观领域中的经济主体和企业按照市场规律竞争，以期待实现经济的高效率运行。①

由以上分析可知，中日两国的“收入倍增”在经济计划上虽存在着本质性的区别，但也有着一些相似之处，因此在我国经济发展的现阶段，可以根据我国的情况，借鉴日本制定和实施“国民收入倍增计划”的路径及经验，实施中国式“收入倍增计划”，在保持经济高速增长的同时努力实现居民收入水平与经济发展相协调。

## 二、异同点分析

### （一）相同之处

中国目前所面临的经济问题和所处的经济背景，与20世纪60年代的日本有着相似性。

第一，中国同处人口红利即将消失、经济发展方式必须发生转变的“经济转型期”。和日本当时面临着产业结构升级和劳动力转移、必须实现经济发展方式转型所类似，中国现阶段产业结构升级的要求也迫在眉睫。随着“刘易斯转折点”的到来和劳动力成本的上升，中国长期依靠资源消耗和低人力成本优势的经济发展方式急需转变。

第二，经历经济的高速增长期，同样面临着收入分配差距逐步扩大的

① 顾钰民：《从传统计划经济到中国特色社会主义市场经济》，载《高校马克思主义理论研究》2019年第3期，第70页。

趋势。在经历了“二战”后经济的恢复期后，日本经济进入高速增长时期，经过了十几年的时间并受“神武景气”“岩户景气”的影响，实现了年均10%的GDP增长率，国家整体的经济实力大为增强，但同时面临着国民收入较低，收入差距扩大，地区间发展不平衡，大、中小企业间发展差距大等一系列严峻的形势；而我国自20世纪80年代以来更是经历了30余年的高速增长，并成为世界第二大经济体，但在发展过程中也留下了一系列棘手的问题，当前正面临着收入分配差距扩大、城乡差距显著、国富民还不富等严峻的状况，因此从经济持续性发展的需要出发，我国对收入分配改革的调整都进入必须有所作为的时期。

第二，中国同样面临收入分配差距逐步扩大的难题。20世纪60年代，日本的GDP增长率达到10%前后（参见图5-1），国家整体经济实力大为增强。但与此同时，国民收入较低、收入差距扩大、地区间发展不平

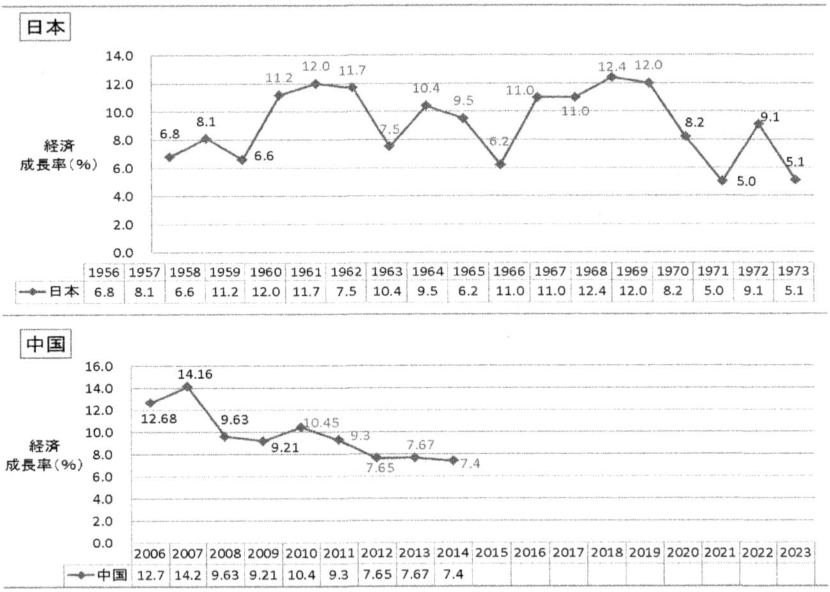


图5-1 中日两国实施“居民收入倍增计划”期间经济增长率的比较①

① 资料来源：笔者根据国家统计局数据中心和日本总务省统计局数据制成。

衡、大型企业与中小企业间发展差距大等一系列问题也日趋严峻。而中国在经历了30余年的经济高速增长，并成为世界第二大经济体的同时，正面临着收入分配差距扩大、城乡差距显著、国富民未富等严峻问题。从经济持续性发展的需要出发，中国对收入分配改革的调整正进入必须有所作为的时期。①

最后，中国同样面临内需不足的经济问题。靠“投资拉动经济”的发展方式需要由“消费需求”来接力，而近年来我国经济发展中最大的问题在于内需不足，即国内消费对于经济发展的贡献率太低，而长期以来依靠出口和投资拉动的经济增长模式又难以进一步持续；日本在20世纪60年代也面临着同样的经济状况，过于依赖海外市场和对外贸易，造成了当时日本严重的内需不足的问题。怎样协调好投资和消费在经济中的位置和关系是两国都需要面对的经济问题。

由以上分析可知，中国当前的经济发展中面临着与日本在实施“国民收入倍增计划”之初的同样的经济问题和发展难题，决定了日本实施“国民收入倍增计划”的成功经验可作为中国实现居民收入倍增、经济持续发展的重要参照之一。

### （二）不同之处

我们应该看到，由于当前的中国与20世纪60年代的日本所处的国际环境不同、资源禀赋要素不同、经济发展基础不同、所处的经济发展阶段不同，决定了我国面临着更为复杂的难题和经济环境，两国之间的差异主要体现在：

第一，所处国际环境不同。日本制定“国民收入倍增计划”时，正值世界经济发展的黄金时期，第三次科技革命进入高潮，国际市场迅速扩张，为其打造出口导向型经济提供了历史机遇。同时这一时期也正值国际能源和原材料价格低廉、重化学工业发展的繁荣阶段，日本依靠廉价的石油大力发展了重化学工业，用粗放式扩张取得了经济的高速增长；而如今

① 全毅，孙鹏，刘婉婷：《日本实施国民收入倍增计划的背景、经验及启示》，载《世界经济与政治论坛》2014年第3期，第154页。

的中国已成为世界第二经济大体和最大的出口国家，正成为发达国家实施国际贸易保护主义的对象，很难继续实现出口扩张型经济增长。同时中国虽然正处于重化学工业的发展阶段，但目前国际能源和原材料价格高涨、资源与环境压力日益紧迫，迫使我国依靠重化学工业的扩张来实现经济持续增长的局面难以持续。①

第二，资源禀赋要素不同。中国矿产资源十分丰富，人口众多；而日本是个多山的岛国，耕地不多，矿产资源匮乏，农业产品和工业所需的原料大多需要进口，无法达到自给自足。因此，从自然资源的禀赋要素来看，在应对经济发展所需的自然资源的调节上中国比日本更具有优势和便利性。但从人口规模上看，现在中国的人口规模至少为20世纪60年代日本的10倍以上，以这样大的人口规模实现居民收入翻番，突破“中等收入陷阱”、进入世界高收入行列将是一项非常艰巨的任务，并且伴随着高速经济发展带来的资源环境的约束下，中国如何创造国民财富并实现国强民富将是一个巨大的挑战。

第三，经济社会发展基础的不同。我国一直以来是以农业为主的经济社会，农业占国民经济的比重大、农业就业人口多、面临的农业问题比较复杂。并且，我国的社会结构中农业人口所占比重较大、城市化程度偏低、城市中以中产阶层为主的结构还没有形成，这也是当前我国解决经济增长及收入分配问题中需要克服的主要难题。而日本在实施“国民收入倍增计划”时的农业人口以及占总人口的农业比重比当前我国农业人口的比重要低，城市化程度比我国高，已形成了以城市居民为主的社会结构；并且通过“国民收入倍增计划”的实施日本逐步增大了中产阶层的比例，培育了占70年代日本社会90%的中产阶层，形成了“一亿总中流”的社会格局。因此，两国在经济社会发展的基础上存在着较大的差距。

第四，所处的经济发展阶段不同。日本在“二战”后面临着比较特殊的国际政治经济形势，1960年才开始确立贸易自由化政策，1963年加入《关税与贸易总协定》，此后日本的对外贸易才开始逐步扩大，成为贸易

① 全毅，孙鹏，刘婉婷.《日本实施国民收入倍增计划的背景、经验及启示》，载《世界经济与政治论坛》2014年第3期，第154~155页。

大国。当时的日本处于要主动地融入国际市场，通过出口来拉动经济的发展阶段。① 而我国当前的经济开放程度比当时的日本高，对外经济发展迅速、对外贸易依存度逐年提高，尤其在 2001 年加入世界贸易组织后对外贸易发展更加迅速，至今我国已超越美国成为世界最大贸易国，我国目前的经济发展处于要努力实现消费、投资与出口均衡发展的阶段。所以说，我国与日本处在不同的经济发展阶段。

通过以上分析可知，当前的中国与 20 世纪 60 年代的日本在所处的国际环境、资源禀赋要素、经济发展基础以及所处的经济发展阶段上存在着较大差异，这些决定了我国在制定和实施居民收入倍增计划时面临着更为复杂的经济环境和发展困境。

通过以上异同点的比较分析可知，相似的经济转型时期决定了日本实施“国民收入倍增计划”的成功经验可作为我国实现居民收入倍增、经济持续发展的重要参照之一。但同时应认识到，我国经济发展的现阶段面临着比当时日本社会更为复杂的国际环境以及更多的困境和难题，在制定和实施中国式“国民收入倍增计划”时应根据我国的国情灵活地借鉴经验，不能生搬硬套。②

## 第三节　对我国实现“居民收入倍增”的经验借鉴

### 一、问题的提出

日本通过实施“国民收入倍增计划”不仅实现了国民收入的快速增长，而且还避免了收入分配差距扩大这一世界性难题。近年来，我国居民收入分配结构失衡以及居民收入差距扩大的现象一直比较突出。当前我国的居民收入差距一直居高不下，2008 年度我国的基尼系数达到最高值 0.491 后，在 2014 年度仍然高达 0.469，我国近年接近 0.5 的基尼系数高于主要

① 全毅，孙鹏，刘婉婷.《日本实施国民收入倍增计划的背景、经验及启示》，载《世界经济与政治论坛》2014 年第 3 期，第 155 页。

② 刘绮霞，王志伟：《我国实施“居民收入倍增计划”的路径与经验借鉴研究》，载《中央财经大学学报》2015 年第 11 期，第 26 页。

发达国家和大多数发展中国家，属于收入分配差距较大的国家。这不仅制约了我国经济的持续性发展，也引起了国际社会对中国经济的广泛关注，是值得研究的热点问题。

在保持经济增长的同时，兼顾经济的平稳性与协调性发展、实现国强民富，对处于经济转型期的中国具有重要意义，这也是我国在“十三五”时期所面临的紧迫课题。为解决上述问题，除了国内决策部门和专家的集思广益、建言献策之外，还可有效借鉴日本“国民收入倍增计划”的有效经验。

其后，本书在相关研究成果的基础上，首先从实证分析的角度选取了影响我国收入差距的城市化水平、对外贸易依存度以及人力资本积累程度、政府财政干预度等主要制度变量，基于1995年到2014年代表我国经济发展不同水平的东部、中部和西部地区的15个重要省市的相关数据，分析在四种不同内生变量的作用下收入分配差距对经济增长所产生的门限效应，并进一步检验了人力资本积累制度要素下收入分配差距和经济增长的相关性。然后，采用实证分析与理论研究相结合的研究方法，参考并借鉴日本实施“国民收入倍增计划”的成功经验，尤其聚焦其提高人力资本积累水平等制度要素的具体举措，意图就如何缩小收入分配差距，为转型期中国经济的可持续发展提供可参考的政策性建议。

## 二、相关的理论与实证研究

近年来，我国在经济高速增长的同时，收入分配差距明显扩大。收入分配差距的扩大是否会影响我国经济的可持续发展，引起了各国学者的普遍关注。国内外关于收入分配差距与经济增长关系的研究成果颇丰，最早可追溯到1955年库兹涅茨提出的“倒U形假说”，此后更多的学者对收入分配差距与经济增长展开了大量的理论和实证研究。国内外学者的研究大致可划分为三个方面。①

### （一）收入分配差距与经济增长的理论研究

对收入分配差距与经济增长的理论研究起源于新剑桥学派。他们认为

① 刘绮霞，王志伟：《经济转型期基于制度要素的收入分配差距与经济增长的相关性研究——以日本“国民收入倍增计划”为鉴》，载《中央财经大学学报》2017年第9期，第101页。

收入分配差距将促进财富向边际储蓄倾向高的富人积聚，用于投资的部分越多，经济增长越快。其后的理论研究表明，收入分配差距可通过四个渠道作用于经济增长。政治经济学理论指出，大量的低收入者对社会现状的不满会导致政治体制不稳定，继而影响产权和降低投资水平，从而阻碍经济增长；内生财政政策理论指出，收入是选民投票的决定因素，税收水平是投票的结果，所以税率的提高会阻碍投资，从而降低经济增长；市场不完善与教育投资理论则从人力资本投入的角度进行研究，表明收入分配差距过大会导致穷人不能接受教育，会对人力资本积累产生负面影响，最终不利于经济增长；消费需求理论则从社会总需求的角度进行了分析，认为收入分配差距会降低消费需求，进而通过提高消费来拉动经济增长。

Becher、Ben-Porath 等(1967)研究并发展了人力资本理论，该理论核心就是把个人的人力资本积累看作是由投资决定的，而人力资本积累是个人收入增长的重要因素，该理论的主要观点是“高人力资本积累能够带来高收入”；Barro(1991，1997，2000)认为,① 由于物资资本和人力资本积累的报酬递减效应导致的“条件收敛”，当潜在产出一定时经济增长率与实际产出负相关；而当实际产出一定时，经济增长率与潜在产出正相关。收入差距通过影响生产要素而影响潜在产出，进而影响经济增长率和人均产出水平。内生增长理论的发展进一步深化了收入分配差距作用机制的研究；Galor 和 Moav(2004)②从物质资本和人力资本在经济增长中的作用出发，构建了一个新的理论框架：当一国处于工业化初期阶段，物资资本往往是经济增长的主动力，收入分配差距有利于资本积累进而形成投资，能够促进经济增长；而随着工业化程度的不断深化，人力资本逐渐成为经济增长的主动力，在信用约束存在的情况下，收入分配差距不利于人力资本积累和经济增长；Tanzi(1998)认为，人力资本将伴随经济的快速发展而

① Barro. R. J. Economic Growth in a Cross-Section of Countries. *Quarterly Journal of Economics*, 1991, 106: 407-444; Barro. R. J. *Determinants of Economic Growth: A Cross-Country Empirical Study*. Cambridge, MA: MIT Press, 1997; Barro. R. J. Inequality and Growth in a Panel of Counties. *Journal of Economic Growth*, 2000, 5: 5-32.

② Galor, O., Moav. O., From Physical to Human Capital Accumulation: Inequality in the Process of Development. *Review of Economic Studies*, 2004, 71(4): 1001-1026.

成为决定收入不平等的重要因素；Cao 和 Nee(2005)研究发现中国的市场化影响其收入结构，特别是个人将教育或经验资本化，成为产生收入差距的重要原因；Sicular 等(2007)在研究中强调城市和农村间的教育差距对于收入的不平等有着巨大影响。①

### (二)收入分配差距与经济增长的实证研究

在理论上就收入分配差距对经济增长的影响进行探讨的同时，更多的学者进行了实证分析，为理论分析寻找实证依据。由于模型设定、数据的差异以及分析方法的不同，不同文献得到的结果也并不一致。

陆铭等(2005)②采用中国 1987—2001 年的省级面板数据以及联立方程组研究发现，收入分配差距的持续扩大不利于投资和经济增长。汪同三、蔡跃洲(2006)③利用 1978 年以来的时间序列数据进行分析，发现城镇居民收入差距不仅有利于物资资本积累，而且导致产生投资重化倾向，提高了经济增长速度，但农村内部的收入差距对投资结构的影响并不显著。Qin 等(2009)以中国的季度宏观数据为基础构建计量模型，结果显示收入分配差距虽然能够有力地解释消费变化，但不利于经济增长。

近年来，伴随着计量经济学和计量方法的发展，研究发现收入分配差距与经济增长两者之间呈简单的线性关系仅为比较理想的状态，越来越多的学者从线性转向非线性及其作用机理来对收入分配差距与经济增长进行研究。Barro(2000)根据美国和 OECD 国家的跨国横截面数据模型，利用大样本和三阶段最小二乘法发现在人均 GDP 小于 2 070 美元(1985 年美元价格)的贫穷国家，收入分配差距增长不利于经济增长；而在人均 GDP 大于 2070 美元的发达国家，收入分配差距上升对经济增长却有促进作用。Lin 等(2009)采用 1965—2003 年 84 个国家的混合截面数据，利用工具变

---

① 刘绮霞，王志伟：《经济转型期基于制度要素的收入分配差距与经济增长的相关性研究——以日本“国民收入倍增计划”为鉴》，载《中央财经大学学报》2017 年第 9 期，第 101 页。

② 陆铭，陈钊，万广华：《因患寡，而患不均——中国的收入差距、投资、教育和经济增长的相互作用》，载《经济研究》2005 年第 12 期，第 4~14 页。

③ 汪同三，蔡跃洲：《改革开放以来收入分配对资本积累及投资结构的影响》，载《中国社会科学》2006 年第 1 期，第 4~14 页。

量门槛模型进行估计，发现在低收入国家收入分配差距不利于经济增长，而在高收入国家却有利于经济增长。

与以上观点不同，杨俊等(2005)选取了中国20个省份的截面数据和时间序列数据，对中国居民收入分配差距和经济增长之间的作用机制进行研究，结果表明：我国20世纪90年代中后期的居民收入分配差距与后期经济增长之间存在较为显著的负相关关系。尹恒等(2006)采用引入中间投票人的内生政策模型，发现收入分配差距与经济增长同样存在“倒U形”关系。王少平、欧阳志刚(2007)从非线性的角度，采用面板协调的方法和中国30多年省级的面板数据，研究了收入分配差距与经济增长的关系，认为两者存在异质性面板协调关系，即中国收入分配差距对经济增长的影响已由正相关转向负相关阶段。刘生龙(2009)采用OLS和GMM方法估计了跨国截面数据，同样证实了收入分配差距与经济增长之间存在着“倒U形”关系。Chambers和Krause(2010)采用跨国数据及半参数方法研究发现，随着人力资本回报率逐渐高于物资资本回报率，收入分配差距将不利于增长，特别是在教育不发达的国家显得尤为显著。①

综上所述，学者们关于收入分配差距和经济增长关系的理论和实证研究成果已非常丰富，关于两者的非线性关系已得到了多方面的证实，但笔者发现在制度实施和变迁的过程中，在不同的制度变量作用下研究收入差距对经济增长的影响并不多见。在相关理论和实证研究的基础上，本书拟运用门限回归模型进行实证分析，通过选取代表我国经济发展不同水平的东部、中部和西部地区的15个重要省市1995—2014年的面板数据，对影响收入分配差距的城市化水平、对外贸易依存度、人力资本积累度以及政府财政干预度等制度变量对经济增长的门限效应进行实证分析，试图探讨在四种不同制度变量的作用下，收入分配差距对经济增长所产生的门限效应，并进一步检验人力资本积累制度变量下收入分配差距和经济增长的相关性。而在实证研究的基础上参考并借鉴日本“国民收入倍增计划”的成功经验，尤其聚焦其提高人力资本积累制度要素的具体举措，

① 刘绮霞，王志伟：《经济转型期基于制度要素的收入分配差距与经济增长的相关性研究——以日本“国民收入倍增计划”为鉴》，载《中央财经大学学报》2017年第9期，第102页。

从而就如何缩小我国的收入分配差距、促进我国经济可持续发展提出可供参考的政策性建议，这是迄今对日本“国民收入倍增计划”相关研究中所未曾触及的部分。①

## 三、模型设定与变量选择

近年来，我国居民收入分配差距呈扩大趋势。从实证分析的角度来看，城乡间收入分配差距、地区间收入分配差距和行业间收入分配差距是收入分配差距的三个主要模块，而李实、李婷(2010)提出城乡收入差距是这三者之间最重要的一个部分。收入差距的扩大不利于我国经济的可持续增长，也不利于社会的稳定和谐发展。缩小收入分配差距、合理分配社会财富是当前中国经济迫在眉睫而必须解决的问题。

制度因素是导致我国经济增长过程中收入分配差距扩大的内在原因。在制度要素的作用下，收入分配差距对经济增长的影响尤为必要。本书拟运用门限回归模型进行实证研究，以经济增长为被解释变量，以收入分配差距为解释变量，将相关制度因素作为门限变量，通过实证检验，分析在制度实施的不同阶段收入分配差距对经济增长的影响。

### (一)模型的设定

Tong(1978)提出门限回归模型被广泛地引用于经济和金融领域。这种非线性模型一开始主要运用于时间序列数据，Tao 和 Tsay(1994)将这种方法移植到横截面数据和面板数据之后，该模型的适用范围扩大。门限回归的关键步骤在于门限效应检验，Hansen 在 1999 年提出了运用“自举法”(Bootstrap)来检验统计量的渐进分布状况，进而检验门限效应显著性的观点。Hansen 的新面板门限回归方法解决了在静态面板数据下如何分析变量互相影响的非线性问题，并对模型的设想、检验和验证进行了详细的论证。

面板门限回归模型的估计可分为两个步骤：首先检验门限效应是否存

① 刘绮霞，王志伟：《经济转型期基于制度要素的收入分配差距与经济增长的相关性研究——以日本“国民收入倍增计划”为鉴》，载《中央财经大学学报》2017 年第 9 期，第 102 页。

在，进而检测门限个数，如果门限效应不存在或不显著，那么该面板门限模型是普通线性模型；其次，用序贯估计法对门限值进行求解，并利用渐进分布理论来建立待估参数的置信区间，再通过“自行抽样”检验门限效果，来确定是单门限还是双门限模型。

常用的门限回归模型有单一门限回归模型和双门限回归模型。单一门限回归模型的计算步骤如下所示，双门限回归模型与其推理方法类似。

单一门限回归模型的一般形式可以写成：

$$y_{it} = \mu_i + \beta_1 x_{it} + e_{it} q_{it} \leqslant \gamma \tag{1}$$

$$y_{it} = \mu_i + \beta_2 x_{it} + e_{it} q_{it} > \gamma \tag{2}$$

观察的数据源于平衡面板$\{y_{it},\ q_{it},\ x_{it}:\ 1 \leqslant i \leqslant n,\ 1 \leqslant t \leqslant T\}$。其中，$i$表示各省市，$t$表示时间，本书主要选取了1995—2014年间的数据。$y_{it}$作为被解释变量表示经济增长率，$\mu_i$表示不可观测项，$x_{it}$作为解释变量表示城乡收入比，$\gamma$表示门限值，$e_{it}$是残差项，$q_{it}$表示门限变量即本书主旨的四个制度变量(城市化水平、外贸依存度、人力资本积累程度、政府干预度)。

令虚拟变量$I_{it}(\gamma)=\{q_{it} > \gamma\}$，其中$I(\cdot)$为指示性函数，即当$q_{it} \leqslant \gamma$，$I=1$，反之，$I=0$，可将(1)和(2)合并为

$$y_{it} = \mu_i + \beta_1 x_{it} I(q_{it} \leqslant \gamma) + \beta_2 x_{it} I(\gamma < q_{it}) + e_{it} \quad (3)\ q_{it} > \gamma$$

当我们对公式(3)进行最小二乘估计后，可获取它的残差平方和：

$$S_1(\gamma) = \hat{e}(\gamma)^{\mathrm{T}} \hat{e}(\gamma) \tag{4}$$

那么门限值的估计值应为：

$$\hat{\gamma} = \mathrm{argmin} S_1(\gamma) \tag{5}$$

即估计门限值$\hat{\gamma}$等于残差平方和$S_1(\gamma)$的最小值，根据$\hat{\gamma}$，就可求出门限系数的估计值$\beta = \beta(\hat{\gamma})$以及残差方差的估计值：

$$\hat{\sigma}^2 = \frac{\hat{e}(\gamma)^{\mathrm{T}} \hat{e}(\gamma)}{T} = \frac{S_1(\gamma)}{T} \tag{6}$$

接下来将进行门限效应的检验，在进行门限效应检验时：

$$\mathrm{H}_0:\ \beta_1 = \beta_2 \qquad \mathrm{H}_1:\ \beta_1 \neq \beta_2$$

如果系数$\beta_1 = \beta_2$，则表示不存在门限效应，反之则存在。

最后利用构建似然比的方法检验门限估计值的真实性，在原假设$\mathrm{H}_0:\ \gamma = \gamma_0$下，似然比统计量：

$$LR_1(\gamma) = \frac{S_1(\gamma) - S_1(\hat{\gamma})}{\hat{\sigma}^2} \tag{7}$$

可以利用 $LR_1(\gamma)$ 分布构造门限值估计量的有效渐进置信区间，但由于它的分布也是非正态的，Hansen(1999)计算了它的拒绝临界值 $C(\alpha) = -2\ln(1-\sqrt{1-a})$，就是说，如果 $LR_1(\gamma) \leqslant C(\alpha)$，就不能拒绝原假设 $H_0$：$\gamma = \gamma_0$。

双门限回归模型：

$$y_{it} = \mu_i + \beta_1 x_{it} I(q_{it} \leqslant \gamma_1) + \beta_2 x_{it} I(\gamma_1 < q_{it}) + e_{it} \tag{8}$$

这是在单门限回归模型的基础上进行拓展，检验方法类似。

## (二)变量说明与数据来源

模型中样本数据为反映我国经济发展状况的东部、中部和西部地区15个省市1995—2014年的面板数据(见表5-1)。15个省市包括东部地区的北京、上海、广东、江苏、浙江，中部地区的湖北、湖南、河南、安徽、山西，以及西部地区的陕西、甘肃、云南、贵州、青海，这15个省市能代表我国经济发展的整体性和区域性特征。

表5-1　　**变量与描述性统计**

| 变量名称 | 指标解释 | 平均值 | 标准差 | 最小值 | 最大值 |
|---|---|---|---|---|---|
| 经济增长水平(agdp) | 人均GDP | 2.173 236 | 2.088 449 | 0.182 6 | 9.999 5 |
| 城乡收入差距(u_r) | 城镇居民可支配收入/农村居民纯收入 | 2.974 899 | 0.700 508 6 | 1.599 179 | 4.758 571 |
| 城市化水平(city) | 城镇人口/常住人口 | 0.446 9 | 0.185 116 9 | 0.14 | 0.9 |
| 对外贸易依存度(open) | 进出口总额/GDP | 0.386 066 7 | 0.500 631 6 | 0.03 | 2.05 |
| 人力资本积累程度(humk) | 人均教育年限 | 7.903 333 | 1.384 091 | 4.7 | 12 |
| 政府干预程度(gov) | 政府财政支出/GDP | 0.173 2 | 0.094 884 7 | 0.05 | 0.61 |

相关变量的指标解释和数据如下：

人均 GDP(agdp)：经济增长率是测量经济增长使用最频繁的测量指标，它反映的是一个国家或地区经济增长的总体趋势。本书选用各省市人均 GDP(元/人)的增长率来测度经济增长，相关数据源自《中国统计年鉴》中各省级层面的统计数据。

城乡收入差距(u_r)：基尼系数、城乡收入比和泰尔指数是通常采用衡量收入差距的指标。城乡收入比值法是估算收入差距最常用的方法，是指城镇居民可支配收入值比农村居民纯收入值。本书在纵观我国居民基尼系数的基础上，主要以城乡收入比来衡量我国居民收入分配差距，相关数据源自《中国统计年鉴》及《中国农村住户调查年鉴》。

研究制度要素作用下的收入差距对经济增长的门限效应非常重要的意义，本书分别选取了四大制度因素，即城市化水平、对外贸易依存度、人力资本积累程度以及政府干预度进行分析。

城市化水平(city)：城市化进程是影响收入差距的重要内在因素之一，反映城市化水平的重要指标就是城市化率，它是一个地区常住于城市的人口与该地区总人口的比值。本书即用城市人口与总人口之比来衡量各省市的城市化水平，相关数据源自《新中国六十年统计资料汇编》《中国统计年鉴》和各省市的统计年鉴。

外贸依存度(open)：对外贸易依存度能较好地反映该国家或地区的对外开放性以及与国外经济的联系程度。外贸依存度对城市经济增长的影响远大于农村，其必然会引起城乡收入差距的进一步扩大。外贸依存度通常选取的时间段为一年，某国或某地区的进出口贸易值与该国或该地区同时期国民生产总值(GDP)的比值。本书选取各省市进出口总额(美元换算为人民币)占 GDP 的比例来衡量外贸依存度，初始数据来自各省市的统计年鉴。

人力资本积累程度(humk)：人力资本理论的核心就是把个人的人力资本积累看作由投资决定的，而人力资本积累是个人收入增长的重要因素。该理论的主要观点是“高人力资本积累能够带来高收入”。Tanzi(1998)认为人力资本将伴随经济的快速发展而成为决定收入不平等的重要因素。Cao 和 Nee(2005)研究发现中国的市场化影响其收入结构，特别是个人将教育或经验资本化，成为产生收入差距的重要因素。Sicular 等

(2007)在研究中强调城市和农村间的教育差距对于产生收入不平等的结果有着巨大影响。人力资本积累程度一般用教育水平来衡量，本书用各省的人均教育年限来测量人力资本，探讨人力资本存量作为内生变量，收入分配差距对经济增长的门限效应(数据来源自《中国统计年鉴》，并依据公式计算而得)。

政府干预程度(gov)：适当的政府干预对弥补市场经济的缺陷、指导经济的发展具有重要的作用，但政府的过度干预会降低市场经济效率，不利于经济增长。本书根据 Barro(2000)，LuAnd Yao(2009)指标选择方法，用各地方政府的财政支出占 GDP 的比重作为政府干预度的衡量指标(数据来源自中国统计年鉴并计算而得)。①

## 四、实证分析及检验结果

通过数据分析发现，变量一阶差分后，都可以通过平稳性检验。在进行协调检验时，设定因变量为经济增长率、自变量为收入分配差距(用城乡收入比来衡量)，结果发现选取的 ADF 和 LLC 检验的 *P* 值均小于 0. 05。所以可认为，经济增长率与城乡收入比之间存在协调关系，对上述变量进行门限回归的估计是可行的。

### (一)门限效应检验

本书运用统计软件 Stata12. 0 来估计，通过对 300 个样本进行门限回归，选取了城市化水平、对外依存度、人力资本积累程度、政府干预程度四个变量，检验它们与被解释变量经济增长水平的显著性，模拟得到相关结果。

表 5-2 中 Coef. 为对应变量的系数估计值，Std. Err. 为标准差，$P>|t|$ 为系数估计的 *P* 值，*P* 值越小越显著，且在 5%的水平内则认为其具有显著性。从表 5-2 可知，open 的 *P* 值为 0. 034、u_r 的 *P* 值为 0. 025，都意味着 5%水平内显著。而制度变量 city 和 humk 的 *P* 值均为 0(三颗星

① 刘绮霞，王志伟：《经济转型期基于制度要素的收入分配差距与经济增长的相关性研究——以日本“国民收入倍增计划”为鉴》，载《中央财经大学学报》2017 年第 9 期，第 104 页。

显著)，意味着1%水平内显著，与被解释变量经济增长率具有显著相关性。

表5-2　　　　**固定效应回归估计结果**

| agdp | Coef. | Std. Err | $t$ | $P>\|t\|$ | [95%Conf. Interval] | |
|---|---|---|---|---|---|---|
| city | 4.257 947 | 0.692 895 3 | 6.15 | 0.000 | 2.894 001 | 5.621 892 |
| open | 0.775 429 4 | 0.363 629 8 | 2.13 | 0.034 | 0.059 634 | 1.491 225 |
| humk | 1.227 33 | 0.117 399 9 | 10.45 | 0.000 | 0.996 231 2 | 1.458 428 |
| gov | 0.135 552 5 | 1.357 718 | 0.10 | 0.921 | -2.537 079 | 2.808 183 |
| u_r | -0.422 725 | 0.188 660 6 | -2.24 | 0.026 | -0.794 098 2 | -0.051 351 8 |
| _cons | -8.494 916 | 0.727 540 4 | -11.68 | 0.000 | -9.927 06 | -7.062 773 |
| sigma_u<br>sigma_e<br>Rho | 1.34164<br>0.888 902 98<br>0.694 940 61　(fraction of variance due tou_i)的 | | | | | |

通过扩大城镇化进程缩小收入分配差距、促进经济增长，此观点经过中国政府和学术界多年的探讨和研究，已经形成了丰富的研究成果和多层次的政策提言。随着我国经济发展进入新常态的转型期，城镇化速度也将从高速增长转向中高速增长、城镇化的发展转向规模扩张和质量提升并重。《国家新型城镇化报告2015》中显示，2015年我国城镇化率已达到56.1%，但户籍人口城镇化率仅为39.9%，城镇化进程需要进一步加快。2016年《政府工作报告》再次提出新的城镇化目标，即2020年常住人口城镇化率达到60%，户籍人口城镇化率则达到45%，“十三五”期间促进新型城镇化即健康持续发展的城镇化任务非常明确。

因此，本书着重选取人力资本积累度作为制度变量，从人力资本水平的视角探讨收入分配差距对经济增长的作用。随着我国经济的发展和工业化程度的不断深化，人力资本水平达到怎样的门限值时会对收入分配差距和经济增长产生门限效应？笔者将在下文进一步对回归结果进行分析，并解析收入分配差距和经济增长两者之间的相关性。①

### (二)门限值的确定

本节将选取人力资本水平(humk)为门限制度变量做门限面板回归，确定门限值并分析该制度变量对收入分配差距和经济增长的影响及其相关效应。

先做单门限回归。如表 5-3 所示，显示存在人力资本的门限值为 9.1，(*P* 值为 0.000 0，三颗星显著)。如人力资本水平低于 9.1，则 ur 系数为 0.062 4，不显著；如人力资本水平高于 9.1，则 ur 系数为 0.873 6，在 1%的水平内显著(对应 *P* 值为 0.000 0)。

表 5-3　　以人力资本水平衡量收入分配差距的单门限估计结果

| | Coef. | Std. Err | *t* | Prob |
|---|---|---|---|---|
| city | 6.010 9 | 0.681 9 | 8.814 5 | 0.000 0 |
| open | 0.621 3 | 0.485 6 | 1.279 6 | 0.201 7 |
| gov | 9.158 8 | 0.935 3 | 9.792 3 | 0.000 0 |
| ur_0 | 0.062 4 | 0.155 4 | 0.401 5 | 0.688 3 |
| ur_1 | 0.873 6 | 0.189 6 | 4.606 7 | 0.000 0 |
| F1=2.574 923 989 | | | | |
| F2=4.042 637 57 | | | | |
| F3=6.188 663 416 | | | | |
| bootstrap 次数 | 300 | 门限值 | 9.100 000 381 | |

再做双门限回归。如表 5-4 所示，显示存在两个人力资本的门限值，一个门限值为 10.5，另一个门限值为 8.8，以下将会就两个门限值的估计

① 刘绮霞，王志伟：《经济转型期基于制度要素的收入分配差距与经济增长的相关性研究——以日本“国民收入倍增计划”为鉴》，载《中央财经大学学报》2017 年第 9 期，第 105 页。

结果进行进一步的详细分析。

表 5-4　　　　以人力资本衡量收入分配差距的双门限估计结果

<table>
<tr><th></th><th colspan="2">Coef.</th><th colspan="2">Std. Err</th><th>t</th><th>Prob</th></tr>
<tr><td>city</td><td colspan="2">4. 9100</td><td colspan="2">0. 6105</td><td>8. 0432</td><td>0. 0000</td></tr>
<tr><td>open</td><td colspan="2">0. 5435</td><td colspan="2">0. 3349</td><td>1. 6229</td><td>0. 1057</td></tr>
<tr><td>gov</td><td colspan="2">8. 5779</td><td colspan="2">0. 7479</td><td>11. 4687</td><td>0. 0000</td></tr>
<tr><td>ur_0</td><td colspan="2">-0. 0631</td><td colspan="2">0. 1179</td><td>-0. 5352</td><td>0. 5929</td></tr>
<tr><td>ur_1</td><td colspan="2">0. 6155</td><td colspan="2">0. 1446</td><td>4. 2580</td><td>0. 0000</td></tr>
<tr><td>ur_2</td><td colspan="2">1. 8855</td><td colspan="2">0. 2367</td><td>7. 9652</td><td>0. 0000</td></tr>
<tr><td>F1 = -34. 86610705</td><td colspan="2"></td><td colspan="2"></td><td></td><td></td></tr>
<tr><td>F2 = -30. 88107144</td><td colspan="2"></td><td colspan="2"></td><td></td><td></td></tr>
<tr><td>F3 = -23. 73292293</td><td colspan="2"></td><td colspan="2"></td><td></td><td></td></tr>
<tr><td>bootstrap 次数</td><td>300</td><td>门限值 1</td><td>10. 5</td><td>门限值 2</td><td colspan="2">8. 800000191</td></tr>
</table>

根据门限面板模型的思想和前文所示的门限回归模型的方程式，本书将建立如下以人力资本水平 HUMK 为门限变量的门限面板模型：

$$AGDP_{it}=\alpha_0+\alpha_1\Theta_{it}+\beta_1 RU_{it}\cdot I(HUMK_{it}\leqslant\gamma_1)+\beta_2 RU_{it}\cdot I(HUMK_{it}>\gamma_1)+\cdots+\beta_{n+1}RU_{it}\cdot I(HUMK_{it}<\gamma_n)+\mu_i+\varepsilon_{it} \quad (9)$$

其中，AGDP 为人均地区生产总值，以万元为单位，RU 为城乡收入比，$\Theta_{it}$ 为控制变量，包括城市化水平、政府干预度、对外贸易依存度。下标 $i$ 表示省份，$t$ 表示年份。$\mu_i$ 为无法观察到的不随时间变化的省份虚拟变量，$\varepsilon_{it}$ 为随机扰动项。$I(\cdot)$ 为指示函数，$\gamma_1$，$\gamma_2\cdots\gamma_n$ 表示 $n$ 个不同水平的门槛值。

本节运用 Stata 12. 0 统计软件稳健的估计方法，可对全部样本进行检验以确定是否存在门限效应。由于样本有限，考虑到统计效能问题，我们此处最多检验到两个门限值。表 5-5 中 F 统计量的显著性水平表明，门限变量 HUMK 存在两个门限值。

表 5-5　　　　人力资本门限效应估计与检验结果

| 门槛变量 | 假设检验 | F 统计值 | 不同显著水平临界值 | | |
|---|---|---|---|---|---|
| | | | 90% | 95% | 99% |
| HUMK | $H_0$：没有门槛值<br>$H_a$：有 1 个门槛值 | 102. 10 *** | 2. 57 | 4. 04 | 6. 19 |
| | $H_0$：有 1 个门槛值<br>$H_a$：有 2 个门槛值 | 127. 56 *** | -34. 87 | -30. 88 | -23. 73 |

注：*** 分别表示 1%的水平下显著。

对应的 LR(似然比)曲线图如图 5-1 所示。

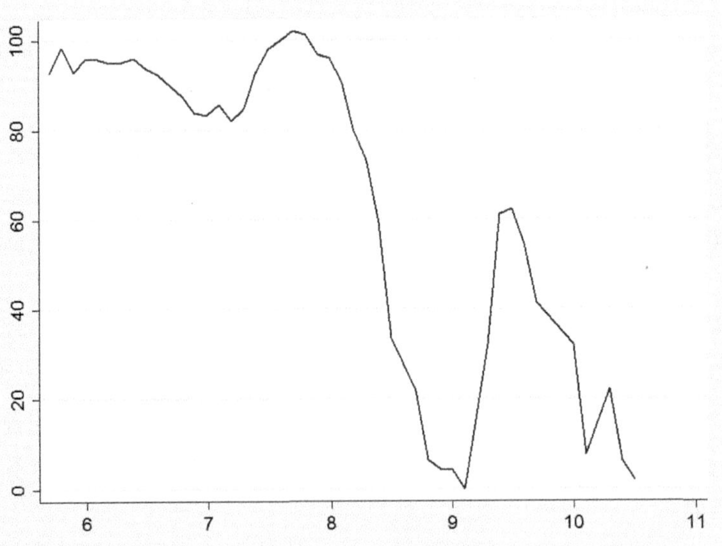


图 5-1　LR 曲线图

其内部运行原理是要估计得到的门限值确保 LR 数值最小，因此，曲线图的最低点都对应着门限值位置。可以看到，在两个门限值处，似然比都处于最低位置。一共估计得到两个门限值——8.8 和 10.5，将定义域隔断为三个区间。

### (三)门限回归结果分析

表 5-6 罗列了门限值及对应门限区间内的人力资本水平系数估计值。

表 5-6　　门限值及关键变量在门限区间内的系数估计结果

| 参数 | 门限区间(%) | 系数估计值 |
|---|---|---|
| $\beta_1$ | HUMK ≤ 8.8 | -0.0631 |
| $\beta_2$ | 10.5 > HUMK > 8.8 | 0.6155*** |
| $\beta_3$ | HUMK > 10.5 | 1.8855*** |

注：*** 分别表示回归结果在 1%的水平下显著。

可看到，在人力资本水平低于第 1 门限值 8.8 的第一个区间内，ur 系数不显著；在人力资本水平处于两门限值之间的 8.8~10.5 的第二个区间内呈现为三颗星显著，系数为 0.6155；在人力资本水平高于 10.5 的第三个区间内呈现三颗星显著，系数为 1.8855。

从表 5-6 的回归结果可看出，当人力资本水平作为门限变量时，随着我国人力资本投入的增加，收入分配差距对经济增长的相关性会发生变化。当人力资本水平小于第 1 门限值 8.8 时，门限系数为负值，门限效应不显著，收入分配差距与经济增长负相关；当人力资本水平达到并跨越第 1 门限值 8.8，位于第 1 门限值 8.8 和第 2 门限值 10.5 之间时，门限回归系数为 0.6155，门限效应显著，收入分配差距与经济增长正相关；当人力资本水平跨过第 2 门限值 10.5，门限回归系数由 0.6155 上升为 1.8855，门限效应极为显著，收入分配差距与经济增长正相关性增强。

从经济学的角度来解释，随着我国对人力资本水平的提高，收入分配差距对经济增长的影响存在相关性和“累积效应”，当制度变量先后跨过第 1 和第 2 门限值时，收入分配差距对经济增长的正相关性逐步增强，即内生变量产生的“累积效应”会作用于收入分配差距和经济增长两者之间。①

## 五、结论与政策建议

实证分析表明，国家在制度层面提高人力资本投入将会对转型期的中国社会缩小收入分配差距、保持经济持续增长发挥重要的作用。本书基于实证分析的结果，进一步在借鉴日本“国民收入倍增计划”中提高社会人力资本积累度和人的综合能力相关施政的基础上，就我国提高人力资本积累的制度要素提出如下的政策建议：

第一，进一步增加基础教育的投入，强化国家教育投资主体的责任，加快在全民中普及高中阶段教育。近年来，虽然我国的教育经费投入每年都有所增加并且 2014 年我国教育经费占 GDP 的比重首次超过 4%，但相比于世界平均 5.5%的水平，我国教育经费占比仍然略低。因此，我国应该进一步加大对基础教育的投资，保障公共教育特别是义务教育的投入资金充足。对此，国家需要进一步强化自身投资主体责任，加强监督管理，确保落实《中华人民共和国教育法》规定的对教育的财政投资在 GDP 总值所占的比例为 5%。

第二，国家人力资本投入应该偏向农村、西部落后地区以及城市低收入家庭，兼顾社会弱势群体受教育机会的均等。当前，我国农村、西部落后地区以及城市低收入家庭的义务教育投资力度不足，是造成这些地区弱势群体辍学率高、入学率低的首要原因。国家在稳步加强对教育投入的同时，更应该考虑加大对农村、西部落后地区以及其他低收入家庭义务教育的投入，给予这些学生额外教育补助，从而使义务教育真正落实到位。为实现国家义务教育在均等的基础上兼顾低收入家庭等弱势群体，各地政府也应积极响应政策，通过建立义务教育经费投入分担制度，核定各级政府

① 刘绮霞，王志伟：《经济转型期基于制度要素的收入分配差距与经济增长的相关性研究——以日本“国民收入倍增计划”为鉴》，载《中央财经大学学报》2017 年第 9 期，第 105～107 页。

的义务教育投入和负担比例，同时应该加大监管力度，从而保障弱势群体在接受教育上真正地受益于国家政策。

第二，充实科学技术教育制度，通过增加对理工科大学的教育投入、发展职业教育，培养经济发展中我国现阶段所紧缺的科技人才和技术人员。① 当今世界各个国家和地区之间日趋激烈的竞争，归根结底是人才的竞争。要培养当前我国经济社会发展所需要的高端科技人才和专业技术人员，必须通过健全科技教育制度，加大对理工科的经费投入，转化对职业教育的观念、发展职业教育等途径来实现。把职业教育放到更加突出的位置，通过职业教育能让更多的年轻人掌握一定的专业技术、顺利实现就业，摆脱贫困，这也是促进社会公平、缩小社会收入分配差距、实现社会和谐的有效途径。

第三，加大对企业员工人力资本的投入，通过各层次员工的职业培训，提高企业的人力资本积累，扩大职业训练的比例。在我国现阶段，国有大中型企业的企业人力资本投入在不同企业之间以及企业内部存在着非均衡性。人力资本投入的非均衡性不仅直接扩大了企业员工的收入差距，而且不利于企业实现自身利润最大化的目标，最终导致企业之间或企业内部收入分配差距的不断扩大。因此，需要进一步引导企业转变传统观念并优化布局竞争战略，促使企业由低人力资本战略向高人力资本战略并向技术创新的差异化战略转化。具体而言，可通过均衡不同企业之间以及企业内部各级部门员工多层次的培训教育和职业训练，以提高员工自身素质，加强竞争优势，从而提高企业的人力资本积累程度，从企业层面缩小企业间以及企业内部员工的收入差距，这样不仅会推动我国经济的可持续发展，也有利于我国和谐社会的构建。②

## 六、实施中国式“收入倍增计划”的路径与策略分析

在我国经济发展的现阶段，面对收入分配问题的困境，我们有必要从

① 朱玉强：《从强国到富民》，载《上海证券报》，2017-02-11。

② 刘绮霞，王志伟：《经济转型期基于制度要素的收入分配差距与经济增长的相关性研究——以日本“国民收入倍增计划”为鉴》，载《中央财经大学学报》2017 年第 9 期，第 109~110 页。

以下六个方面借鉴日本的经验，并从我国的实情出发实施中国式的“收入倍增计划”，在保持经济高速增长的同时努力实现居民收入水平与经济发展相协调，提高全体居民的生活水平和消费能力。

### (一)提高居民收入水平的关键在于提高劳动生产率

国际社会在比较世界各国经济发展水平、企业竞争力时，更加注重劳动生产率、资本利润率等有效指标。当前我国学者也提倡收入分配改革中最重要的问题是提高居民实际收入水平的观点。在这一点上可参考日本的经验。

以提高劳动生产率为目标的方针政策，迫使日本企业必须放弃当时实行的粗放式生产经营方式。一方面通过引进技术、依靠科技进步、加大自主研发力度等方式，提高企业的劳动生产率，改变粗放式增长模式，加强其核心竞争力；另一方面，日本企业在提高其综合竞争力后则致力于提高劳动者的工资水平和各种福利待遇，从而激励员工对企业的贡献度、培养员工对企业的忠诚度。这样做既有利于确保企业的人才优势，又有利于进一步提高企业以自主创新为核心的竞争力，是符合企业和劳动者双方利益的最优选择。因此，提高劳动生产率同样也是实施中国式“居民收入倍增计划”的重要路径之一。

### (二)提高居民收入在国民收入分配中的比重

当前我国收入分配结构中存在的主要问题之一表现为劳动者报酬在GDP 中所占的比重、居民收入占国民收入分配中的比重偏低，且持续下降的状况。我国城乡居民收入占国民收入的份额由 2002 年的 48.7%下降为 2012 年的 43.6%，如图 5-2 所示。这意味着在我国经济建设中广大劳动者未能合理分享到经济高速增长的成果，人民未能享受到经济增长的红利，劳动报酬与资本收益出现了失衡的状况。同时，居民的收入增长长期低于同期经济增长速度导致社会消费水平降低，反过来又制约了经济可持续发展的状况。

这些问题也是 20 世纪 60 年代日本社会所存在的问题。通过实施“国

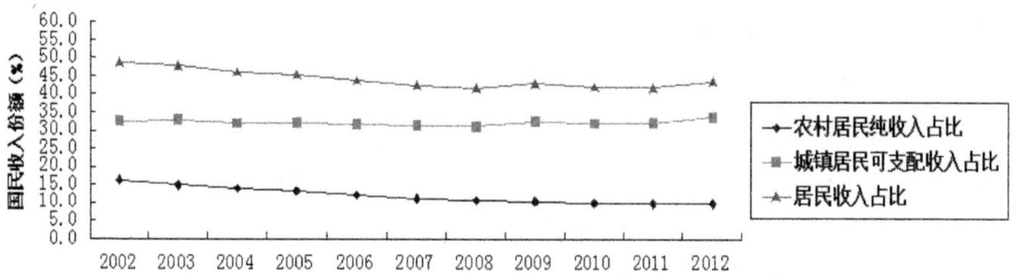


图 5-2　2002—2012 年城乡居民收入占国民收入的份额变化①

民收入倍增计划”，日本的收入分配格局整体上得到了很大改善。在实施“国民收入倍增计划”的 1961—1970 年的 10 年间，日本的工人工资收入与 GDP 呈对等上升趋势，普通居民的收入翻了一番，人均实际收入增加了 1.4 倍，失业率保持在 1.1%～1.3%的低水平。我国可参照日本政府的“在经济快速增长中调整优化国民收入分配格局所付出的代价最小”的成功经验，在现阶段经济快速增长阻力较小的条件下，尽快提高劳动者报酬和居民收入在国民收入所占的比重，遵循合理、公平、分享的收入分配原则，通过增加劳动报酬在 GDP 的比重等制度来调整收入分配的格局，在兼顾效率与公平的前提下实现“国民增收”与“经济增长”的同步发展。

**(三)调整增加收入与扩大有效需求的关系，缩小城乡、地区以及企业间收入差距**

现阶段，我国一方面存在着农村居民收入水平较低，农村与城市居民收入水平差距较大的问题；另一方面伴随着近年来城市化进程的加快、城镇化水平的提高，城乡间、地区间以及企业间收入差距扩大的现象显得尤为突出。长此以往将不利于我国经济的均衡发展和社会稳定，并将使我国缺乏经济持续增长的动力。我国应把稳定增加城乡居民收入作为扩大有效需求的根本途径，在实施的路径上有必要参考日本政府在“国民收入倍增计划”中扩大有效需求的做法。

日本政府在设计倍增计划及如何扩大收入时，首先考虑到的是在增加国民收入的过程中缩小收入差距；其次，在增加国民收入时更多地注重提

① 资料来源：根据国家统计局年度数据整理而成。

高中低收入阶层的收入；最后，把注重培育社会的中产阶层、迅速扩大中产阶层的比例作为计划的核心。具体而言，日本政府从20世纪60年代开始先后制定和执行了一系列法律，并通过系列匹配的财政和金融政策的实施，促进了不发达地区的工业开发，缩小了城乡间和地区间的差距。同时，日本政府在通过直接增加农民收入和增加对农民的补贴之外，还通过推进城市化的进程得以提高农村迁移者的收入水平，进而提高他们的消费能力，整体上提高了农村中低收入阶层的收入；而城市中则通过促进中小企业现代化来缩小大企业与中小企业间的收入差距。“国民收入倍增计划”提出了缩小规模差距、培育中间企业、促进小企业组织化的主要举措，并与1963年出台了《中小企业基本法》，使目标实现有了法律保障。通过增加中小企业现代化设备投资、健全试验研究机构、进行企业合并等一系列措施在一定程度上缓和了日本企业的二元化结构，缩小了大企业与中小企业的发展和收入差距；农村和城市中低收入者不断向中等收入阶层流动的过程实质上提高了日本社会整体的居民收入，缩小了收入分配差距，刺激了社会的有效需求，并在日本社会形成了一个强大而稳定的中产阶层。

### (四)振兴科学技术、提高自主创新能力

我国作为发展中国家，在科技创新上存在着基础实力薄弱和科技的实践性不足的问题，在利用技术红利方面还有很大空间，同时在重视先进技术和我国本土优秀人才的匹配性培养上也存在着很大的不足，可以学习日本在“国民收入倍增计划”中引进先进技术、提倡自主创新能力方面的经验。

日本的科研创新和技术进步对其国民收入倍增的贡献率达到了55%，对其国民收入倍增计划的实现具有重大意义。这一时期，日本实施了以引进国外技术为主，开发“自主技术”为辅的方针，首先引进欧美的先进技术和半成品技术，通过消化吸收，在模仿的基础上进行改良或创新，从而形成自主技术。并在较短时间内缩短了与发达国家之间的技术差距，逐步建立了其独立的工业体系，实现了经济结构的全面升级。① 我国首先应

① 孙敬水，黄秋虹：《日本实施“国民收入倍增计划”的经验教训及其对中国的启示》，载《经济问题》2013年第1期，第11~17页。

从宏观上推进科技改革、制定相应的科技计划；其次要重视基础研究，促进产学研之间的良性互动，使科研成果能够有效地进入市场，创造出高附加价值的产品；最后，应推动国际科技合作，吸收国际先进的科学技术和管理经验，推进整体科研水平的发展，从而推动经济结构的全面升级。①

**（五）强化教育机会均等，加大人力资本投入，提升劳动者技能和人力资本水平**

我国经济发展的现阶段存在着教育资源发展不平衡的状况，尤其是对于收入低的贫困群体而言，他们往往只能维持基本的生存，难以负担自身及其子女的受教育费用。应认识到只有教育才能根本改变这一群体的知识结构，提升其人力资本水平，提高劳动者在劳动力市场上的竞争能力。受教育机会的平等在某种意义上是社会收入分配公平的起点，在此意义上我们可以借鉴日本在实施“国民收入倍增计划”时关于加大教育和人力资本投入的相关经验。

在“国民收入倍增计划”中日本非常重视教育投入和人才培养，并且教育作为政府公共职能的重要内容首次从经济作用的角度被正式列入经济计划之中。日本自1960年起实行了9年制义务教育，并切实加大了教育资金的投入，教育经费支出呈快速增长态势，到1970年日本的教育支出已扩大为1960年的4倍。此外，日本政府在增加教育经费的同时还调整了其在各级学校中的分配，这种调整均衡了各地的教育资源，是为经济发展的需要所做的调整，至倍增计划结束时的1970年，日本的义务教育升学率达到了100%、高中升学率超过80%、大学升学率也接近20%，远超世界平均水平。这不仅提高了日本国民的素质，增强了劳动者的能力，为日本经济大国的发展奠定了坚实的人力资源基础，同时也能够为解决我国教育资源发展不平衡的现状提供借鉴作用。②

---

① 刘绮霞，王志伟：《我国实施“居民收入倍增计划”的路径与经验借鉴研究》，载《中央财经大学学报》2015年第11期，第27页。

② 孙敬水，黄秋虹：《日本实施“国民收入倍增计划”的经验教训及其对中国的启示》，载《经济问题》2013年第1期，第11~17页。

### （六）注重发展由“强国”转向“富民”的社会保障制度

近年来伴随着我国经济的高速发展，我国政府虽然在加大社保资金的投放力度、提高社保的覆盖面和保障标准上做了一定程度的努力，但仍存在社保资金庞大的供需缺口以及整体不均衡等诸多问题。我国政府对社会保障、社会福利的支持和投入力度与经济发展相似阶段的日本社会差距较大，因此可以借鉴日本由注重“强国”转向“富民”的发展路径。

日本在实施“国民收入倍增计划”的过程中，逐步贯穿经济增长和社会保障平衡发展的原则，以提高社会福利和充实社会保障制度为目标。伴随着经济的加速发展，日本政府加强了对社会保障和社会福利的支持力度，计划实施之初就规定了对社会保障和社会福利的拨款力度从 1961 年起年均增长 8.9%。实际拨款额度由 1961 年占国民收入的 4.8%提高到 1970 年的 6.1%。同时加大了以国民医疗保险、失业保险的实施及改善，年金制度的体系化为核心内容的社会保障制度的改革，并将防止贫困作为社会保障的中心课题，在一定程度上推进了关注社会弱势群体的福利制度的提高。①

当然，前面的论述中曾提及日本各界对于计划实施过程中因为政府的财政支持不够充分，最终导致关注社会弱势群体的政策被轻视、社会保障制度没有得到充分发展被放置状态的评价。但从历史的发展来看，这一计划制定之初的设想以及制定的相关政策本身是好的，通过有效实施后，日本国家的发展路径由注重强国转向重视“富民”，日本社会在 20 世纪 70 年代基本实现了真正意义上的“国强民富”。“国民收入倍增计划”在此意义上的功绩不可忽视，也是值得参考和借鉴的。

---

① 孙敬水，黄秋虹：《日本实施“国民收入倍增计划”的经验教训及其对中国的启示》，载《经济问题》2013 年第 1 期，第 11~17 页。

# 第六章　对跨越“中等收入陷阱”的启示

本章中首先提出了跨越“中等收入陷阱”这一国际性课题，指出能否实现居民收入倍增和跨越“中等收入陷阱”是关系到中国未来经济发展的关键；其次，通过国际比较和形成要因的分析，指出了我国跨越“中等收入陷阱”的有利要素和不利要素；最后，参照日本通过实施“国民收入倍增计划”为其跨越“中等收入陷阱”创造了较为稳定社会环境和经济基础的历史经验，提出了可供我国借鉴的跨越“中等收入陷阱”对策和建议。

## 第一节　“中等收入陷阱”问题的提出及其国际比较

近年来，“中等收入陷阱”已逐渐成为世界各国关注的焦点问题。2015 年我国人均 GDP 突破 8 000 美元以后，就已步入中等偏上收入国家的行列，但同时由于近年来经济增速放缓，我国已处于“新常态”的经济态势，2015 以来的年均 GDP 增速在 6.5%左右徘徊。这个阶段既可能是中国经济迈向更高阶段的新起点，也可能是跌入“中等收入陷阱”的临界点。不得不说中国也面临着陷入“中等收入陷阱”的风险，到 2020 年时我国的人均 GDP 要突破 12 000 美元并跨越“中等收入陷阱”还存在一定的困难，并面临着一定的挑战。①

十八大报告提出，到 2020 年我国要实现全面建成小康社会的目标，为确保这一目标的实现，明确指出：“要实现国内生产总值和城乡居民人均收入比 2010 年要翻一番。2015 年在“十三五”规划中进一步提出，在居民收入方面的目标要求是：“要保持经济中高速增长，在提高平衡性、包

---

① 李华，马进：《新常态下我国跨越中等收入陷阱的挑战及对策》，载《技术经济与管理研究》2018 年第 8 期，第 107～108 页。

容性和可持续发展的基础上，到 2020 年国内生产总值以及城乡居民人均收入比 2010 年翻一番。”①这表明在“十三五规划”实施的五年中，中国如何实现 GDP 以及城乡居民人均收入倍增是非常重要的目标，它是推动我国经济社会健康可持续发展从而跨越“中等收入陷阱”的重要基础。

实现中国式“居民收入倍增”的目标和成功跨越“中等收入陷阱”是关系到 GDP 和人均居民收入倍增的课题，二者在促进我国经济社会可持续发展上具有同源性且紧密相关。一方面实现中国式“居民收入倍增”是跨越“中等收入陷阱”的重要手段和途径，另一方面实现中国式“居民收入倍增”的过程又是跨越“中等收入陷阱”的过程，二者均以转变经济发展方式、实现包容性增长和可持续发展作为实施路径或跨越条件。在此意义上，日本实施“国民收入倍增计划”的成功经验不仅能为我国实施“居民收入倍增计划”提供参考借鉴，同样也能为我国跨越“中等收入陷阱”提供有益的启示。

## 一、问题的提出

2006 年，世界银行在《东亚经济发展报告》首次提出了“中等收入陷阱”(Middle Income Trap)的概念，其含义是指：一个国家在经历中等收入阶段以后，往往会陷入经济增长的停滞期，既无法在工资方面与低收入国家竞争，又无法在尖端技术研制方面与富裕国家竞争，因而很难跻身成为高收入国家。按照世界银行的定义，陷入“中等收入陷阱”的国家，主要指的是拉美的巴西、阿根廷、智利、墨西哥等，亚洲的伊朗、泰国、菲律宾、马来西亚等。② 这些国家在 20 世纪 70 年代进入中等收入国家行列后，因为经济增长回落或停滞、贫富分化、过度城市化、就业困难等原因，较长时期滞留在中等收入阶段而难以自拔，或在中等收入阶段徘徊不前，有些则刚刚走出中等收入阶段，又重新落入“中等收入陷

① 康成文：《双倍增目标与跨越中等收入陷阱的关系研究》，载《哈尔滨商业大学学报》(社会科学版)2017 年第 3 期，第 3 页。

② 王一鸣：《“中等收入陷阱”的国际比较和原因分析》，载《现代人才》2011 年第 2 期，第 28~31 页。

阱”中。①

在此基础上，中国社会科学院学者蔡昉从经济学角度对“发展陷阱”的概念有着较为深入的思考：“发展陷阱”实际上是一种均衡状态，即在一个促进人均收入提高的因素发挥作用之后，其他制约因素都会将其作用抵消，把人均收入拉回到原有水平。而在收入分配恶化到伤害经济鼓励和社会稳定的程度，就会产生一系列阻力，阻碍经济增长，使人均收入水平不能继续提高。②

世界银行是按人均国民总收入对世界各国经济发展水平进行分组。通常把世界各国分成四组，即低收入国家、中等偏下收入国家、中等偏上收入国家和高收入国家。但以上标准不是固定不变的，而是随着经济的发展不断进行调整的。表 6-1 为世界银行对世界各国人均国民总收入(GNI)分组情况。

表 6-1 **世界银行对世界各国人均国民总收入(GNI)分组**③

| 人均国民总收入分组 | 2008 年划分标准 | 2010 年划分标准 |
|---|---|---|
| 低收入国家 | 975 美元及以下 | 1 005 美元及以下 |
| 中等偏下收入国家 | 976~3 855 美元 | 1 006~3 975 美元 |
| 中等偏上收入国家 | 3 856~11 905 美元 | 3 976~12 275 美元 |
| 高收入国家 | 11 906 美元及以上 | 12 276 美元及以上 |

注：收入标准按照人均国民收入(GNI per Capital)的数值(单位：美元)划分。

根据国家统计局的数据，我国 2009 年人均国民收入为 3 650 美元，按照 2008 年世界银行标准可列为中等偏下收入国家。2010 年我国人均收

① 巴曙松，刘宝森：《中国应对“中等收入陷阱”得财税政策及其路径选择》，http://www.360doc.com，2015 年 10 月 26 日。

② 蔡昉：《中国经济如何跨越低中等收入陷阱》，载《中国社会科学院研究生院学报》2008 年第 1 期，第 13~18 页。

③ 数据来源：《世界发展指标》(World Development Index)。

入 4 260 美元，2011 年我国人均国民收入 7 476 美元。按照世界银行现行的标准，已达到中等偏上收入国家水平。① 但近年来我国经济呈现出“新常态”的经济形势，人均年 GDP 增速开始放缓，2015 年首次跌破 7.0%，近几年的人均年 GDP 增速均在 6.5%左右徘徊。我们不得不说中国也面临着陷入“中等收入陷阱”的风险。

提高居民收入水平是 2015 年“两会”政府关注的重点问题，“中等收入陷阱”概念首次进入我国的《2015 年政府工作报告》。李克强总理指出，要跨越“中等收入陷阱”，实现现代化，根本要靠发展。在未来的 5 年或 10 年如何实现人均收入翻一翻、能否成功跨越“中等收入陷阱”是我国经济发展的关键。2015 年 4 月，时任财政部部长楼继伟在清华大学举行的“清华中国经济高层讲坛”上也表示，中国在未来的 5 年或 10 年有 50%以上的可能性会滑入“中等收入陷阱”，并指出中国关键的任务是要跨过“中等收入陷阱”。②

## 二、“中等收入陷阱”的国际比较

当我们提及“中等收入陷阱”时，人们首先会想到的是拉美国家，因此也把“中等收入陷阱”称为“拉美陷阱”，世界银行也由此将其列为陷入“中等收入陷阱”的典型国家。在历史上，拉美国家曾经历过经济高速增长时期，随后又是漫长的经济停滞期。

从发展阶段来看，每一个国家在从发展初期到发达国家的经历过程中，都会经历较长时间的发展阶段，只是经历时间的长短不同而已，较为成功的案例是日本和韩国。从表 6-2 中我们可以看出，日本在 1974 年人均 GDP 已经达到 4 281 美元，1986 年人均 GDP 达到了 16 882 美元，用了 12 年时间。而韩国仅仅用了 7 年时间就突破了“中等收入陷阱”，令世人瞩目。

---

① 巴曙松，刘宝森：《中国应对“中等收入陷阱”得财税政策及其路径选择》，http://www.360doc.com，2015 年 10 月 26 日。

② 巴曙松，刘宝森：《中国应对“中等收入陷阱”得财税政策及其路径选择》，http://www.360doc.com，2015 年 10 月 26 日。

表 6-2 世界银行对世界各国地区人均国民总收入(GNI)分组①

| 国别 | 人均 GDP 超过 4 000 美元时间(括号内为实际美元数) | 人均 GDP 超过 12 000 美元时间(括号内为实际美元数) | 跨越“中等收入陷阱”所需时间 |
| --- | --- | --- | --- |
| 巴西 | 1995 年(4 853) | | ? |
| 哥伦比亚 | 2007 年(4 661) | | ? |
| 墨西哥 | 1992 年(4 051) | | ? |
| 秘鲁 | 2008 年(4 247) | | ? |
| 乌拉圭 | 1992 年(4 082) | 2011 年(14 175) | 19 年 |
| 委内瑞拉 | 1980 年(4 447) | 2012 年(12 729) | 32 年 |
| 泰国 | 2008 年(4 118) | | ? |
| 马来西亚 | 1995 年(4 286) | | ? |
| 新加坡 | 1979 年(4 078) | 1990 年(12 766) | 11 年 |
| 韩国 | 1988 年(4 813) | 1995 年(12 404) | 7 年 |
| 日本 | 1974 年(4 281) | 1986 年(16 882) | 12 年 |
| 中国香港 | 1979 年(4 569) | 1989 年(12 098) | 10 年 |
| 中国(内地) | 2010 年(4 515) | | ? |

如表 6-2 所示，从“二战”后世界经济发展进程来看，仅有为数不多的几个国家和地区成功跨越“中等收入陷阱”，如英美发达国家、东亚的日本、“亚洲四小龙”；大部分国家长期在中等收入阶段徘徊，迟迟未能进入高收入国家行列，而拉美国家几乎成为“中等收入陷阱”的代名词。

国际上比较公认的成功跨越“中等收入陷阱”的国家和地区有日本和亚洲“四小龙”等，但就比较大规模经济体而言，仅有日本和韩国实现了由低收入国家向高收入国家的跨越。从日本的经验来看，表 6-2 的数据显

① 资料来源：世界银行经济数据。

示，日本在1974年的人均GDP已经达到4 281美元，已进入中等偏上收入国家的行列；经过12年平稳时期的经济发展后，在1986年跨越了“中等收入陷阱”，进入了高等收入国家的行列，实际上这与日本在其经济高速增长时期实施的“国民收入倍增计划”打下的坚实经济基础密切相关。

日本在经济腾飞的关键时期所实施的为期10年的“国民收入倍增计划”，不仅大大增加了社会底层百姓的收入，而且由于收入增加而带来的消费者革命成为日本经济起飞的基础和转折点，加上日本在技术追赶方面的不懈努力，正如前文所述日本在计划执行的第八年就成为西方世界仅次于美国的第二大经济体。

具体数据显示，日本通过20世纪六七十年代实施的“国民收入倍增计划”，1960年到1973年间，国民总生产增加了4倍，经济规模迅速增大；人均实际国民收入增加了2倍，失业率保持在1.1%~1.3%的低水平，1974年的人均GDP已经超过4 000美元，进入中等收入国家的高收入阶段。可以说，在迈向高收入国家的进程中，日本通过实施“国民收入倍增计划”，较好地缩小了居民收入差距、城乡差距、地区间差距，使初次分配更趋向均衡，较好地控制了社会整体收入差距的扩大,① 为跨越“中等收入陷阱”创造了较为稳定的社会环境。

## 第二节 跨越“中等收入陷阱”的要因分析

2010年《人民论坛》在征求50多位知名专家意见的基础上，列出了陷入“中等收入陷阱”国家的十大显性特征，即经济增长回落或停滞、贫富分化、腐败多发、过度城市化、社会公共服务短缺、就业困难、社会动荡、信仰缺失、金融体系脆弱等。其中有代表性的观点分别有：专家巴曙松所指出，陷入中等收入陷阱的国家都有一个很重要的特点，就是这些国家在经济中占据主导地位的基本上是一些大型的垄断型企业。因为大量的资源向这些企业集中，所以使得经济活力降低、创新能力降低，也使得社会的创业难度加大，造成社会流动减缓。学者马岩指出，从世界各国比较

① 刘绮霞，刘绮莉：《日本“国民收入倍增计划”的策略和路径研究》，载《财政研究》2015年第3期，第112页。

研究的角度，讨论如何吸收国际发展经验，根据中国的国情制定正确的经济政策和社会政策，突破正在面对的中等收入陷阱。① 学者张德荣表明应该分阶段对经济增长的动力机制进行实证研究，他发现在不同发展阶段经济增长的动力机制是不同的，指出不能适时转换经济动力机制会导致发展中国家陷入"中等收入陷阱"。②

## 一、我国可能陷入"中等收入陷阱"的诱因

从前面的分析可发现中国面临步入"中等收入陷阱"的压力在增大，在中国经济模式经过刘易斯拐点之后，随之而来的将是中国"人口红利"的消失，这将会对经济增长产生负面影响，随着城乡收入差距的不断缩小，用工成本的不断提高，当前的劳动密集型产业模式将难以为继，随之将会被劳动力成本更加低廉的东南亚国家所取代。除此之外，以下因素会导致我国陷入"中等收入陷阱"。

### (一) 贫富差距

2008 年度我国的基尼系数达到最高值 0.491 后，在 2014 年度仍然高达 0.469，我国近年接近 0.5 的基尼系数高于主要发达国家和大多数发展中国家，属于收入分配差距较大的国家。主要反映在农村与城市间的收入差距、地区间的收入差距以及企业之间的收入差距。从收入陷阱的形成机制来看，由于贫富差距过大，造成少数人控制着大部分财富，大部分人收入较低；另一方面，国内社保福利体系不够完善，造成国内居民"捂紧钱袋子"，不敢花钱，从而造成消费低迷，进一步不利于经济增长。因此，至少从短期来看，解决贫富差距问题，对振兴中国经济、提高国民收入，会有明显的效果；同时还会有利于国家的稳定和谐、社会的长治久安。

### (二) 科研创新水平

我国科研投入占比相对不大，与发达国家相比有较大的差距，尽管我

① 马岩：《中等收入陷阱的挑战及对策——中国经济增长的国际视角》，中国经济出版社 2011 年版。

② 张德荣：《"中等收入陷阱"发生机制与中国经济增长的阶段性动力》，载《经济研究》2013 年第 9 期，第 17~28 页。

国总体申请专利数目在连年增加，每年发表在国际顶尖科研刊物上的论文数量居于国际前列，但我国科技的原创力却并不强，很多的专利产品是在国外科研的基础上进行适当的改良而成，并非原研发产品。这主要出现在高科技领域，如制药、电子、信息科技等行业。对于发展中国家而言，在起步阶段，需要尽力去追赶发达国家，模仿与改良西方国家的成果显然能提高效率、缩短进程，这也是日韩两国在“二战”后初期所做的主要努力。但是当一个国家已经开始赶超先进国家时，仍然将模范与改良作为科技发展的主要战略显然是不够的。①

### (三)教育水平

教育在跨越“中等收入陷阱”过程中能够提供人力资本，可促使科学知识转化为科技，教育水平是产业升级的人力支持、智力保障。劳动者素质是生产函数中的一个重要指标，通过教育与技能培训，使得劳动者素质得到提高，进一步改变生产力方式，促进产业升级，最终影响社会的经济发展。

当前，我国教育投入占 GDP 的比重与发达国家和成功跨越“中等收入陷阱”的国家仍有一定差距。一个国家的经济发展需要优良的人才，而优良人才的培育离不开教育的发展。尽管我国实施了九年制义务教育，但广大农村的失学儿童数量仍较高。尤其令人担忧的是在我国经济经历了近年的蓬勃发展之后，部分行业出现了“脑体倒挂”的现象。在金融危机之后，我国大学生的就业压力较大，一些民众口头时常谈及“读书无用论”。一种错误观念所带来的社会危害有时候会很大，如果我们不能及时改变这种“脑体倒挂”现象，转变这种错误的观念，大学教育的水平如果提不上去，我们就很难有强劲的原动力去提升科技实力，从而顺利地进行产业升级。②

### (四)城市化进程

尽管我国的城市化进程发展较快，但这主要反映在数量上而非质量

① 巴曙松：《当中国遭遇“中等收入国家陷阱”》，载《大众证券报》，2015-10-30。

② 巴曙松，刘宝森：《中国应对“中等收入陷阱”的财税政策及其路径选择》，http://www.360doc.com，2015 年 10 月 26 日。

上。由于受到户籍制度的影响，尽管我国有大量的务工人员进城，且长期居住在城市，但其家属和子女并没有享受原城市居民同等的福利待遇，子女的受教育程度也受到了很大的影响，这也更加不利于我国跨越"中等收入陷阱"，同时，城市公共设施建设经费主要来自土地财政和地方债，地方税收占比很小。这也不利于城市建设的可持续发展，一旦土地财政面临枯竭，地方政府面临偿债压力时，债务危机的可能性将会进一步加大。

## 二、我国跨越"中等收入陷阱"的有利因素

从前面对"中等收入陷阱"的成因分析中，结合我国的国情，我们可以发现，就短期而言，缩减贫富差距、消除垄断、增强市场活力是当前拉动内需消费、振兴经济的有效手段；就中期而言，我国政府的主要任务是振兴科技产业，增强我国的研发实力，以顺利实现产业升级；就长期而言，我国政府的主要任务是增强国民的综合素养和创新能力，为科技发展、产业升级提供源源不断的原动力，而提高国民素养和能力最终落实在大力发展教育。在制定经济策略时，我们既应该关注不利因素，也应当对有利因素加以利用，我国在应对"中等收入陷阱"问题时，具有以下有利的条件。

### （一）庞大的国内需求市场

一方面，在过去的几十年间，我国的经济发展过多地依赖出口，当面临金融危机时，出口受阻，企业的生产订单数量迅速下滑，经济发展也受到严重影响。另一方面，我国经济结构也正面临转型的良好时机。我们需要发展长期被忽视的国内市场，让国内民众能够真正地享受改革发展的果实。我国庞大的人口基数具有很大的消费潜能。但前提是必须进一步完善社会保障体系，让老百姓敢于花钱；同时进一步缩小贫富差距，提高中产收入阶层比重，形成一个"橄榄型"社会结构，让大部分的民众有钱花，这样才能让国内的消费市场真正地发展起来，进而促进经济的繁荣。

### （二）高储蓄率

我国的储蓄率较高，且保持较好的态势，这对于我国经济发展较为有利，纵观成功跨越"中等收入陷阱"的国家，如韩国、日本均保持较高的

国民储蓄率；高新技术产业为资本密集型产业，顺利完成产业升级需要较大的资本投入。而不发达国家和停留在“中等收入陷阱”的拉美国家，居民的储蓄率占GDP比重较低，这使得它们只有长期依赖出口低附加值商品来发展经济，因而缺少足够的资金投入到科技研发当中，最终它们的经济水平长期徘徊在低增长的节点上。当前我国较高的储蓄率，对我国经济发展至关重要，政府需要积极地引导储蓄资金到科技产业投资，以创造更多的科研产出，为我国产业升级铺平道路。

#### (三)地理特征

我国的地域宽广，中西部地理特征差异较大，这有利于产业升级；同时将以前赖以发展的劳动密集型产业向西部转移，有利于发展西部经济，解决西部广大农村的就业问题。在东部沿海地区和发达地区优先发展高新科技产业和第三产业，完成产业升级转移，最终可让东西部形成产业发展的完整体系。①

## 第三节　日本应对“中等收入陷阱”的经验借鉴

### 一、日本在“国民收入倍增计划”实施期间的相关经验

日本在国民收入达到中等收入水平以后，制定了一系列经济发展计划，并适时地运用财税政策调节经济增长结构、缩小收入分配差距。日本的具体政策主要体现在以下几个方面。

#### (一)增强中小企业竞争力，下调法人税

从20世纪50年代到70年代，日本政府每隔二至三年就下调一次法人税税率。在1963年《中小企业基本法》实施后，中小企业法人的税率进一步下调。该法明确规定，从1966年开始注册资本金1亿日元以下、年应纳税所得额300万日元以下的中小法人适用减轻税率。适用减轻税率的

① 巴曙松：《当中国遭遇“中等收入国家陷阱”》，载《大众证券报》，2015-10-30。

年应纳税所得额也随着经济发展而适时上调，以推进中小企业的发展。

### （二）增强个税的收入调节功能

日本政府不断调整个人所得税累进税率，提高免征额、基础扣除额、配偶者扣除额、抚养扣除额和工资所得扣除额。1961 年，日本建立的配偶者扣除制度，有效减轻了工薪收入家庭的税收负担。统计表明，应税额在 50 万日元以下的纳税人占全部纳税人的比重，在 1960 年为 86.5%，1968 年为 40.6%；个人所得税所缴纳税额占收入的比重，在 1960 年为 26.6%，1968 年为 4.4%。①

### （三）税收优惠政策

允许企业计提各种准备金，从 1955 年到 1960 年，企业以计提价格变动准备金、坏账准备金和退休工资准备金为主；在 1965 年到 1975 年，企业以计提异常危险准备金、开拓海外市场准备金和中小企业坏账准备金为主。允许进行海外投资的企业可以计提新增海外投资额 15%～100%的准备金，计提比例按行业确定，并在企业所得税税前扣除。对淘汰落后产能和设备的企业进行税收优惠。企业购置重要机械设备的 3 年期间按 50%的标准进行税收优惠，合理化机械设备等按照初年度 50%的加速折旧优惠，并提高企业研发投资的扣除额度。②

### （四）其他的相关政策

财税政策对促进日本经济增长发挥了巨大的作用，除此之外，日本政府制定的其他相关政策也对其产生重要的影响。具体包括：

（1）破除垄断。为了防止垄断集团过度地控制市场，导致市场竞争不活跃，日本颁布了《关于禁止垄断和保证公平交易的法律》和《经济力量过度集中排除法》。

---

① 巴曙松，刘宝森：《中国应对“中等收入陷阱”的财税政策及其路径选择》，http://www.360doc.com，2015 年 10 月 26 日。

② 巴曙松，刘宝森：《中国应对“中等收入陷阱”的财税政策及其路径选择》，http://www.360doc.com，2015 年 10 月 26 日。

(2)增加公共福利。日本政府从1960年推出"国民收入倍增计划"开始到20世纪80年代初，基本完成了涵盖国民健康保险制度、失业保险、年金制度、对社会弱势群体的保护制度等全国范围内社会福利制度的建设。

(3)重视反腐。政府腐败会导致巨额财政资金的流失，影响政府的公信力。针对腐败问题，日本制定了专门的法律制度，并推出了财产公示制度，结合媒体舆论报道，有效治理了贪污腐败问题。①

## 二、我国应对"中等收入陷阱"的经验借鉴分析

根据国家统计局数据，2010年我国人均GDP为29 748元，按年均汇率计算已经超过4 300美元。按照世界银行2008年的划分，人均国民收入975美元或以下为低收入国家，976～11 905美元为中等收入国家，11 906美元及以上为高收入国家，其中中等收入以3 855美元为界，在此以上为中高收入国家。世界发展指标(WDI)的数据显示，2011年我国人均国民收入7 476美元，2015年在"十二五"规划的收官之年我国人均GDP增至8 280美元，② 表明我国已稳居于中等偏上收入国家的行列。这个阶段既可能是中国经济迈向更高阶段的新起点，也可能是跌入"中等收入陷阱"的临界点。

应该看到，"中等收入陷阱"是一个复杂的系统问题。我国经济规模到2030年或许能达到64.2万亿美元，但在部分领域突出体现的问题使我们必须警惕可能遭遇到的"中等能收入陷阱"。如果不能改变可供民众分配的最终财富较少的格局，将很难实现经济发展方式的真正转型。

因此，为推动我国顺利跨越"中等收入陷阱"，可借鉴"跨越国"——日本的经验，它在"国民收入倍增计划"中控制社会整体收入差距的扩大、增大消费需求、充实社会保障制度等方面的具体措施，为其跨越"中等收入陷阱"创造了较为稳定的社会环境和经济基础的成功经验，并提出以下

① 巴曙松：《当中国遭遇"中等收入国家陷阱"》，载《大众证券》2015年第期，第2页。

② 数据来源：世界银行，世界发展指标(WDI)数据库，http://databank.shihang.org/data/databases.aspx。

可实施的政策性建议：

### （一）缩小贫富差距

缩小贫富差距是我国当前的一项重要任务，让一部分人先富起来，再让先富带动后富，这是我国改革开放之初提高国民收入的基本构想，我们已经实现了一部分人先富起来的愿望。我们不能完全依靠市场的力量来解决贫富不均问题，更应该依靠政府这只“有形的手”来解决。运用财税政策来调节收入差距，解决收入分配不均问题。具体来说，可参考日本在实施“国民收入倍增计划”期间的成功经验，从以下四个方面来实现目标：

（1）完善个人所得税制度和征缴管理。当前我国的个人所得税采取分类征收，同时根据不同的收入，实施不同累进税率的形式；而西方国家更多采取以人或者家庭为单位，进行统一核算征收。虽然我国在制定个人所得税法时选择分类征收模式，是考虑到统一核算较为复杂；但是我国当前的信息网络体系已经能够有效地缓解这种问题，时机成熟的时候，可以考虑采取以人或者家庭为单位，进行统一核算征收。

（2）调整个人所得税的优惠结构。一方面要根据应税者家庭收入、消费情况，来确立个人所得税税率和税收返还制度。另一方面要根据经济社会增长水平的提高而上调免征额。当前个人所得税的免征额定的较低，不能有效地调节收入分配差距。

（3）优化征税对象。当下收入越来越多元化，非工资性收入是高收入群体的主要经济来源，缩减贫富差距，应该适当提高高收入群体的税收比重，调节贫富差距。如可适当提高对财产性收入征税、减少对工资性收入征税。

（4）降低整体税负水平。要想根本上改变我国贫富差距的问题，需要降低政府宏观税负水平。参考我国社科院蓝皮书数据，2015 年以来我国宏观税负在 GDP 中所占的比重为 30%左右，而按照世界银行报告，低收入国家宏观税负在 GDP 中所占比重为 13%，中等收入国家宏观税负占比 23%，发达国家宏观税负占比 30%，数据显示，我国的税负比已经超出发达国家水平。显然只有更为大度地全面减税，通“减税降负”才能实现“藏富于民”，让全民的收入能够真正得以提高。①

### （二）增大消费需求

对于处于中等收入阶段的国家而言，其本国居民的消费不足或者消费疲软是影响其经济增长的重要原因。现阶段，处于中等偏上收入阶段的我国也存在内需不足的发展问题，针对该状况，我国应该借鉴日本在实施“国民收入倍增计划”时期通过扩大内需带动经济增长的成功经验，实施中国式“居民收入倍增计划”。

首先，遵循我国至2020年居民收入翻番的经济目标，整体上提高城乡居民收入水平，从根本上增强居民的消费能力和消费信心；其次，缩小以城乡收入差距为主体的各层次收入分配差距，发展并完善社会保障制度，兼顾公平地保证居民消费水平的提高；最后，与时俱进地发现社会新的消费需求，引导消费升级，发展网络消费和信用消费等多样的消费形式。这些施政将推动我国居民消费需求的整体提高，促进需求和经济增长互相作用、良性循环的发展，是解决我国国计民生的重要一环。

### （三）加快技术创新、引导产业升级

科技进步是中等收入国家顺利跨越“中等收入陷阱”的关键因素，因此对于中等收入阶段的国家而言，有必要推动代表全要素生产率的科技进步，依据自身的禀赋要素来发展具有比较优势的科技实力，积累更多的科技创新要素，从而形成高科技水平。日本在“国民收入倍增计划”中明确提出了“振兴科学技术”的课题，通过相关政策推进科技教育和科技人才的培养、加大研究开发的投入、纠正各产业间技术发展的不均衡，并进一步强化了科技教育、研究开发、生产之间的有机合作。日本还提高从基础研究到应用研究，再到开发研究各阶段上均衡发展的研究水平，在当时日本国内确立了新技术开发的科技基础。

在我国形成高科技水平的发展历程中，应充分考虑科研投入与经济增长之间的正向关系。针对一直以来我国存在的持续投入与产出较低的情

---

① 马海涛：《避免陷入“中等收入陷阱”的财税政策》，载《中央财经大学学报》2014年第1期，第13~18页。

况，注重科研投入对经济增长的实际效用。具体实施路径可体现为：首先，应结合经济发展的实际情况，适当加大科研投入、保持合理的科研投入结构，实现高科技资源的优化配置；其次，应合理利用科技基础资源和科技人力资源，提高科技投入与产出的效率，形成科技创新动力；最后，根据实际科技水平，通过提高高科技投入产生的经济效应，推动各地区、各产业链科研成果的转化，促进“产学研”一体化发展，使科研投入有效引导产业升级，从而促进经济长足且有效地增长。①

### （四）提高对外贸易开放度

对外贸易开放对国家经济增长的拉动作用显著，尤其是对处于中等收入阶段的国家而言，对外贸易的发展对一国经济的促进作用不容忽视。日本在“国民收入增计划”中曾明确提出了促进贸易发展和开展国际经济合作的课题，表明提高生产力、扩大出口、增加外汇是提高国民收入、实现国民收入倍增的关键。随着我国经济的发展，当前我国稳居世界第一贸易大国的地位，对外贸易的由量到质的发展对我国经济尤为重要。

伴随着我国“一带一路”倡议的提出，“新丝绸之路”经济带的建设不仅会为我国经济发展提供持续的动力，而且也将有利于我国对外贸易结构的调整和升级，从而提升我国对外贸易的质量。我国各地区尤其是中西部地区应抓住对外贸易发展的大好时机，通过与“一带一路”沿线国家的对外贸易，吸引外商投资、扩大高新技术产品出口，积极开展与世界各国的经济合作。这将有助于我国从整体上解决就业、增加税收、转移过剩产能，促进我国开放型经济结构的形成，并会为我国对外贸易打开新的局面，推动我国由“贸易大国”向“贸易强国”转变，从而跨越“中等收入陷阱”。

### （五）提升社会公共福利的质量

当前制约着我国经济发展的重要因素之一是社会公共福利的质量有待提高。我国国民的整体收入虽然有较快的增长，但是国内消费能力却始终

① 方竹君：《跨越“中等收入陷阱”的国际比较及经验借鉴》，中南财经政法大学硕士毕业论文，2017 年。该文由刘绮霞老师指导。

不高，这主要是由两方面的原因造成的：一方面是贫富差距较大，另一方面是社会公共福利水平不高，造成广大居民需要准备充分的资金以应对教育、医疗、养老等本应属于社会公共福利方面的问题。数据显示，2009年我国财政收入约6.85万亿元，医疗、教育、社保就业三项支出占比为14.9%。在美国，这三项上的开支相当于联邦政府总开支的61%。世界银行统计数据表明，2012年中国医疗保障投入预算为6 141.92亿元，但实际投入为6 463.55亿元，仅仅占当年GDP比重的4.2%，远低于日本医疗保障投入占GDP10.3%的比重。另外，《中国卫生健康统计年鉴2019》的数据表明，2015年中国的医疗保障支出预算为5 902.48亿元，实际支出为5 822.99亿元，仅占2015年GDP比重的4.9%。2017年中国医疗保障实际支出为7 007.51亿元，占2017年GDP比重的5.2%。总体上低于日本医疗保障支出占GDP 10.3%的比重，表明我国在公共社会福利方面的支出比重有待提高。

日本“国民收入倍增计划”的核心内容之一就是充实社会保障和提高社会福利，计划期间着手制定并在全民中实施了国民健康保险制度、失业保险、年金制度、对社会弱势群体的保护制度，并通过后期不断充实其内容提升了社会公共福利的质量。因此，我国应不断充实社会保障制度的内涵，提升公共社会福利的质量，使更多的人民享受到经济增长的红利。随着国民收入的提高，当国民不必再为教育、养老、医疗等社会公共福利而担忧时，中国就能顺利跨越“中等收入陷阱”从而进入发达国家之列。

综上所述，我国现阶段已经由中低收入国家进入到中高收入国家行列。这个阶段既可能是中国经济迈向更高阶段的新起点，也可能是跌入“中等收入陷阱”的临界点。未来的一段时间，为防止经济发展逐渐失去比较优势的同时，我国应该借鉴日本在实施“国民收入倍增计划”期间的相关经验，缩小贫富差距、增大消费需求、加快技术创新、引导产业升级，力求通过产业调整与技术进步打造新经济增长模式；并通过提高对外贸易开放度、配置与建立一系列的关注民生福利的社会保障制度，以确保经济和开放型社会的协调健康发展。只有这样才能成功跨越“中等收入陷阱”，实现经济的成功转型、实现财富积累由政府向民间的有序转移、实现个体的福利水平与国力和财力的同步提高，真正做到“藏富于民”。

# 第七章　对构建科技"创新型强国"的启示与对策

本章首先提出了我国建设"创新型强国"、构建科技创新体系的发展目标，指出有必要探悉"二战"后日本构建科技创新体系的演进历程。其次，通过探析日本科技创新体系的演进历程，解析其在不同的经济发展阶段提升科技创新能力的战略和政策；然后纵观"国民收入倍增计划"中"振兴科学技术、培养科技人才"的核心内容和具体举措，旨在解析该计划确立了日本"自主科学技术"的基础，通过引进国外先进技术并逐步革新本国相对落后的技术与生产方式，推动了日本产业的升级，提高了出口产品的国际竞争力。可以说这一时期科学技术创新促进了日本经济的恢复和振兴，并为日本成为科技大国打下了坚实的基础。最后，总结分析了"二战"后日本科技发展的特色及经验，指出有必要借鉴日本不断提升科技创新实力以推动经济发展的有效经验，构建具有我国特色的科技创新体系，以提高我国的综合科技实力，并提出了可供参考的政策性建议。

当今世界，科技创新力既是决定国家综合国力和国际竞争力的关键因素，也是推动经济实现高质量发展的重要支撑。我国社会发展正处在经济转型的关键时期，创新是引领发展的第一动力，是建设现代化经济体系的战略支撑，努力建设"创新型强国"已成为国家发展的重要战略方针，构建具有我国特色的科技创新体系，提高企业高新技术产品出口竞争力，对我国当前的经济发展具有重要的战略意义。我国应坚定不移地走自主创新的道路，同时应积极探索日本在"二战"后构建科技创新体系的历程，解析其在不同的经济发展阶段提升科技创新能力的战略和政策，这对于推动我国科技创新体系发展具有可资借鉴的积极意义。

## 第一节　"二战"后日本科技创新体系的发展及演变

"二战"后，日本科技创新体系的构建经历了从最初的引进国外成熟技术，对引进技术进行模仿、消化吸收和技术改良，到发展本国技术、实现技术自立以摆脱对欧美发达国家的技术依赖，最后到追求自主知识创新和技术创新，集中力量研发自主的独创性科学技术，逐步成长为科学技术强国的演进历程。

对应"二战"后日本经济发展的不同时期，日本的科技发展制定了相应的科技政策目标和具体的科技战略与政策措施。具体而言，日本科技在20世纪50年代是以生存为目的、恢复经济和自立的发展阶段；60年代是确立以经济增长和扩大社会经济基础为目的的科技发展阶段；70年代，日本科技发展的重点放在治理经济高度增长多带来的弊病，以适应动荡不安的世界形势；80年代，重视创造性的科学技术，以应对新的课题；90年代为迎接21世纪的挑战，提出实现"高科技大国"的战略目标；21世纪以来，日本科技发展的重点是全面推进"科技创新立国"政策。①

"二战"后日本科技创新体系的建立及其发展历程，可概述为以下三个发展阶段：

第一阶段：技术引进阶段（"二战"后至20世纪70年代末）。这一阶段，日本凭借着"贸易立国"战略带来的经济红利，成功实现了对发达国家的经济追赶。最初的1945—1959年日本是几乎不涉及自主创新地引进国外成熟技术，日本在这一时期确定了以生存为目的的科技战略目标，目的是为了恢复经济、实现自立。1959年以后面对与欧美发达国家巨大的经济与技术差距，日本采取的是技术引进、消化、吸收并改良的策略，通过大量引进国外先进技术，在对之消化吸收和改良后立即投入生产，依靠"进口技术"弥补本国科技相对落后的问题。这一时期实施的是以生存为目的的恢复经济和自主的科技政策。

20世纪六七十年代，日本经济以10%的速度迅猛发展，在经济的高

① 日本科技创新态势分析报告课题组：《日本科技创新态势分析报告》，科学出版社2014年版，第112页。

速发展时期日本的科技政策是以经济增长和扩大社会经济基础为目的。1961年，日本制定了“国民收入倍增计划”，该计划把确立自主地科学技术基础作为一个重要课题，20世纪60年代随着日本在技术引进过程中科技实力的增强和实行开放型经济体制所带来自由化程度的加大，开始逐步过渡到“确立自主技术”时期，日本的出口导向型经济得到高速增长。20世纪70年代后期是日本经济的低速增长期，这段时期日本科技政策的目标是治理高速增长带来的弊病，推动经济增长，并实施以扩大社会经济基础为目的的科技政策。这一时期由于长时间的技术引进和积累，日本已掌握了基础的技术能力，开始加大对国外实验室技术的引进力度，这实质上是让日本拥有可自主研发的技术生命线。通过引进国外先进技术并逐步革新本国相对落后的技术与生产方式，日本的产业得到大幅度升级，出口产品的国际竞争力也大幅度提高。至20世纪70年代末，日本顺利完成了“经济追赶”，技术创新促进了日本经济的恢复和振兴。

第二阶段：发展本国技术阶段(20世纪80年代至90年代中期)。这一阶段，日本确立并实施了“科技立国”的发展战略。日本经济从80年代开始进入调整期，这一时期日本开始注重发展本国的技术，力求实现技术自立以摆脱对欧美发达国家的技术依赖。该战略的主要特点是，其一，把发展独创性的科学技术提高到国家经济发展的战略高度，把过去“吸收型”的“收获型技术”转变为自主开发型的“播种、培育型技术”；其二，开发智力资源，以弥补物质资源的不足，即发展资源和能源消耗少的知识密集型工业技术，以克服资源小国的先天不足；其三，靠技术力量来提高国际地位，为从经济大国走向政治大国创造条件。① 之后，日本的科学技术研究重心开始由应用研究转向基础研究，政府和企业不断加大研发经费投入力度来保障基础研究的稳定实施。② 这一时期，“产官学”合作模式③在科技创新要素中得到重视，该战略是日本跻身世界经济

① 日本科技创新态势分析报告课题组：《日本科技创新态势分析报告》，科学出版社2014年版，第110~111页。

② 马可：《日本科技政策的历史沿革》，载《科技信息》2010年第27期，第114~115页。

③ “产官学”合作模式：由日语“産学官連携”一词翻译而来，指企业、政府、大学及科研机构通力合作的一种科技创新模式。

与科技强国的重要保证。随着这一模式的健全和深化，日本科技创新体系初步形成。

第三阶段：科学技术创新阶段(20世纪90年代中期至今)。这一阶段，日本确立并实施了"科学技术创新立国"战略。20世纪90年代之后，日本经济连续出现零增长甚至负增长，到21世纪初的10年被称为日本经济"失去的十年"①。日本政府对本国科技创新体系进行了深刻反思，决定走"自主创新之路"，而创新的前提是拥有强大的基础研究能力作为支撑。面对全球经济形势与科技发展趋势，日本政府在1995年颁布了《科学技术基本法》,② 正式提出"科学技术创新立国"战略。这是日本第一部有关科学技术的根本大法，其核心是"创新"，要求日本彻底告别技术的模仿和改良，集中力量研发独创性科学技术，1996年6月日本科学技术会议开始实施五年一次的《科学技术基本计划》，这是在《科学技术基本法》的基础上为实现"科学技术创新立国"而实行的行动计划，其内容包括增加科技投入、强化人才培养和加强独创性的基础研究等措施(1996—2000年),③ 其后每五年实施一次《科学技术基本计划》，至今已处于2016年开始实施的第五期《科学技术基本计划》之中。④ 还需要提及的是，1998年日本公布了《促进大学等的技术成果向民间事业转移法》，通过"科学技术创新立国"战略和相关法律的实施，并配之以具体的行动计划，使日本逐步成长为科学技术强国。

"科学技术创新立国"战略是日本"贸易立国"和"科技立国"科技战略的发展与延伸，是具有划时代意义的举措，标志着日本科技政策进入重视基础研究和强调创新的阶段。在"科学技术创新立国"的战略目标下，日本在科技领域推出了一系列重大举措，通过实施"科学技术基本计划"，

---

① 由日语"失われた10年"译来。日本在"泡沫经济"崩溃后的1991至2000年初期因长期经济不景气而被称为"失去的十年"。

② 1995年11月，日本国会通过《科学技术基本法》，该法的效力介于宪法与专门法之间，明确提出将科学技术创新立国作为日本的基本国策。

③ 日本科技创新态势分析报告课题组：《日本科技创新态势分析报告》，科学出版社2014年版，第111页。

④ 智瑞芝，袁瑞娟，肖秀丽：《日本技术创新的发展动态及政策分析》，载《现代日本经济》2016年第5期，第83~94页。

不仅加大了科技投入，而且进一步加快了科技体制改革的步伐，相继出台了一系列重要举措，形成了日本21世纪科技体制的基本框架，至此日本科技创新体系日趋完善。

## 第二节　解析“国民收入倍增计划”中“振兴科学技术”等相关政策

如前文所述，“二战”后至20世纪70年代末，日本在技术引进阶段，凭借着“贸易立国”战略带来的经济红利，成功实现了对发达国家的经济追赶。在该阶段的1960年，日本制定并实施了“国民收入倍增计划”，把确立自主的科学技术基础作为一个重要目标，提出了提高人的能力和振兴科学技术的课题。

该课题涵盖了发展日本的科学技术以及提高国民综合能力的两大内容。首先表明科学技术的显著进步，通过增加生产设备投资、创新新产品和新机械，以及提高对耐久消费品需求等，对经济增长和产业的现代化作出了巨大贡献。其次，在预期技术革新今后将持续渗透到经济发展的所有部门，对提高人国民生活水平的作用将逐步增强的认识下，提出科学技术的快速发展、产业结构的高度化、将来可预测到的劳动力转移等问题，今后应该与教育、训练、研究人类能力的开发等问题一起，共同考虑其与经济增长的关联性。由于经济社会的进步、社会福利的提高与国民能力能否有效利用紧密相连，所以支持产业高度化技术水平的提高及其行为主体——人的能力的开发，是今后日本经济发展阶段劳动力出现供给逐步低下的情况下所应该特别关注的问题。

基于以上对日本经济发展过程中提高人的综合能力和振兴科学技术水平重要性的认识，“国民收入倍增计划”在其核心内容中进一步明确提高人的综合能力对经济增长的影响，强调振兴科学技术对国民经济的发展和提高国民生活水平的作用。

### (一)关于经济增长和人的综合能力

以前在日本经济中，劳动力没有成为经济增长的阻碍性要因。这是由于日本曾经有丰富且便宜的劳动力供给。但从长期来看，基于将来劳动力供给增长率的钝化，科学技术的进步以及产业结构的高度化，会加强对劳动力的“质”的一步提高的要求。

作为现代经济社会的最大特征，为了维持经济的高速增长，必须进行制度改革和科学技术革新。伴随着经济发展进入技术革新的新阶段，产业结构也急需转变；为了社会经济的高度持续发展，有必要调整和改善阻碍经济增长的各项制度，使其向促进经济增长的方向发展，而其核心力量首先应该提高社会人力资本积累度和人的综合能力，这应该成为经济政策中的重要一环。

提高人的综合能力必须通过提高国民整体的教育水平，让国民具有丰富的知识、明确的判断力、正确的价值观以及实践能力，只有提高社会整体的人力资本积累度，才具备促进社会转型和国民经济高速增长的条件。日本政府认识到教育水平的提高绝非一朝一夕之事，必须立足于长远，逐步推进才能完成。这进一步表明，在“国民收入倍增”计划实施的过程中，实现中等教育(含高中教育)的普及是一个长期的课题。

增加科研人员和技术人员的数量，并提高科技人员的质量是提高国民教育水平的重要一环，也是培养科技人才和振兴科学技术发展的核心内容。日本前一阶段的经济发展主要依靠引进外国技术实现经济增长，但今后不能一直停留在仅是对外国技术的消化吸收上，更重要的是进行国产技术的研发。所以，实施“国民收入倍增计划”期间如何培养科技人才是当务之急。①

基于以上认识，本书指出普及国民的中等教育、培养科技人才、充实科学技术教育、发展职业教育并扩充职业训练是日本“国民收入倍增计划”实施过程中对人的综合能力培养的重要举措。将来关于人的综合能力的开发和活用的问题会日趋重要，不仅是简单的教育、训练的问题，而且是涵盖经济、技术、社会生活等多方面的内容。因此，有必要通过审议会等机构，探讨与经济增长相关的人的综合能力的开发和活用，并表明其对策方向。

---

① [日]武田晴人:《解读国民收入倍增计划》，日本经济评论株式会社 2014 年版，第 155~156 页。

## （二）振兴科学技术

科学技术对国民经济的发展和国民生活水平的提高会起到决定性作用。日本为实现在该时期科学技术水平的飞跃性提高，指出有必要通过“国民收入倍增计划”的实施，确立新技术开发的科技基础。因此，应该纠正以前各产业间技术发展的不均衡，提高从基础研究到应用研究，再到开发研究各阶段上均衡发展的研究水平，并进一步强化教育、研究、生产间的有机合作。

首先，日本振兴科学技术时面临的主要问题是以科学技术教育为中心培养科技人才，推进研究开发并改善工业化对策。随着社会发展对于研发人员、专业技术人员需求的增加，日本预计在“国民收入倍增计划”实施期间会出现17万名科学技术人员短缺的问题，因而提出有必要尽快确立增加招收理工科大学学生的计划，与此相应必然要推动理工科大学的设施更新，学科构成、新教学方法的探讨以及推进理工科大学从基础研究到与企业联合进行应用研究、研究开发的发展方向。①

其次，为改善科学技术的质量，日本寻求提高设备水平、更新老化设备，并合理且充分地利用民间企业和大学的各项设备，通过让学生到民间企业去实习、民间企业给大学设备援助等方式，以期待推进科学技术教育效率化的发展。同时，在预期理工科学生会出现增加的前提下提出了应增加教员人数的计划，并进一步提出可在研究生中培养教员的方法，同时指出应该特别重视与产业界的人才交流，实现产学合作。

再次，日本针对当时技术水平比较落后，技术进步多数还依赖外国技术的情况，为实现今后较长时期内的高速经济增长，有必要在引进外国技术的同时，推进日本国内技术独创性的研究和开发。一方面，充分发展有利于研究开发的研究环境和研究体制，即创造优秀的研究者能够充分发挥其能力的环境，强化作为培养研究者机关的研究生院的发展，在整备其发展主体条件的同时，有必要进一步深化各研究阶段、强化其合作，在推动研究规模大规模发展的同时确立共同体制。另一方面，有必要推进科学技

① ［日］武田晴人：《解读国民收入倍增计划》，日本经济评论株式会社2014年版，第156~157页。

术的信息活动和国际交流上的科学技术方面的发展。

最后，日本意识到必须推进基础教育到研究开发的一贯性，基础研究和政府部门所进行的研究，应该对民间企业和缺乏研究能力的中小企业进行研究和技术指导，大学和国家研究机构的作用今后将会进一步提高，同时也期待民间企业的积极活动。这表明为促进工业化的发展，其核心内容应该是技术交流的活跃性、确立共同的发展体质、集中性地活用资金等。政府为促进企业工业化发展，有必要通过改善专利制度、改善实验研究的税制等对中小企业进行技术援助，并为企业进一步推进技术的高度化和量产化而制定合理的规范与制度。

20 世纪 60 年代，随着“国民收入倍增计划”的实施，日本在技术引进的过程中，企业通过对引进的技术设备和生产系统充分地消化、部分实行改良，在整体上构成了平衡且协调的系统，并把技术引进和自主研发结合起来，制造其国产机器设备和产品后用于出口。随着日本科技实力的增强和实行开放型经济体制所带来自由化程度的加大，日本开始逐步过渡到“确立自主技术”时期，其出口导向型经济得到高速增长。至 20 世纪 70 年代末，日本顺利完成了“经济追赶”，技术创新促进了日本经济的恢复和振兴。

## 第三节　构建科技创新体系的经验借鉴

### 一、“二战”后日本科技发展的特征分析

“二战”后的日本走了一条以“重经济、轻军备”和“国家科技研发相对较弱、民间企业科技研发相对较强”为特征的科技发展路线。分析其科技发展的特点，主要体现在技术引进上的成功、民间企业是科技发展的主力、培养高素质且具有“工匠精神”的员工是科技发展的源泉、日本式经营是科技发展的核心要素等几个方面。①

首先，从日本的技术引进上看，日本走了一条对技术进行引进、消

① 冯昭奎：《战后 70 年日本科技发展的轨迹与特点》，载《日本学刊》2015 年第 5 期，第 80 页。

化、吸收、改良并着手自主研发的发展道路。自1950年开始的技术引进，助推了20世纪60年代日本经济的高速增长。如1960年开始实施的“国民收入倍增计划”成为日本经济高速增长的一面旗帜，使民间企业大受鼓舞，迅速扩大的设备投资推动了先进技术的引入，促使产业设备日趋高级化和大型化。日本企业对引进技术设备和生产系统充分地消化、部分地改良，把技术引进和自主研发结合起来，形成了“一号机进口，二号机国产，三号机出口”的良性循环，这证明了日本在技术引进上的成功。① 日本经济学家南亮进曾指出：“通过弄清日本为什么能够成功地引进技术，可以解开日本经济增长的秘密。”②

其次，从民间企业在日本科技发展的地位和作用来看，日本企业推动了日本科技的发展，并成为科技发展的主力军。20世纪60年代，随着日本经济的迅速发展，在1961年前后日本各地出现了民间企业自办“中央研究所”的热潮，吸引了大批优秀大学毕业生到企业工作；同时民间企业用于研究开发的资金日益超过依靠政府预算支出的研究开发资金，也吸引了更多的研究人才到企业工作。这意味着，“企业优位”“民间企业主导型”的日本研究开发机构在20世纪60年代随着“国民收入倍增”计划的实施而开始形成。③ 可以说，民间企业掀起的“中央研究所”热和大力增加的研究开发投资，推动了日本科技力量的发展，增强了日本整体的科技实力，并为日本社会培养了科技人才，在此意义上日本企业是日本科技发展的主力和推手。

再次，从科技人才的培养上看，高素质的员工、具备工匠精神的技术人员、具有管理能力的企业经营者通过“团队精神”推动了日本企业科技实力的整体提高。日本社会原本就具有一定人才积累的基础，特别是企业经营者、科技人员、技能劳动者具备迅速将欧美先进技术学到手，并把技术引进与自主开发结合起来的能力。在1956年，日本经营者团体联盟就

① 冯昭奎：《战后70年日本科技发展的轨迹与特点》，载《日本学刊》2015年第5期，第81页。

② 南亮進：『日本の経済発展』，東洋経済新報社，平成56年，79ページ。

③ 冯昭奎：《战后70年日本科技发展的轨迹与特点》，载《日本学刊》2015年第5期，第82页。

提出要强化“二战”后导入的美国式教育制度，重视“毕业后能够很快进入企业发挥作用”的职业教育，随后预计在20世纪60年代期间会出现科学技术人员严重短缺的问题，要求政府增加理工科教育资源，得到了政府的支持。于是，日本政府在“国民收入倍增计划”中，提出了尽快确立增加招收理工科大学学生的计划，推动理工科大学的设施更新，学科构成、新教学方法的探讨以及推进理工科大学从基础研究到与企业联合进行应用研究、研究开发的发展方向，并提出了增加理工科教员的计划，各项政策和举措于1960年展开并开始实施。

最后，应看到日本企业一方面十分重视企业内对员工的技术培训，采用特色的“日本式招工方式”，让员工接受各种培训，从事多方面的工作。另一方面，在民间企业的生产现场，会有大批优秀的大学毕业生投入生产第一线，与企业富有“工匠精神”的员工一起积极探求技术革新，他们很快形成了一个好的团队，把企业的事业当作家中的事情来完成。最后在企业经营者的融合下运用管理把技术革新变成集体的知识，通过“团队精神”共同推进了企业科技实力的提高。在此意义上，日本式经营是推动日本企业科技实力提高的核心要素。①

## 二、构建我国科技创新体系的经验借鉴分析

“二战”后日本科技的发展是一个追赶、被追赶、再追赶的过程，在其发展的历程中积累了丰富的经验，推动了日本科技创新体系的建立、科技创新实力的提高。在我国经济进入转型期的关键时期，为推动我国经济高质量发展，可以从以下几个方面借鉴日本不断提升科技创新实力以推动经济发展的有效经验，构建具有我国特色的科技创新体系，提高我国的综合科技实力。

### (一)振兴科学技术，推动经济结构的全面升级

日本的科研创新和技术进步对其国民收入倍增的贡献率达到了55%，对倍增计划的实现具有重大意义。如前文所述，这一时期日本实施了以引

① 冯昭奎：《战后70年日本科技发展的轨迹与特点》，载《日本学刊》2015年第5期，第82页。

进国外技术为主，开发“自主技术”为辅的方针，首先引进欧美的先进技术和半成品技术，通过消化吸收，在模仿的基础上进行改良或创新，从而形成自主技术。并在较短时间内缩短了与发达国家之间的技术差距，逐步建立了其独立的工业体系，实现了经济结构的全面升级。①

我国在科技创新上存在着基础实力薄弱和科技的实践性不足的问题，在利用技术红利方面还有很大空间，同时在重视先进技术和我国本土优秀人才的匹配性培养上也存在着很大的不足。我们首先可学习日本在“国民收入倍增计划”中引进先进技术、提倡自主创新能力方面的经验，从宏观上推进科技改革、制定相应的科技计划；其次要重视基础研究，促进产学研之间的良性互动，使科研成果能够有效地进入市场，创造出高附加价值的产品；最后，应推动国际科技合作，吸收国际先进的科学技术和管理经验，推进整体科研水平的发展，从而推动经济结构的全面升级。②

### （二）加大科技投入，增强对高新技术产业的扶持力度

科技投入是科技发展的物质基础和根本保证，日本的科技投入一直保持谨慎、平稳、发展的态势，即使在经济处于低谷徘徊、停滞不前的时期，日本也没有减少对科技的总投入，反而连年持续增加，并且对高新技术产业稳定和大规模的研发投入保证了其在全球范围内的科技优势，有效地促进了高新技术产品的出口。

我们必须认识到，科技投入是高新技术产业大胆进行科技创新的前提条件，我国高新技术企业目前的整体规模还比较小，经费有限，又由于我国的金融体系不够完善，中小企业融资困难，我国政府应该通过多种途径加大对高新技术产业的科技投入和研发扶持力度。政府可提供财政补贴和税收优惠，使高新技术企业有相对充足的经费投入到研发过程中去，通过提高高新技术产业的研发能力，以促进高新技术产业的发展。

---

① 孙敬水、黄秋虹：《日本实施“国民收入倍增计划”的经验教训及其对中国的启示》，载《经济问题》2013年第1期，第13页。

② 孙敬水、黄秋虹：《日本实施“国民收入倍增计划”的经验教训及其对中国的启示》，载《经济问题》2013年第1期，第13页。

### (三)建立“民间企业主导型”研究机构，打造“常青企业”

日本企业是推动日本科技发展的主力军和推手，早在20世纪60年代日本各地出现了民间企业自办“中央研究所”的热潮，吸引了大批优秀大学毕业生到企业工作，同时民间企业用于研究开发的资金日益超过依靠政府预算支出的研究开发资金，也吸引了更多的研究人才到企业工作。随着“国民收入倍增计划”的实施，“企业优位”“民间企业主导型”的日本研究开发机构在20世纪六七十年代逐步形成。可以说，民间企业掀起的“中央研究所”热和大力增加的研究开发投资，推动了日本科技的发展，增强了日本整体的科技实力，也为日本培养了作为其经济发展支撑的大批长寿企业。①

当前，我国企业普遍存在着企业寿命不长、国际竞争力不强、没有赖以长存的核心技术等问题，我们可以借鉴日本企业通过自办从事研究开发的研究所、培养大批具有科技能力的科技人才、增强企业自身科技实力的发展经验。首先应培养我国企业的自主创新意识；其次在企业中建立研究开发机构，让企业拥有得以发展和长存的自主的核心技术；然后为企业培养并留住科技人才，推动我国企业逐步发展为具有悠久历史的“常青企业”；这样才有利于我国综合科技实力的增强，实现真正意义上的“中国智造”。

### (四)培养科技人才，注重“工匠精神”和“团队精神”的融合

日本一直重视对科技人才的培养，早在制定“国民收入倍增计划”时，就提出了尽快确立增招理工科大学学生的计划，旨在推动理工科大学的设施更新，探讨理工科大学的学科构成、新教学方法，推进理工科大学从基础研究到与企业联合进行应用研究、研究开发的发展方向；此外，还提出了增加理工科教员的计划。各项政策和举措于1960年开始逐步实施，为日本社会培养并积累了大量的科技人才。同时，日本企业也非常注重对企业员工和科技人员的“团队精神”的培养，不论是管理层员工还是普通员

① 冯昭奎：《战后70年日本科技发展的轨迹与特点》，载《日本学刊》2015年第5期，第82页。

工都会在职场中努力维系和谐的工作氛围，这便于企业内部形成上下趋同、目标一致的命运共同体格局。此外，日本企业的员工非常注重通过自身人力资本的积累，在工作中融入“工匠精神”，以精益求精的工作态度，把自己培养成为具有创新能力的技术人才，进一步推进了生产现场上的技术革新，并使技术革新成为一项有各种知识和能力相互配合的集体事业。

我国现阶段也存在科技人才不足的情况，同时在人才培养上也存在培养机制不够完善、缺少多层次性的问题，尤其在打造人才团队和培养创新性人才上缺乏精神动力的注入，企业团队的“软实力”还有待提高。我们应借鉴日本培养科技人才的经验，重视对员工的技术培训，开展多层次的职业培训和技能培训，培养员工在工作中精益求精的“工匠精神”，以提高企业员工的整体素质和从事多项工作的能力。同时，在企业团队的建设上，我国企业应注重在企业内部形成上下趋同、目标一致的命运共同体格局，培养员工的“团队精神”和对企业的归属感，较好地将企业的“以人为本”与员工的“以企业为家”相统一，在实现企业和员工共同发展的同时提升企业的软实力，这将有助于为企业培养科技人才并留住人才，共同推进我国企业的发展和科技水平的提高。

# 第八章　促进中小企业现代化的启示与路径选择

本章提出实现中小企业现代化是日本“国民收入倍增计划”的核心内容之一，日本中小企业现代化的发展历程、政策体系、法律法规及其实施路径对我国中小企业现代化发展具有重要的启示意义。本章首先分析了20世纪50年代日本经济所面临的问题以及中小企业的发展状况，指出了中小企业现代化发展对当时日本经济发展的重要性；其次阐明了60年代“国民收入倍增计划”中实现中小企业现代化的构想、制定的重点对策和相关法律法规，并着重剖析了该计划的实施路径；最后通过分析70年代中小企业基本实现现代化后在缩小与大企业的差距、提升企业技术创新能力、提高企业经营绩效等方面所取得的成效，旨在为我国中小企业现代化发展提供可借鉴的路径选择和启示。

## 第一节　中小企业现代化的必要性

实现中小企业现代化发展是中小企业向现代企业转型、经济发展到更高文明阶段的必然过程，对于推动经济发展、提升企业的国际竞争力具有重要的作用。日本在从20世纪50年代中期开始强调中小企业现代化发展的必要性，在60年代初即把中小企业现代化发展列为“国民收入倍增计划”的核心内容之一并付诸实施。在20世纪70年代，日本已初步实现现代化，形成了具有特色的中小企业现代化的发展模式。日本中小企业现代化发展历程、政策体系、法律法规以及实施路径对我国中小企业现代化发展具有重要的启示意义，对其成功的经验进行研究有利于我国加速推进中小企业现代化发展的进程，有利于推动我国经济的稳定增长和持续性发展。

## 一、研究综述与述评

日本中小企业早在20世纪70年代末就已基本实现了现代化，我国诸多学者对日本中小企业现代化进行了研究，力图借鉴其经验以推动我国中小企业现代化发展。童言(1983)从机械设备现代化、技术水平现代化、经营管理合理化三个方面叙述了日本如何促进中小企业实现现代化，认为主要是由于日本政府设立了专业机构，制定了推动中小企业现代化发展的主要法规，并实施了一系列金融和税收等领域的优惠和资助制度，这些措施相辅相成地推动了中小企业现代化目标的实现。① 杨庆文(1984)表明从20世纪60年代起，日本政府为适应经济的高速增长，制定了相关的方针、政策和措施来促进中小企业实现现代化，并且取得了一定的成效，推进了社会经济现代化的进程。任文侠(1986)回顾了日本中小企业各发展阶段的现代化道路，根据各个阶段的不同经济状况及相应的政策措施，指出技术革新、改善经营和企业家素质是推动中小企业实现现代化的重要因素。石英(2000)也认为日本中小企业现代化的实现得益于日本政府所采取的扶持政策，其阐述了从20世纪50年代中期开始的现代化政策，包括促进设备、技术、经营管理现代化和企业组织现代化，扶持中小商业现代化和企业信息现代化等政策。② 张西虎(2005)则认为中小企业的一系列立法对实现中小企业现代化起到了促进作用，同时阐述了日本国民经济恢复时期和高速增长时期扶持中小企业的相关法规，指出日本完备的中小企业法规体系在中小企业现代化的进程中起了十分关键的作用。③ 段平方、宋明佳(2013)的研究表明，通过系列化发展，大企业向中小企业供应设备、委派专业技术人员和现代管理人员，同时政府通过金融政策向中小企

---

① 童言：《日本是怎样促进中小企业现代化的?》，载《经营与管理》1983年第6期，第62~64页。

② 石英：《日本中小企业现代化政策的研究》，载《现代日本经济》2000年第3期，第38~40页。

③ 张西虎：《日本经济立法对中小企业现代化的作用》，载《陕西师范大学学报》(哲学社会科学版)2005年第51期，第395~397页。

业放贷，改善其融资环境，使中小企业在现代化进程中顺利发展。①

促进中小企业现代化是日本“国民收入倍增计划”的重要环节之一。研究“国民收入倍增计划”的学者也关注了计划中促进中小企业现代化的相关举措。魏斯华(1980)在“国民收入倍增计划”的研究中指出，在经济高速增长和工业结构现代化的进程中，要充分考虑中小企业的作用与发展。由于这些企业现代化水平低，与大企业相比，附加价值生产率和工资方面的差距仍然很大，为提高生产力，中小企业必须尽快适应现代化。征帆(1980)则认为在计划期间日本中小企业能实现现代化是因为得到了政府和大企业在技术、资金和经营管理方面的扶持。郭士信(1986)则提出“倍增计划”能有效解决企业之间的二重结构问题，在企业组织高度化、经济高速发展的前提下，企业之间规模结构的不同，使中小企业在生产力和工资方面都不如大企业且存在很大差距，为了缩小这种差距，必须帮助中小企业向现代化发展。

日本中小企业在其国民经济中占有举足轻重的地位，日本学者很早就已开始关注中小企业现代化的发展问题，通过大量调研和研究，得出了有利于中小企业现代化发展的相关建议。学者金子精次(1968)关注到日本企业“二重结构”的问题，提出在开放体制下提升大企业国际竞争力的同时，也要通过促进金融、税制措施的实施，实现资本装备现代化来消除中小企业现代化的障碍。中囿、桐代(1989)指出中小企业现代化政策是日本经济政策的重大课题，为缩小企业之间差距、提高落后企业的生产效率，中小企业的现代化发展是必需的。② 寺冈浩(1995)介绍了《中小企业现代化促进法》的确立过程，指出发展中小型企业现代化计划符合实际情况，促进中小企业现代化顺利实施，也有利于国民经济的稳定发展。③ 寺冈浩(2001)系统研究了日本“二战”前、“二战”中和“二战”后的中小企业政策，表明现代化政策的实施使中小企业在日本不断变化的经济形势中得

---

① 段平方，宋明佳：《日本国民收入倍增计划的经验及对中国的启示》，载《改革与战略》2013年第11期，第112~116页。

② 中囿，桐代：「中小企業政策における協同組合の位置づけに関する一考察」，『社会教育研究』(9)，1981年1月，53-62ページ。

③ 寺冈浩：「中小企業政策と助成制度ー日本型モデルをめぐって」，『中京経営研究』11 (1)，2001年9月，123-148ページ。

到成长，中小企业现代化促进了日本国民经济的健康发展并维持了国民生活的稳定。黑濑直宏(2011)在文中言及非现代化的中小企业广泛存在，现代化大企业与中小企业之间差距较大，形成了二重结构，大企业对中小企业的剥削使中小企业遭遇困境。① 河崎亚洲夫(2003)则表明为消除二重结构，加强日本的产业结构和国际竞争力，促进中小企业的成长和发展、实现中小业现代化是日本当前的必要任务，因此有必要制定与中小企业发展相关的法规及政策。② 山田宏(2013)在对中小企业政策变迁的研究中表明，《中小企业基本法》中的现代化、高度化政策缩小了现代化大企业与中小企业的差距，是在经济高速发展时期实施的促进中小企业现代化的有效政策。③ 光弘町(2016)指出中小企业与大企业之间形成的二重结构，是附加价值生产率的差距和资本集约度的差距。

如上所述，关于这一课题，我国学者和日本学者已经有不少研究成果，④ 本书在前人研究成果的基础上，以经济史的视角，宏观上聚焦于20世纪50—70年代日本经济社会的发展状况以及促进中小企业现代化发展的相关政策和法律法规，微观上聚焦于中小企业现代化发展的企业附加价值生产率、技术创新能力以及经营绩效等具体数据的比较，试图将宏观分析与微观比较进行有机结合，得出可供我国借鉴的政策建议。

## 二、20世纪50年代日本经济和中小企业的发展

### (一)二元经济结构的显著性

经过了“二战”后的经济复兴期，1955年日本人均GDP恢复到了战前

---

① 黑濑直宏：「戦後復興期の中小企業問題」，『嘉悦大学研究論集』53(2)，2011年3月，93-111ページ。

② 河崎亚洲夫：「中小企業問題性論・活力論・二面性論：日本中小企業の本質論的・理論的研究の推移」，『四日市大学論集』16(1)，2003年9月，25-57ページ。

③ 山田宏：「中小企業政策は何を目的とするのか– 中小企業政策とその思想の変遷」，『経済のプリズム』，2013年2月，109ページ。

④ 刘绮霞，李盼盼：《战后日本中小企业的转型与现代化发展研究》，《世界近现代史研究》第十四辑，社会科学文献出版社2017年版，第62页。

的水平，1958—1959 年的进出口也达到了战前的水平，整体而言，在 20 世纪 50 年代的前半期，日本经济几乎已经恢复到了战前的水准。在经济恢复的过程中，中小企业和大企业之间的劳动生产率、资金、技术以及资金筹措等方面的差距明显扩大。1957 年的《经济白皮书》指出了日本经济中存在“二元经济结构”问题：一边是现代化的大企业，另一边是仍然不具有现代化劳资关系的小企业以及由家族经营的微小企业和农户，它们处于两极分化的状态，在技术水平和工资方面存在着显著的差距，也没有消除二元的阶层结构。

大企业和中小企业间存在的差距，在日本经济高速增长的前期(1955—1962 年)依然显著。如图 8-1 所示，中小企业的附加价值生产率只有大企业的 46%，工资水平则只有大企业的 53%。

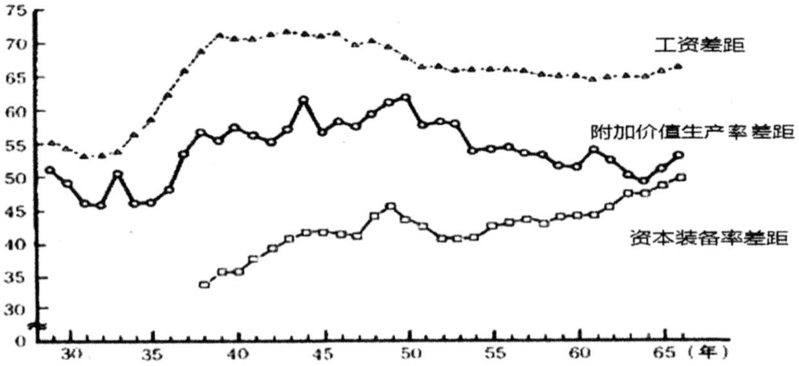


图 8-1　制造业中各种差距的推移状况(把大企业的生产率当作 100 来计算) ①

注：企业员工在 10 人以上、299 人以下的企业为中小企业，300 人以上的企业为大企业。

## (二)产业结构的变化

在经济高度增长的前期(1955—1962 年)，贸易层面上通过提高产品的质量和价格竞争力，工业产品出口日趋增长。这一时期的产业结构也在

① 资料来源：日本通商产业部的《工业统计表》。

发生变化，人力资源从第一产业部门向第二产业部门移动，产值也在发生同样的转变。地区间的移动也在发生，大量的人口从农村向城市移动。另外，在20世纪50年代初，由于这样的人口压力给城市带来了过剩的劳动力，从而产生了低收入劳动者，这也是形成“二元经济结构”的原因之一。但是，由于20世纪50年代在制造业等部门中出现的生产急速扩大吸收了大量劳动力，即使出现了前文所述的人口移动，也还是导致了50年代后期失业率低、对劳动力的需求显著大于供给的状况。

通过附加价值额的比例能看到日本制造业中产业结构的变化，重工业中加工型行业的比例大幅度增加，从以前的以轻工业素材行业为中心转向以重工业的加工型行业为中心。在经济高速增长的过程中，如同“二元经济结构”论中所指出的，大企业和中小企业的附加价值生产率的差距在1960年开始出现缩小的倾向，关于工资的差距以及前文所述的劳动需求过大的现象自1958年开始出现缩小的迹象。①

### （三）20世纪50年代日本中小企业的发展

在日本经济发展的进程中，大企业发挥着重要的作用，大企业的现代化同时牵引和带动了其余部门的现代化进程，提高了各生产部门的生产率。然而，20世纪50年代农业和中小企业在日本经济中占有极大的比重，仅仅依靠大企业的发展无法实现充分就业，“经济二元结构”中中小企业与大企业的差距愈来愈大。

在国民经济中，中小企业占有极大的比例。1960年，日本的中小企业达到320万家，占企业总数(322万家)的99.4%。其中，商业行业175万家，服务行业65万家，制造行业52万家。就从业人员规模来看，从业人数在4人以下的零散企业达到245万家，占比78%。1961年，在中小企业的从业人数高达1466万人，占日本全国从业人数的37%。

尽管中小企业数量和从业人数均极为庞大，但面临的问题也非常显著。第一，中小企业多面临设备陈旧、落后的窘境。由于中小企业的资本乏力，加上银行的融资能力不足，普遍缺乏设备改良的能力。第二，技术

① 刘绮霞，李盼盼：《战后日本中小企业的转型与现代化发展研究》，《世界近现代史研究》第十四辑，社会科学文献出版社2017年版，第63~64页。

水平落后。中小企业既无法简单地从先进国家引入先进设备，也无法实现大企业广泛实施的通过技术移植提高技术水平。第三，中小企业之间的过当竞争阻碍了相互之间的发展。尤其是出口企业主要集中在手工业，手工业尤其行业无秩序发展的问题严重。

在当时的状况下，落后行业若想维持生存，只有通过行业保护和改良两种手段。行业保护在维系行业生存的同时也容易让问题残存，并不能从根本上解决问题，而改良固然会让新旧事物发生碰撞和摩擦，但往往会取得螺旋性上升的成果，有利于从本质上改善和解决问题。实现中小企业的收入倍增，中小企业必然会面对成本上升的压力，但会激发工人的劳动积极性，提高生产效率，从而弥补企业在提高劳动成本上的支出。此外，中小企业的发展还需要借力于生产设备的改造升级和技术水平的提高。

强化中小企业的发展，将其纳入组织化管理的轨道，会带动经济的整体发展。忽视或者拿不出良好的解决办法，使中小企业发展边缘化，将影响经济现代化的步伐。

因此，“国民收入倍增计划”中重要的一环是促进中小企业的发展，认识到其既可以实现社会均衡，也会成为经济的持续性发展不可或缺的要因。具体而言：第一，中小企业的发展有益于扩大出口；中小企业的制品对于原料进口依存度较低的同时，还可以获取较多的外币。而且中小企业的制品多出口到发达国家，在获取美元上起着重要的作用。第二，中小企业与大企业有着互补的作用；据公正交易文员会调查表明，纺织制品的40%、造船机械制品的20%~30%均由中小企业来承担。尤其是造船业跃升为世界第一，而汽车行业也取得了极大的进步，这都与承担各自行业相当比例工作的中小企业的技术进步是密不可分的。各大企业争相将中小企业纳入自己的麾下，并通过提高这些企业的技术能力以提高其自身现代化的进程。第三，中小企业拥有良好的资本效率；相较大企业而言，尽管中小企业在生产性、工资水准、收益率各方面呈现劣势，但在资本的回转率上却远远优于大企业，因此和大企业需要加大投入购买现代化设备以实现增产相比，中小企业在实现相同增产额的条件下需要的投资会大幅度下降。第四，中小企业具有较强的就业吸收能力；“二战”后，日本所增加的大部分就业人口都为中小企业所吸收，而今后依然持续增长的就业人口的大多数依然依靠中小企业来吸收和消化。①

## 第二节　“国民收入倍增计划”中中小企业现代化的实施路径和具体举措

### 一、“国民收入倍增计划”中推进中小企业现代化的构想

#### （一）现代化的必要性

以“国民收入倍增计划”中所预测的产业结构的高度化和发展速度为前提，若考虑计划期间中小企业在国民经济中的地位，可从以下几个方面来阐述：②

第一，中小企业在生产、流动中所占的地位不会发生很大变化。

在机械部门和素材加工部门中，伴随着大规模企业的生产增加、关联的下属承包企业的生产也呈现出扩大趋势，此外在建筑材料部门、消费品部门以及末端流通部门、服务部门中依然有很多的中小企业。通过观察整体的状况，预计零散企业的比重将会降低，中坚企业层的比重将会呈增加的趋势。

第二，计划实施期间，中小企业将维持其在出口方面的主力地位。

尽管中小企业在日本经济中所占的比重较大，但其现代化进程落后，尤其与大企业相比，在生产附加价值和工资方面的差距非常显著，这种现象在欧美先进国家中绝不多见。从今后劳动力的变化来看，中小企业依靠低工资经营的方式将来必然会面临困难，因此有必要加速中小企业的现代化进程以提高其生产率。

① 刘绮霞，李盼盼：《战后日本中小企业的转型与现代化发展研究》，《世界近现代史研究》第十四辑，社会科学文献出版社 2017 年版，第 64~65 页。

② ［日］経済企画庁：『国民所得倍増計画』，大蔵省印刷局，昭和 38 年 3 月，61ページ。

### (二) 目标

中小企业的现代化是以提高企业的生产率为主要内容，在推进中小企业对策之际，以缩小企业间差距、规模的适度化、设备现代化和自身资本的充实、改善环境以及劳动关系的现代化为基本目标。现存的企业间差距的重点是中小企业的差距问题，为解决这一问题，在结构、社会各条件上排除各种障碍是其有效的手段、强力推进实施政策是非常重要的。

中小企业按照各自的行业和事业状态进行合适的规模化，可以说是走向中小企业现代化最集中的方向。因为在各种行业中培育中坚企业，并对小规模或零散企业进行组织化能够在合适的规模化上取得成果，所以有必要通过合适的扶助政策和引导政策在这一方向上作为中小企业对策的一环共同促进中小企业的发展。当然应该预想到，即使考虑到这样的程序，仍然会存在无法实现经济合理性的部门，这就有必要在把社会保障政策作为后援的基础上引导其向生产率高的产业部门转换。

设备现代化是提高生产率的技术条件，必须采取积极的政策。关于这一点最基本的是中小企业自身必须能够通过设备投资、整备，具备资本蓄积的条件。但即使中小企业的设备投资意欲旺盛，也必须看到由于资金调集困难而带来的合理化投资延迟的情况，所以有必要进行面向中小企业现代化的资金层面质的改善、量的扩大，同时中小企业应进行为促进自身资本蓄积的税收制度层面的探讨。

中小企业的问题是由于国民经济循环过程中对于中小企业不利的环境所导致的。为实现中小企业全面发展，首先有必要改善这种环境，消除因企业规模大小而引起的质的差异，这是必须优先解决的问题。

尤其针对中小企业由于劳动力现代化的发展处于滞后的状况，在推动劳资关系的现代化、提高劳动条件、提高技术水平以及增进劳动福利等问题上，必须做到政府和民间处于一致立场才能有效推进。①

---

①　[日] 経済企画庁：『国民所得倍増計画』，大蔵省印刷局，昭和 38 年 3 月，61ページ。

### （三）重点对策

为实现中小企业现代化的目标，有必要按照各自的特质实施按照不同行业、不同地区制定的振兴政策，而其中的重点应该是进行如下的施政政策：

第一，作为资金调节层面的对策，增加面向中小企业的民间贷款以及财政投资、融资的额度，降低利息和扩充强化信用补充制度，保持面向中小企业的金融稳定性，从而推动现代化的进程。

第二，推进不同行业的振兴对策，强化经营技术和劳务管理指导，并促进新技术的企业化、税收负担的合理化，强化职业训练，以及确立广泛领域的职业介绍制度，实现对中小企业的整备。

第三，以中小企业为主体，在政府指导帮助的基础上，相关大企业应合力进行施政，调整合理的业务部门并确立公正的交易关系，促进组织化，开拓出口市场，并有必要促进由专业化而确立的量产体制。

第四，作为诸多施政对象的僵硬的小规模企业有必要从不同的观点来强力推进各项政策。①

## 二、《中小企业基本法》的制定和相关法律支撑

“国民收入倍增计划”认识到中小企业在日本经济成长中的重要性，从 1962 年的相关数据能看到中小企业取得了较大的发展，但仍然存在着中小企业远落后于大企业的发展状况。正如该计划所指出，认识到二元经济结构下存在各种差距的基础上，应该意识到“促进中小企业的成长和发展”“实现国民经济的均衡发展”是当前我们对国民应尽的责任。于是，在计划期间进一步推动了《中小企业基本法》的制定和实施。

首先，认识到为应对此期间中小企业的变化，日本政府已积极实施了相关政策，但鉴于最近围绕中小企业的经济环境发生着越来越激烈的变

---

① ［日］経済企画庁：『国民所得倍増計画』，大蔵省印刷局，昭和 38 年 3 月，62ページ。

化，在以往中小企业政策方向的基础上有必要加强个别实施政策综合性的体系化，并进一步扩充其内容。

其次，在激烈的环境变化中为了给中小企业的企业家指明应该前进的新路，日本政府给中小企业的发展制定了目标："鉴于中小企业应该在国民经济中发挥重要使命的地位，随着国民经济的增长和发展，有必要在改善制约中小企业发展的经济和社会环境的同时，推动中小企业企业家自身的努力，以缩小企业间在劳动生产率等方面差距的同时，进一步提高中小企业的生产率并改善交易条件为目标，实现中小企业的成长和发展，也将有助于提高中小企业从业人员的经济和社会地位"，为达成以上目标，日本政府规定了综合实施政策体系的基本方向，并于1963年7月制定了《中小企业基本法》。

再次，在《中小企业基本法》中，第1条就指出中小企业政策的目标是"按照国民经济的增长和发展，实现中小企业的发展，同时提高在中小企业中工作的劳动者的经济和社会地位"。并且，为了达成这个目标，"为能缩小企业间存在的劳动生产率等诸方面的差距，有必要提高中小企业的劳动生产率和交易条件"，此时的政策态度是"在纠正中小企业由于经济和社会上的限制所带来的不利条件的同时，应该提高中小企业家自主的努力意识"。另外，具体而言，作为国家应该施政的部分，大致表现在"中小企业结构的高度化""纠正事业活动的不利条件"以及"小规模企业的发展对策"等诸多方面。

此后，日本的中小企业政策都按照《中小企业基本法》中所体现的思路制定且实施下去，并以此法律为依据，先后出台了《中小企业现代化促进法》《中小企业现代化资金补助法》《中小企业高度化资金融通特别会计法》《中小企业指导法》《部分修正中小企业信用保险法的法律》《中小企业投资培育股份公司法》《部分修改设置通商产业部和中小企业厅法的法律》等相关的重要法律。①

① 刘绮霞，李盼盼：《战后日本中小企业的转型与现代化发展研究》，《世界近现代史研究》第十四辑，社会科学文献出版社2017年版，第67~68页。

## 三、中小企业现代化的实施路径

依照《中小企业基本法》和相关的法律法规，日本中小企业在现代化进程中具体的实施路径如下：①

第一，提高中小企业生产力最大的支柱是推动设备的现代化。由于财政投资和融资大幅度的扩充，使政府相关的金融机构能顺畅地提供设备资金，补助了41亿日元(1962年度为35亿日元)作为设备现代化资金的贷款，与各都道府县的转入金合在一起进行了总额为114亿日元(按照1962年的实绩约为90亿日元)的无利息借贷。另外，为顺利推动中小企业设备的现代化以及工厂、店铺集团化所必要的资金的融通，在中小企业信用保险上创设了新的现代化保险制度，通过中小企业信用保险金库对信用保证协会实施1亿日元的现代化特别借贷等措施强化了设备现代化的推进势态。

第二，推动生产力提高的不可欠缺的要素是提高技术并实现合理化经营管理。因此，在创设新的在中小企业中培养技术人员和经营管理人才的研修制度的同时，作为政府出资建立的特殊法人——日本中小企业指导中心拿出约5.8亿日元(1962年为4.3亿日元)的预算，意图强化其并扩充对中小企业进行诊断和指导的职能。

第三，为实现中小企业结构的高度化，有效率且有计划地推动现代化的进程，有必要按行业制定现代化的计划，建立设备现代化的补贴赔偿制度(减税预定的最初年度为10亿日元)。在设立与合并以及共同出资相关的纳税特例措施等税制和资金面上综合资助的同时，特别为资助中小企业商业用设施的共同化，协助工厂、店铺集团化等的合作化，新创设了中小企业高度化资金借贷制度，由国家给各府县提供了23亿日元的贷款(1962年的12亿日元)，与各府县的转入金合在一起进行了总额约51亿日元(1962年约为27亿日元)的无利息借贷。

第四，强化小规模企业企业家的经营能力和应对新形势的适应力。对

① 刘绮霞、李盼盼：《战后日本中小企业的转型与现代化发展研究》，《世界近现代史研究》第十四辑，社会科学文献出版社2017年版，第68~70页。

于商工会、商工会议所等宣传普及经营改善理念的部门，给予增至约11.8亿日元的补助金(1962年约为10亿日元)，在进一步充实资金的同时，为提高小规模企业从业人员的生活水平，提高家庭专职人员扣税额度(最初年度的减税预定额为5亿日元)，降低小额信用保险的费用率，通过增强国民金融公库等政府相关金融机构的资金，从税收和金融层面强化了顺利进行融资的补助措施。

第五，为充实中小企业自身的资本，设立了新的中小企业专业投资机构。在东京、名古屋以及大阪成立了中小企业投资培育股份公司，日本政府通过中小企业金融公库出资6亿日元，并进一步实施了减轻同类公司保留金纳税额度的措施。

第六，为进一步推动面向中小企业的金融措施，对中小企业金融公库、国民金融公库以及商工工会，中央金库出资6亿日元，融资1 277亿日元(1962年的出资为20亿日元，融资1 105亿日元)，并为了满足年末的资金需求，对这些机构追加了350亿日元的融资，在增强资金源的同时购买了市面上金融机构所持有的350亿日元的金融债务。同时为了充实信用补充制度，对中小企业保险金库出资一般会计名目的30亿日元(1962年的25亿日元)，扩充了融资基金。

第七，为确保中小企业发展所需的劳动力，在扩充并强化职业介绍、职业训练业务的同时力图缩小中小企业从业人员与大企业员工在福利水平上的差距。主要推动了最低工资制度的普及、扩大以及质量上的充实，推进了劳务管理的现代化，努力推进社会保险制度的适用性，并对中小企业退休补助事业团提供了2.7亿日元(1962年度1.9亿日元)的补助。另外，设置福利设施的资金分别从产业劳动者住宅资金、福利年金和国民年金公积金、还原融资以及促进雇佣事业团融资进行了融资，总额为168亿日元(1962年面向中小企业的融资实绩为106亿日元)。

此外，日本还推进了中小企业经营者的组织化，确保中小企业的产品获得政府订货的机会，并通过振兴出口、转包交易的合理化、调整事业活动、充实调查报告、整备行政组织等措施积极展开和实施了中小企业各项必要的政策。

# 第三节　日本中小企业现代化发展的实绩及经验借鉴

## 一、日本中小企业现代化发展的实绩及成效

### (一)实绩

20 世纪 50 年代中期到 70 年代初期是日本经济高速增长时期，这一时期是日本基本完成工业化和现代化的重要时期，也是中小企业现代化发展的重要时期，该时期中小企业发展不仅表现为数量增长，还表现为中小企业现代化成分增加，即中小企业法人化速度高于个人企业增长速度。① 从非农林业中小企业的法人企业增长速度来看，1959 年比 1956 年增长 25. 31%，1962 年比 1959 年增长 22. 35%，1965 年比 1962 年增长 20. 67%，1968 年比 1965 年增长 19. 26%，1971 年比 1968 年增长 17. 82%，1974 年比 1971 年增长 22. 11%，个人企业同期增长速度分别是 1. 28%、-2. 82%、5. 29%、15. 17%、7. 54%和 1. 51%。② 法人中小企业的快速增长表明日本中小企业组织的现代化进程加快，同时也标志着中小企业逐步达到现代企业的水平。

尤其在经济高速增长的后期(1963—1972 年)，为了解决中小企业面临的问题，促进中小企业现代化发展，如前文所述日本政府于 1963 年 7 月公布了《中小企业基本法》以及相关辅助政策，各种中小企业法律的制定和辅助政策的出台，有力地促进了中小企业现代化发展。1963 年，日本共有中小企业 388. 18 万家，从业人员 2 122. 52 万人(包括农业以外的所有产业)，占农业以外的所有产业合计企业数的 99. 6%和 77. 9%，其中制造业中中小企业共有 50. 96 万家，从业人员 623. 8 万人，

---

① 个人企业是日本中小企业群体中数量最大的部分。相对于法人企业而言，个人企业在组织化规模上比较小，属于零散的小企业群体。个人企业被一些经济学者视为比法人企业形态落后、非现代化、传统的企业形态。

② [日]清成忠男：《创新，中小企业优越的时代》，东洋经济新报社 1996 年版，第 50~62 页。丁敏，井如鹏：《日本中小企业研究》，世界经济出版社 2012 年版，第 10 页。

创造产值 11.86 兆日元，如表 8-1 所示，分别占制造业全体成员的 99.4%、69.4%和 50.3%。至 1972 年，日本中小企业增加至 580.33 万家，从业人员 3 040.05 万人，占农业以外的所有产业合计企业数的 99.5%和 78.4%，其中中小企业制造业共有 78.86 万家，从业人员 920.92 万人，创造产值 41.46 兆日元，如表 8-1 所示，分别为全部制造业的 99.4%、69.5%和 51.2%。①

表 8-1　**日本制造业中小企业的发展状况②**

| 年份 | 企业数 | | 从业人员 | | 总产值 | |
|---|---|---|---|---|---|---|
| | 总量(万家) | 比重(%) | 总量(万人) | 比重(%) | 总量(兆日元) | 比重(%) |
| 1955 | 43.10 | 99.6 | 402.5 | 73.0 | 3.79 | 56.1 |
| 1960 | 48.42 | 99.4 | 568.0 | 69.5 | 7.61 | 48.9 |
| 1962 | 48.89 | 99.3 | 610.5 | 67.9 | 10.12 | 48.4 |
| 1963 | 50.96 | 99.4 | 623.8 | 69.4 | 11.86 | 50.3 |
| 1965 | 55.45 | 99.4 | 683.0 | 68.8 | 14.73 | 49.9 |
| 1970 | 64.86 | 99.3 | 788.2 | 67.5 | 33.73 | 48.9 |
| 1972 | 78.86 | 99.4 | 920.9 | 69.5 | 41.46 | 51.2 |
| 1973 | 70.41 | 99.4 | 825.4 | 69.7 | 54.02 | 52.3 |

如表 8-1 所示，显然在经济高速增长的后期，日本中小企业不仅在数量上显著增加，而且对整个经济的贡献度呈明显上升趋势。这一时期中小企业的设备更新改造得到了加强，不仅提高了中小企业的生产技术水平，而且使中小企业更加趋于专业化生产，产品质量得到进一步提高，各行业领域都产生了核心企业，③ 这是中小企业走向现代化的标志之一。这部分

① 王振，孙林，虞震：《中小企业：日本经济活力的源泉》，上海财经大学出版社 2003 年版，第 11 页。

② 资料来源：日本经济产业省《工业统计表》；王振、孙林、虞震：《中小企业：日本经济活力的源泉》，上海财经大学出版社 2003 年版。

③ 所谓中坚企业，是由中小企业成长起来的，其规模仅次于大企业，具有较强的经营能力，是一个收益率很高和高附加值化的中小企业。

核心企业从根本上改变了中小企业普遍落后的状况，清晰反映了社会分工的进一步强化和专业领域的多样化，佐证了高度工业化和中小企业现代化是可以并存的。

### (二)成效

从20世纪50年代中期提出实现中小企业现代化的目标以来，日本通过优化人力资本结构、提高技术创新能力、政府在财政金融方面扶持政策和企业间专业化协作等路径选择，在20世纪70年代基本实现了中小企业现代化。中小企业的现代化发展，显著缩小了其与大企业之间的差距，优化了产业结构，提高了企业的附加价值和劳动生产率，使中小企业在日本经济中的地位和作用得到了提升。① 主要成效体现在以下三个方面：

1. 缩小了中小企业与大企业之间的差距

如前文所述，日本的“二元经济结构”是日本学者长期争论和研究的焦点，也是日本政府在实施“国民收入倍增计划”中力图解决的问题，其中缩小中小企业与大企业之间的差距，是日本政府提出中小企业现代化目标时所要达到的基准之一。日本企业的“二重差距”主要表现为中小企业与大企业在生产率上的差异，而劳动生产率是反映企业生产率水平的重要指标之一。图8-2所示的主要是进入经济高速增长的后期(1963)大企业与中小企业在工资水平、固定资产装备率和劳动生产率上的差距变化。

由图8-2可知，20世纪60年代以后中小企业工资水平的提高幅度较大，相当于大企业工资水平的60%左右，由于收入倍增计划的实施和工资刚性的原因，工资水平曲线较为平稳；附加价值生产率与大企业的差距有所缩小，在1960年以后基本保持在50%上下的水平；资本装备水平从1963年起大幅度提高，从33%上升到20世纪70年代的45%左右。整体而言，20世纪六七十年代中小企业在工资水平、附加价值生产率、资本装备水平上都有了较大幅度的提高，缩小了与大企业之间的

① 刘绮霞、李盼盼：《战后日本中小企业的转型与现代化发展研究》，《世界近现代史研究》第十四辑，社会科学文献出版社2017年版，第72~73页。

差距。

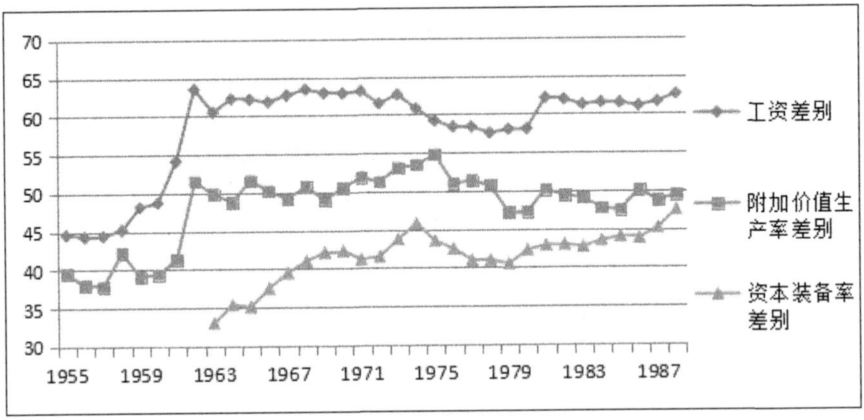


图 8-2　大企业与中小企业差距变化趋势图①

注：①关于工资差别、附加价值生产率差别，从业人员在 1 人以上、299 人以下为中小企业，300 人以上为大企业。

②关于资本装备率差别，从业人员在 10 人以上、299 人以下为中小企业，300 人以上为大企业。

③附加价值生产率＝附加价值额/从业人员数。

④资本装备率＝有形固定资产/从业人员数。

⑤把大企业的生产率看作 100 来计算。

2. 提升中小企业的技术创新能力

中小企业的技术进步主要通过技术引进和自主研发两种方式来实现。日本中小企业发展初期技术基础薄弱，《日本中小企业白皮书》调查显示，有 75%的中小企业引进技术是为了提高自身的技术水平，有 36. 9%的企业由于自身缺乏技术积累而引进技术，如表 8-2 所示，因此，日本中小企业发展初期主要依靠从外部引进技术来提高技术水平，并且技术引进单位主要是机械设备厂商和同行业的中小企业和大企业。

① 资料来源：孙川：《日本中小企业与大企业关系研究》，人民出版社 2006 年版；经济产业省《工业统计表》。

表 8-2 **日本中小企业引进技术的目的和引进单位①** （单位：%）

| | 项目 | 比率 | | 项目 | 比率 |
|---|---|---|---|---|---|
| 引进目的 | 提高自身技术水平 | 75.0 | 引进单位 | 机械设备厂商 | 36.0 |
| | 没有技术积累 | 36.9 | | 同行业中小企业 | 27.9 |
| | 母公司要求 | 27.1 | | 同行业大企业 | 25.6 |
| | 节约研究开发投资 | 15.0 | | 其他行业中小企业 | 19.7 |
| | 缩短研究开发时间 | 10.6 | | 其他行业大企业 | 10.8 |
| | 避免知识产权纷争 | 3.9 | | 外国企业 | 8.9 |
| | | | | 大学国公立研究机构 | 7.7 |
| | 其他 | 5.6 | | 民间专业研究机构 | 6.9 |
| | | | | 其他 | 5.7 |

随着产业结构的进一步升级、技术细分化和复合化，以及社会消费需求多样化，市场对中小企业技术开发和创新能力的要求也随之提高，从而促使中小企业致力于自主新产品开发和新技术创新，以增强中小企业的技术水平和创新能力。如图 8-3 所示， 中小企业在 1955—1972 年的技术引

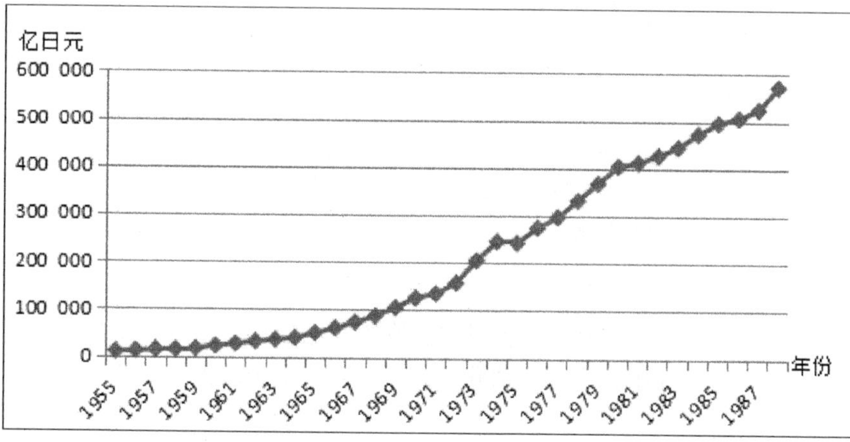


图 8-3 日本中小企业的技术引进数及研发经费占销售额的比例一览②

① 资料来源：日本经济产业省中小企业厅，《中小企业白皮书》，1985 年。
② 资料来源：日本经济产业省中小企业厅，《中小企业白皮书》。

进数逐步上升，而研发经费占企业销售额的比例从 20 世纪 60 年代中期开始呈现大幅度的提升，这表明在中小企业现代化发展过程中，技术水平尤其是自主研发的创新能力得到了显著提高。①

3. 提高中小企业的经营绩效

企业生产产值、销售额和附加价值是中小企业现代化发展过程中企业经营绩效的指标。图 8-4 描述了日本中小企业产值（销售额）变化趋势，中小企业产值整体呈上升趋势，由 1955 年的 37. 95 千亿日元增加到 1972 年的 306. 43 千亿日元，1972 年以后中小企业产值的增长速度加快并保持了较为稳定的发展态势，表明中小企业现代化成效已经凸显。

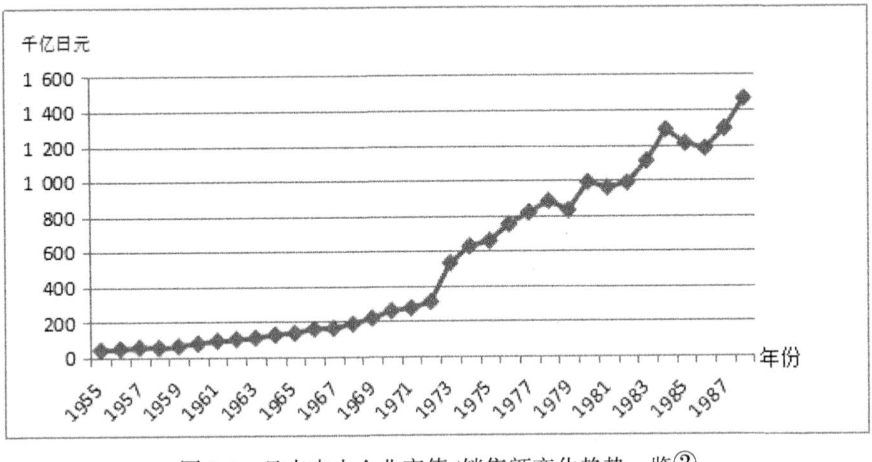


图 8-4　日本中小企业产值/销售额变化趋势一览②

注：中小企业按员工人数在 1~299 人的概念统计，1981 年起中小企业只统计员工人数在 4 人以上的企业。

图 8-5 描述了日本中小企业附加价值的变化趋势，在技术密集型和知识集约型发展要求中，高附加值化是现代企业发展追求的目标之一。中小

① 刘绮霞，李盼盼：《战后日本中小企业的转型与现代化发展研究》，《世界近现代史研究》第十四辑，社会科学文献出版社 2017 年版，第 74 页。

② 资料来源：各年度日本经济产业省《工业统计表》；日本经济产业省中小企业厅，《中小企业白皮书》。

企业现代化发展的侧重点是企业高质量化发展，产品从低附加价值向高附加价值转变，适应产业结构调整需求。由图 8-5 可知，中小企业附加价值呈持续上升趋势，从 1955 年的 10 855.18 亿日元上升到 1972 年的 157 255.16 亿日元，17 年间增长了近 15 倍。由此可知，日本中小企业的发展取得了显著的成效，现代化的发展提高了中小企业的产品质量，增强了中小企业的国际竞争力，为达到国内外市场的要求，必须调整产业结构，并通过价值链升级实现产业升级。①

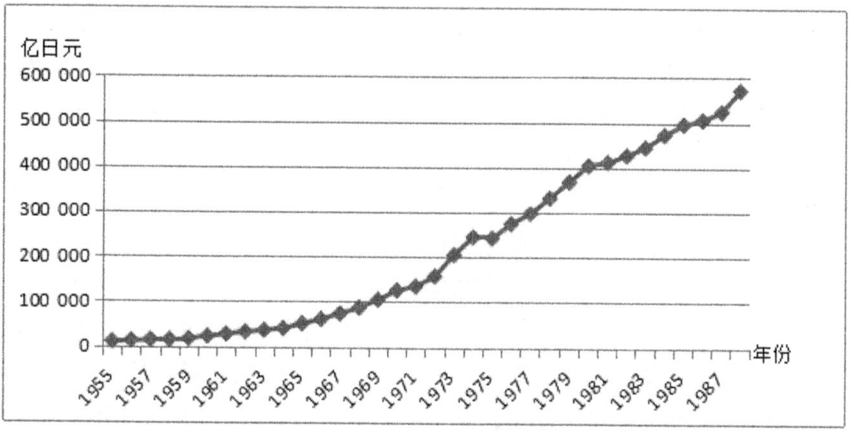


图 8-5　日本中小企业附加价值变化趋势一览②

## 二、推动我国中小企业现代化发展的经验借鉴分析

### (一)日本中小企业现代化发展的成效及经验

综上所述，针对 20 世纪 50 年代日本经济存在的“经济二元结构”以及大企业和中小企业之间的二重差距问题，日本政府提出了促进中小企业

① 刘绮霞，李盼盼：《战后日本中小企业的转型与现代化发展研究》，《世界近现代史研究》第十四辑，社会科学文献出版社 2017 年版，第 75~76 页。

② 资料来源：各年度日本经济产业省《工业统计表》；日本经济产业省中小企业厅，《中小企业白皮书》。

现代化发展的目标，并将其作为20世纪60年代实施的“国民收入倍增计划”中的重要一环，通过一系列重点对策和法律法规的制定，以及加大政府的财政投入、金融支持、人力资本投入，建立中小企业指导机制和社会服务体系等路径付诸实施，在20世纪70年代日本基本实现了中小企业现代化。

日本通过中小企业的现代化发展，缩小了其与大企业之间的差距，优化了产业结构，提高了中小企业的附加价值和劳动生产率，并进一步提高了其自主创新能力和经营绩效，使中小企业在日本经济中的地位和作用得到了显著提升，增强了其在国际市场上的综合竞争力。中小企业现代化的实现既推动了其社会的均衡发展和成功转型，也成为日本经济持续性发展不可或缺的要因。

### (二)我国中小企业现代化发展的必要性及所面临的问题

当前我国的经济处于新常态的稳定增长时期，中小企业将是促进我国发展、维持社会稳定、优化产业结构、促进产业升级的重要基础力量。推动中小企业的现代化发展，缩小大企业与中小企业的二元差距，将成为促进我国经济稳步增长的新引擎。推动中小企业现代化发展，努力缩小大企业与中小企业之间的收入差距，是中小企业的发展思路之一。李克强总理针对我国中小企业的发展部署了一系列改革政策，旨在促进中小企业发展，推动实现“中国制造2025”的伟大目标。①

如表8-4所示，从我国中小企业发展现状来看，目前我国中小企业数量占全国企业数量的比例已超过99%，GDP贡献率高达60%以上，对税收的贡献超过50%，为城镇提供了80%的就业岗位，新产品开发达到82%；从中观视角来看，信息传输、软件和信息技术服务业，制造业，批发和零售业是我国中小企业发展势头强盛的三大行业；仅从工业层面来看，截至2014年，规模以上工业中小企业有36.8万家，占规模以上工业企业的97.4%，遍及全部工业41个大类企业和全国31个地区，全部中小企业资产合计506 410.28亿元，实现利润41 804.11亿元，中小企业是我

① 刘绮霞，李盼盼：《战后日本中小企业的转型与现代化发展研究》，《世界近现代史研究》第十四辑，社会科学文献出版社2017年版，第77页。

国主要的市场主体，为我国经济发展作出了巨大贡献；从企业类型来看，我国中小企业大致包括以下类型：乡镇企业、民营科技企业、城镇集体企业、国有中小企业、个体私营企业和外资、三资企业等，其中乡镇企业和民营高科技企业发展最为迅速，已经成为国民经济新的经济增长点。

地区分布非均衡性和发展水平差距较大是我国中小企业的两大显著特征，大部分集中在北京、上海和广东等经济较为发达的地区，据《中国中小企业年鉴》统计，东部地区的中小企业数量占比接近60%，中部地区和西部地区分别占比20%和10%，东北地区则不到10%。由于各地区自然环境、资源禀赋和比较优势差异明显，各地区中小企业发展水平差距较大。

表8-4　**2014年规模以上工业中小型企业各项经济指标占全部比重①**

| 指标名称 | 规模以上工业企业 | 中小企业 | 中小企业占规模以上工业比重(%) |
|---|---|---|---|
| 企业数量(万个) | 37.8 | 36.8 | 97.4 |
| 资产合计(亿元) | 956 777.2 | 506 410.3 | 52.9 |
| 主营业收入(亿元) | 1 107 032.5 | 670 286.8 | 60.5 |
| 利润总额(亿元) | 69 154.9 | 41 804.1 | 60.4 |
| 出口交货值(亿元) | 118 414.3 | 51 116.5 | 43.2 |

表8-5表明我国中小企业在整个国民经济中占有重要地位，是国民经济的重要组成部分，也是我国经济增长的重要动力。但中小企业在现代化发展过程中仍然面临着资金、技术和投入要素等诸多问题，主要表现在以下几个方面：

第一，融资困难是阻碍中小企业现代化发展的主要因素。有统计资料显示，我国87%的中小企业发展所需资金主要源自于自有资金，只有24%的中小企业从银行获取贷款，13%的企业以民间集资方式获取资金。

① 数据来源：《2015年中国工业统计年鉴》。

中小企业资产规模小，风险承担能力相对较弱，而且资信水平较低，财务制度不健全，经营运作不规范，因此，金融机构对中小企业的信用评估等级较低，“惜贷”现象严重，从而导致中小企业融资困难。另外，我国鲜有专门服务于中小企业的金融机构，且其他金融机构和证券机构对中小企业的服务网络系统不健全，一方面，中小企业信用担保体系不完善；另一方面，直接融资体系发展相对滞后，一级市场对中小企业的约束条件严格，导致中小企业直接融资渠道受限，主要依赖信用融资和抵押融资。

表 8-5 **2014 年各地区中小企业主要指标占区域内规模以上工业企业比重①**

（单位：%）

| 地区 | 企业数量比重 | 资产规模 | 主营业务收入 | 利润总额 | 税金 | 出口交货值 |
|---|---|---|---|---|---|---|
| 全国 | 97.3 | 52.0 | 60.2 | 60.7 | 48.9 | 42.9 |
| 东北 | 98.0 | 49.3 | 65.1 | 64.9 | 40.6 | 57.5 |
| 东部 | 97.3 | 53.2 | 59.4 | 59.3 | 53.4 | 44.0 |
| 西部 | 96.8 | 51.2 | 56.2 | 51.8 | 40.1 | 22.0 |
| 中部 | 97.6 | 50.6 | 63.1 | 70.0 | 50.2 | 40.1 |

第二，技术创新能力不足。中国中小企业协会调查显示，目前仍有26.86%的中小企业认为“技术创新平台建设不完善”是制约中小企业技术创新的一大主因，26.86%的中小企业认为“信息传递不顺畅”制约了其技术创新活动。这说明我国尚未完善的中小企业技术创新平台和高昂的信息成本制约了中小企业创新活动的开展，不利于中小企业向科技型和现代化方向过渡发展。

第三，从业人员总量大，但人才份额小。我国中小企业员工总量占全国从业人员的75%以上，但人才份额小，人才储备量低于中小企业发展所需的人才规模。国家中小型企业发展战略中心对156家企业的调查结果显示：具有大专及以上学历的人员共计4 235人，占全部企业总人数的

① 数据来源：《2015 年中国工业统计年鉴》。

9.6%，其中，技术人员中大专及以上学历人员有2 097人，占企业大专以上学历人员总数的49.5%。另据有关资料统计，全国大型企业每百名职工中拥有的大专以上学历人员为10.46人，中小企业仅2.96人，只相当于大型企业平均水平的28%。① 综合来看，目前我国中小企业人才规模呈现出从业人员总量大，但人才总量少的特点，人才比例严重失衡，技术人才和高端人才需求缺口较大。

第四，要素制约凸显，面临转型困局。国际市场复苏迟缓，国内市场需求萎靡，开放、绿色、创新、共享、和谐的发展理念成为全球发展共识，这既为我国中小企业的转型升级创造了良好契机，也提出了紧迫的客观要求。但由于融资困难、人才匮乏、环境恶化和创新能力不足导致资本、劳动力和技术等要素制约日益凸显，“三期叠加”②阵痛在短期内依然存在，中小企业急需进一步加快转型升级的步伐。

### (三)经验借鉴及政策建议

如前文所述，日本在“国民收入倍增计划”中促进中小企业现代化发展的相关政策，涉及法律、金融、税收和服务等各个领域，形成了一个系统的现代化发展体系，为日本中小企业的现代化发展奠定了坚实的基础。因此，依据我国经济及中小企业的发展现状，有必要借鉴日本中小企业现代化发展的成功经验，可以从以下几个方面着手为我国中小企业现代化发展提供政策及建议。

第一，完善配套的法律法规体系和组织结构。

日本中小企业之所以能够顺利实现现代化，主要是设立了与其发展相适应的法律体系，同时有特定的行政机构依法实施，优化了中小企业发展的外部环境，是中小企业成长的制度保证。因此，我国为促进中小企业现代化发展，也应建立完善的中小企业法律体系，只有法律法规健

① 罗捷：《中小企业人力资源管理问题与对策研究》，载《广西大学学报》(哲学社会科学)2007年第12期，第105~106页。

② “三期叠加”最早来自于新华社一篇关于十八大以来习近平关于经济工作重要论述的文章，这篇文章中提及以习近平总书记为核心的党中央对经济形势做出了经济增长速度换挡期、结构调整阵痛期、前期刺激政策消化期三期叠加的重要判断。

全，所有扶持中小企业现代化发展的机构设置、政策制定才能找到相应的法律基础，才能保证现代化发展的连续性和稳定性。首先，加强法治环境建设。将保护扶持中小企业的意识，通过立法上升为国家法律，政府再依法制定政策，采取措施。其次，加强政策配套。相关职能部门和省级的实施细则要跟上法律的落实，努力健全完善促进中小企业发展的法律体系。

根据日本的经验，结合近几年我国扶持中小企业发展的实践，根据《中华人民共和国中小企业促进法》和《关于鼓励支持和引导个体私营等非公有制经济发展的若干意见》，从引导中小企业创立、资本积累、利用盈利再投资、鼓励技术创新等各个角度，在对各级政府现有的规章、政策规定进行梳理的基础上，围绕破解中小企业发展难题，进一步补充完善促进中小企业发展的政策条款和措施，建立起规范统一、目标明确而且针对性较强的法律制度和政策体系，使中小企业的发展适应当前的经济环境和市场，顺应时代发展，实现现代化。①

第二，宏观政策上，加大税收调控力度和财政支持力度。

首先，从宏观政策上加大税收调控力度。一方面要根据《中华人民共和国中小企业促进法》，制定有利于中小企业发展的税收政策，积极发挥税收在拉动投资、扩大出口、结构转型、产业升级、促进创业等方面对中小企业的正面促进作用；另一方面可积极借鉴日本在税收政策扶持中小企业的相关经验，通过改革增值税和完善出口退税等制度，清理对中小企业不合理收费的相关规定，切实减轻中小企业负担，建立助推中小企业持续健康发展的长效机制。② 其次，加大政府对中小企业的财政支持力度。参照日本在“国民收入倍增计划”中促进中小企业发展的做法，设立中小企业促进专项基金，鼓励各级政府财政设立支持中小企业发展的政府性基金，支持中小企业专业化发展，促进中小企业与大企业的合作，提高其技术创新和新产品开发的能力。

第三，拓宽金融机构对中小企业的融资渠道，加大金融帮扶力度。

---

① 谢梦远：《我国中小企业发展存在的问题与对策》，载《海峡科学》2014 年第 12 期，第 51 页。

② 郑登莲：《中小企业发展现状及对策研究》，载《经营管理者》2012 年第 8 期。

针对中小企业融资渠道不通畅的问题，为进一步推动面向中小企业金融的顺利进行，应加大对中小企业的金融帮扶力度，稳步改善中小企业融资服务渠道。可参考日本在促进中小企业现代化发展方面的成功经验。一方面继续发挥各商业银行融资主渠道作用，增加中小企业特别是小企业贷款。稳步推进小额贷款公司试点，提高中小企业集合债发行规模。另一方面，推进中小企业信用制度建设，鼓励和规范发展中小企业信用担保服务，建立和完善风险分担和补偿机制，从而加大对中小企业的金融帮扶力度。并且可充实信用补充制度，对于中小企业保险出资，扩充融资基金，也应进一步适应市场需求，加快中小企业板块建设，健全创业投资机制，鼓励创业投资公司的发展。①

第四，增强中小企业的科技创新能力，提高企业的核心竞争力。

推动中小企业技术创新，提高其核心竞争力，是关系到中小企业发展的关键要素。中小企业在获得较宽融资渠道支持的基础上，应把融资资金用于企业自身更新生产设备、提高劳动生产率和技术能力上，根据市场需要适度扩大生产规模，从而提高企业的核心竞争力。并且，依托社会资本进行自主研发、构建中小企业技术创新体系，费用共担、成果共享，是日本中小企业现代化发展的基本政策导向，也是我国促进中小企业现代化的努力方向。我国中小企业在增强科技创新能力的同时，应考虑到合理产业链之间的相关性，进行与上下游企业之间的分工协作，进一步扩大中小企业产业集群的规模，通过扩大工业园区和经济开发区的发展以增强产业集群效应，从而提高中小企业的核心竞争力，进一步推动经济的快速发展。②

第五，加强人才培养和职业训练，优化企业的人力资本结构。

企业的竞争实质是人才的竞争，人才的素质决定着企业的发展。一直以来日本中小企业在现代化的发展过程中，注重培养人才和优化企业的人力资本机构。因此，为推进我国中小企业保持现代化的发展，一方面需要

① 谢梦远：《我国中小企业发展存在的问题与对策》，载《海峡科学》2014年第12期，第52页。

② 魏衬衬：《日本中小企业发展对我国的启示》，载《科技创新与生产力》2016年第3期，第26~27页。

加强对企业员工的培训和职业教育，使员工了解企业，并成为推动企业现代化发展的人才；另一方面也要注意多层次、多方面地引进人才，为中小企业注入活力，这将有利于优化中小企业的人力资本结构。

首先，应提高我国中小企业企业家的经营能力和管理水平。企业家定期参加商会、行业协会等团体组织的培训活动，可了解国内外经济发展形势、经济发展状况和新经济政策，并接受新的经营理念，建立企业长远的发展愿景，从而提高综合素质，为企业的发展指明方向。其次，为确保中小企业发展所需的劳动力，有必要强化职业介绍体系和员工培训制度。针对中小企业员工流动较大的现象，应在中小企业和求职人员之间建立职业介绍体系，搭建宽泛的劳动力供求平台；对企业员工开展多层次的员工培训，增强他们对企业的了解和认同，提高其业务能力和技术水平；并且为给企业留住人才，应试图缩小中小企业与大企业员工在工资、福利待遇上的差距，在企业中给员工充分的上升渠道和发展空间，从而确保为中小企业发展留住人才。①

我国应从以上五个方面展开并实施政策，形成系统的中小企业现代化的发展体系，这将会推动我国经济的稳定增长和持续性发展，也会有利于我国社会的均衡发展及和谐稳定。

① 刘绮霞，王志伟：《经济转型期基于制度要素的收入分配差距与经济增长的相关性研究——以日本“国民收入倍增计划”为鉴》，载《中央财经大学学报》2017年第9期，第110页。

# 后　记

他山之石，可以攻玉。借鉴日本“国民收入倍增计划”的制定框架、决议过程以及实施路径，围绕中国式“收入倍增计划”和跨越“中等收入陷阱”的主要内容，并关注计划中的振兴科学技术和促进中小企业现代化发展的具体举措，能够为解决当前我国收入分配差距过大、实现居民收入翻番的宏伟目标提供有益的启示，也能够为我国经济提供一种促进科技创新、提高企业的技术创新能力的发展方式，从而获取经济持续性发展的动力和源泉，实现“国强民富”。

本书从四个大方面详细解析了日本“国民收入倍增计划”对我国的经验借鉴和启示。首先，借鉴与我国处在相似发展阶段的日本缩小收入分配差距的经验，探讨了实施中国式“收入倍增计划”的路径和策略，以实现我国“居民收入倍增”的宏伟目标；其次，参考日本成功跨越“中等收入陷阱”的经验，基于我国国情提出了确保我国经济和社会健康协调发展、跨越“中等收入陷阱”的相关政策建议；再次，关注并借鉴日本在计划实施过程中贯彻“振兴科学技术”“培养科技人才”的方针，倡导确立并发展“自主科学技术”的课题，从而推动了日本产业的升级，提高了日本出口产品的国际竞争力，为日本成为当今的科技强国打下了基础，其成功经验可以为促进我国科技创新体系的发展提供有效的政策性建议；最后，聚焦日本在计划实施的过程中，微观层面上促进中小企业现代化的具体举措，通过理论分析和实证研究，归纳得出我国中小企业可借鉴的路径选择和经验，如提高企业劳动生产率、企业的技术创新能力以及企业经营绩效等。

另外，通过分析我们也应看到，“国民收入倍增计划”实质上是日本社会整体经济的一次大转型，转型期的日本经济呈现出了一个新的经济发展模式。作为新的发展模式在实施的过程中必然会有疏漏之处，可能会由于执行不到位而产生负面效应。这是因为每一个经济计划都不是万全之策，无论是它的制定者还是执行者，在计划实施中都会有疏漏之处，“国民收入倍增计划”也不例外。该计划在实施过程中也产生了许多问题，如书中所述，由于经济发展速度高于人们预期、政府与市场主体对问题估计不足，该计划的实施导致了工农业生产率差异较大、通货膨胀严重、大都市人口过密等负面效应。同时也引发了一系列的社会问题和社会矛盾，值得反思。第一，日本政府在实施“国民收入倍增计划”后，出现了剧烈的通货膨胀，引起了民众的恐慌并造成了不安，不利于社会稳定；第二，通过“国民收入倍增计划”，十年间日本国内生产总值增长约两倍，但国民实际的工资只增加了一倍，再加上通货膨胀的影响，并没有完全实现居民收入和经济增长的同步；第三，在经济发展的同时日本社会的环境公害问题没有得到治理，由于计划期间日本政府对环境公害问题的严重性认识不够，造成了更加严重的环境污染，四大公害病事件中有三起和重金属污染有关，空气和水污染严重，给国民的健康造成了很大的隐患。① 第四，通过“国民收入倍增计划”的实施，日本社会整体虽达到了富裕的生活水平，但由于以都市市民为中心的生活环境层面上的社会资本的整备发展迟缓，导致社会保障体系建设滞后、社会保障制度发展不充分，主要表现为对于社会弱势群体的关注和照顾处于被轻视的状态。

因此，为实现我国居民收入倍增的宏伟目标，在实施中国式“收入倍增计划”时有必要借鉴日本的成功经验。但同时我们也应该在对日本“国民收入倍增计划”进行全面分析的基础上，结合中国的实际国情，既要借鉴该计划成功的经验获取有益的启示，也要对其产生的负面效应和社会问题进行冷静的批判和反思，总结其经验教训，即负面效应也会产生负面的启示，同样也能为处于经济转型期的中国社会的发展提供可参考的启示，具体如下：

第一，应该以实现居民收入与经济发展同步增长为目标。

日本“国民收入倍增计划”的实施结果并没有完全实现居民收入和经济增长的同步增长，这与计划的“根本目的”不相符，没有真正实现“国民经济与国民生活的均衡发展”。我国在实施中国式“收入倍增计划”时，必

① 智佳佳：《日本实施“国民收入倍增计划”经验教训及其启示》，载《亚太经济》2014 年第 1 期，第 73 页。

须做到以保障民生、提高居民生活水平为根本出发点和落脚点，努力实现居民收入与经济发展同步增长，让全体居民平等地享受经济发展的成果。

第二，应控制通货膨胀，实施多层次分梯度的倍增计划。

在实施了“国民收入倍增计划”后，日本社会出现了较为严重的通货膨胀，影响了居民收入水平实质性的提高，没有实现整体居民收入和经济增长的同步增加和均衡发展。我们实施“居民收入倍增计划”的根本目标应当是全面提高居民生活水平，实现国民经济与国民生活均衡发展。所以，一方面我们必须调节物价，有效控制通货膨胀，切实让老百姓享受到经济增长的红利，并将改善民生落实到实处；另一方面应当实施多层次分梯度的倍增，对低、中、高收入者实施不同层次的倍增策略，尤其是将低收入群体作为收入倍增的首要对象，使他们的收入得到明显提高；其次是中等收入者，使他们的收入有所提高，并扩大中产阶层的比例；最后才是高收入者，他们在倍增份额中的占比应相对较小。这样才能提高我国全民的收入水平和生活水平。①

第三，加强环境公害治理，注重经济发展与环境保护并举。

日本政府在“国民收入倍增计划”的实施过程中，始终把经济增长放在首位，在经济高速发展的同时带来了大量的环境公害，但在整治公害和环境保护问题上政府长期处于被动局面，对国民的健康产生了很多大的危害。在经济高速增长期的日本，国民的环境保护意识单薄，对公害问题严重性的认识是在付出惨重代价以后才逐步提高的，日本走的是一条先污染、后防治的道路。中国政府应该防微杜渐，在发展经济的同时应加强环境公害管理，通过制定、颁布综合性的公害法、环境保护法，实施有预见性的环境保护政策，认真执法并进行有效的公害监测。同时我国应增加防止公害费用的支出，在经济结构转型中大力发展省能源、污染小的知识密集型产业，② 注重经济发展与环境保护的并举。

第四，提高社会福利和充实社会保障，贯彻经济增长和社会保障平衡

① 周长城，何芸：《日本“国民收入倍增计划”对中国收入分配改革的启示》，载《学习月刊》2011 年第 3 期，第 34 页。

② 卫云棠：《谈谈日本的公害及其防治》，载《西北政法学院学报》1983 年第 1 期，第 68 页。

发展的原则。

在“国民收入倍增计划”实施的过程中，日本社会的保障制度得到了一定程度的发展，建立了全民医疗保险制度，设置了失业保险，并将防止贫困作为社会保障制度改革的中心课题。但在该计划的后期，由于预算分配不足和政府支持力度不大，导致社会保障体系建设滞后、社会保障制度发展不充分，主要表现为对于社会弱势群体的关注和照顾处于被轻视的状态，使日本没有发展为“高福利”的国家。应该说“国民收入倍增计划”是一个长期、庞大、复杂的系统规划，因此在实施中国式“收入倍增计划”时，我国在强调发展经济、提高居民收入的同时，还应该始终贯彻经济增长和社会保障平衡发展的原则，通过逐年提高对医疗保险、社会保险等的拨款力度，加大社会福利支持并进一步向社会弱势群体倾斜。只有不断充实并健全社会保障制度，才能使社会主义的优越性得到充分体现，实现真正的“国强民富”。

所以，对中国而言，为实现居民收入的倍增、跨越“中等收入陷阱”、进入创新型国家行列、实现“国强民富”的宏伟目标，在实施“居民收入倍增计划”的整个过程中，应该吸收并总结日本当年的经验教训，从而避免日本在实施“国民收入倍增计划”过程中所产生的负面效应。这才是行之有效的且具有全面借鉴意义的规范研究。

# 参考文献

## 一、专著

### (一)日文


［1］农林大臣官房企画室，所得倍増計画参考資料，1960.

［2］大来左武郎，所得倍増計画の解説，日本経済新聞社，1960.

［3］経済企画庁，国民所得倍増計画，大蔵省印刷局，1963.

［4］エコノミスト編集部，証言・高度成長期の日本（上），毎日新聞社，1984.

［5］通商産業省・通商産業政策史編纂委員会，通商産業政策史第10巻（第Ⅲ期高度成長期（3），通商産業調査会，1990.

［6］林健久，伊藤正直，国民所得倍増計画資料，総合研究開発機構（NIRA）1999—2002年，戦後経済政策資料研究会.

［7］エコノミスト編集部，高度成長期への証言，日本経済評論社，1999.

［8］星野進保，政治としての経済計画，日本経済評論社，2003.

［9］宮崎勇，証言・戦後日本経済，岩波書店，2005.

［10］上久保敏，下村治「日本経済学」の実践者，日本経済評論社，2008.

［11］藤井信幸，池田勇人—所得倍増計画でいくんだ.株式会社ミネルヴァ書房，2012.

［12］原朗，高度成長展開期の日本経済，株式会社日本経済評論社，2012.

［13］伊藤正直，国民所得倍増計画と財政・金融政策・日本経済評

論社，2012年.

［14］武田晴人，国民所得倍増計画を読み解く，株式会社日本経済評論社，2014.

**（二）中文**

［1］孙执中：《荣衰论——战后日本经济史（1945—2004）》，人民出版社，2006.

［2］余斌，陈昌盛：《国民收入分配困境与出路》，中国发展出版社，2011.

［3］马岩：《中等收入陷阱的挑战及对策——中国经济增长的国际视角》，中国经济出版社，2011.

［4］中国发展研究基金会：《转折期的中国收入分配：中国收入分配相关政策的影响评估》，中国发展出版社，2012.

［5］薛进军：《不平等的增长：收入分配的国际比较》，社会科学文献出版社，2013.

［6］李实，佐藤宏，等：《中国收入差距变动分析：中国居民收入分配研究Ⅳ》，人民出版社，2013.

［7］宋晓梧，王天夫，等：《不平等挑战中国：收入分配的思考与讨论》，社会科学文献出版社，2013.

［8］胡晶晶：《改革开放以来中国城乡居民收入差距研究》，人民出版社，2013.

［9］李实，罗楚亮：《中国收入差距的实证分析》，社会科学文献出版社，2014.

［10］日本科技创新态势分析报告课题组：《日本科技创新态势分析报告》，科学出版社，2014.

［11］刘绮霞：《日本"国民收入倍增计划"的研究与借鉴》，2015.

［12］苏京春：《中等收入陷阱的历史考验与制度供给创新》，中国金融出版社，2016.

［13］崔岩：《日本平成时期经济增长与周期波动研究》，社会科学文献出版社，2016.

［14］［日］吉村慎吾：《日本的创新——日本企业如何迎接第四次工业

革命》，张培鑫，译，人民邮电出版社，2018.

## 二、论文

### (一) 日文

［1］島恭彦，所得倍増計画と公共投資，経済論叢第 86 巻第 5 号，京都大学経済学会，1960.

［2］山田雄三，所得倍増の意味するもの，一橋論叢第 44 巻第 5 号，一橋大学機関リポジトリ，1960.

［3］蔵園進，所得倍増計画と中小企業，公正取引，公正取引協会，1961.

［4］大来左武郎，市場経済における計画—国民所得倍増計画の背景，経済研究，1961.

［5］稲葉秀三，経済成長の理想と現実—所得倍増計画（昭和 36 年）—特集・戦後史の証言—秘められた事件の内幕，潮 / 潮出版社編，1965.

［6］竹島富三郎，所得倍増計画と物価問題，大阪商業大学論集，第 18 号，大阪商業大学商経学会，1962.

［7］青山秀夫，国民所得倍増計画における計画表とその再評価の問題，経済論叢第 92 巻第 4 号，京都大学経済学会，1963.

［8］吉田忠，日本の経済計画と国民所得勘定（1），経済論叢第 115 巻第 4・5 号，京都大学経済学会，1965.

［9］都村敦子，経済計画の変遷と社会保障，季刊社会保障研究第 3 巻 2 号，1967.

［10］遠山仁人，所得倍増計画の目標と実績，経済セミナー（173），日本評論社，1970.

［11］浅岡隆裕，『所得倍増』をめぐる雑誌メディア言説についての実証研究，応用社会科学研究第 45 号，2003.

［12］河崎亜洲夫：中小企業問題性論・活力論・二面性論：日本中小企業の本質論的・理論的研究の推移，四日市大学論集 16（1），2003.

［13］柯隆，「農民所得倍増」計画で中国の農村は救われるか，週

刊東洋経済，2008.

［14］柯隆，中国版「所得倍増計画」の意図と実現の可能性.中国焦点，54-56ページ，2010.

［15］黑瀬直宏,戦後復興期の中小企業問題,嘉悦大学研究論集 53（2），2011.

［16］谷口洋志，実現不可能な所得倍増計画—習中国新政権が突きつけられた危険な目標—,改革者，2013.

［17］水木楊，「日本経済は白鳥となる」と信じた所得倍増計画の設計者,文藝春秋 Special7（4），2013.

［18］山田宏，中小企業政策は何を目的とするのか~中小企業政策とその思想の変遷~，経済のプリズムNo109，2013.

［19］川上伸昭，イノベーションをめぐる政策の動向（特集技術経営・イノベーションシンポジウム講演録），技術と経済，2014.

［20］岡村麻子，「科学技術イノベーション政策の科学」の構築に向けて，研究技術計画，2013.

［21］久保康弘，日本の科学技術イノベーション政策について，表面科学特集「安全な社会と表面科学」，2016.

［22］光弘町，中小企業政策と中小企業内格差について，産開研論集第 28 号，2016.

## (二)英文

[1] Kuznets, Simon, Economic Growth and Income Inequality, The American Economic Review, 1955, 45(1).

[2] Sherman Robinson, A Note on the U Hypothesis Relating Income Inequality and Economic Development, American Economic Association, 1976, 66(3).

[3] Fishlow A, Inequality, Poverty, and Growth: Where do We Stand? Bru no, B. Pleskovieds., Annual World Bank Conference on Development Economics, Washington D. C.: The World Bank, 1995.

[4] Jih Y. Chang, Rati Ram, Level of Development, Rate of Economic Growth, and Income Inequality, Economic Development and Cultural Change,

2000, 48(4).

[5] Bruce E. Hansen, Threshold Effects in Non-Dynamic panels: Estimation, Testing and Inference, Journal of Econometrics, 1999(93).

[6] Bruce E. Hansen, Sample Splitting and Threshold Estimation, Econometrica, 2000(68).

[7] Forbes, K. J. A Reassessment of the Relationship Between Inequality and Growth, American Economic Review, 2000, 90(4).

[8] Chu A C, Cozzi G. Growth Accounting and Endogenous Technical Change. Economics Letters, 2016.

[9] Kwon S, Motohashi K. How Institutional Arrangements in the National Innovation System affect industrial competitiveness: A Study of Japan and the U. S. with Multiagentsimulation, Techlogical Forecasting & Social Change, 2016.

### (三)中文

[1][日]富元国光:《日本的经济计划》,《管理评论》, 1996(3).

[2]冯昭奎:《日本经济计划的特点》,《中国机制改革》, 1992(9).

[3]陈斌开, 张鹏飞, 杨汝岱:《政府教育投入、人力资本投资与中国正向收入差距》,《管理世界》, 2010(1).

[4]祝伟, 汪晓文:《中国省际间农村居民收入结构和收入差距分析》,《中国人口·资源与环境》, 2010(4).

[5]程黎, 杨灿明:《试论教育与收入差距的关系——兼谈美国社会的收入差距》,《国家教育行政学院学报》, 2010(6).

[6]邓聿文:《中国应从日本国民收入倍增计划中学什么》,《上海证券报》, 2010-06-28.

[7]金柏松, 足奚:《日本国民收入倍增计划和启示》,《观察和思考》, 2010(7).

[8]赖琼琚:《日本国民收入倍增计划对我国分配改革的启示》,《韶关学院学报》(社会科学版), 2010(10).

[9]张春伟, 蔡翼飞, 董倩倩:《日本“国民收入倍增计划”及其对中国的启示》,《经济学动态》, 2010(10).

[10]张凤林：《日本实施国民收入倍增计划的背景、措施及启示》，《学术交流》，2011(2).

[11]周长城，何芸：《日本“国民收入倍增计划”对中国收入分配改革的启示》，《特别关注》，2011(3).

[12]刘宗平：《破解当前我国收入分配改革困境的若干设想——以日本“国民收入倍增计划”为借鉴》，《福建行政学院学报》，2011(4).

[13]吕品，彭勇：《金融发展水平对收入差距影响分析》，《商业研究》，2011(8).

[14]蔡昉：《“中等收入陷阱”的理论、经验与针对性》，《经济学动态》，2011(12).

[15]陈飞翔，林善波：《规模经济、动态比较优势与产业升级》，《上海管理科学》，2013(8).

[16]曹永栋：《中国区域收入差距拉大的原因分析——基于制度变迁理论角度的解释和协调检验》，《经济问题探索》，2013(4).

[17]陈迎春：《“中等收入陷阱”及其对中国的警示意义》，《电子科学大学学报》(社会科学版)，2012(4).

[18]顾建平，朱岩：《日本国民收入倍增计划对我国分配改革的启示》，《经济研究导刊》，2012(8).

[19]乔晓楠：《跨越“中等收入陷阱”：经验与对策——基于马克思主义经济学的视角》，《政治经济学评论》，2012(3).

[20]孙敬水，黄秋虹：《日本实施“国民收入倍增计划”的经验教训及其对中国的启示》，《经济问题》，2013(1).

[21]张晓波：《日本国民收入倍增计划：回顾与政策工具指南》，《经济师》，2013(5).

[22]张淮，罗峰：《论十八大国民收入倍增计划的难度与实现路径——以日本“国民收入倍增计划”为鉴》，《北华大学学报》(社会科学版)，2013(6).

[23]张德荣：《“中等收入陷阱”发生机制与中国经济增长的阶段性动力》，《经济研究》，2013(9).

[24]段平方，宋明佳：《日本国民收入倍增计划的经验及对中国的启示》，《改革与战略》，2013(11).

[25]杨姝琴：《中国实现居民收入目标的路径选择——以日本“国民收入倍增计划”为借鉴》，《社科纵横》(新理论版)，2013(12).

[26]智佳佳：《国民收入倍增计划的经验教训及其启示》，《亚太经济》，2014(1).

[27]马海涛：《避免陷入“中等收入陷阱”的财税政策》，《中央财经大学学报》，2014(1).

[28]全毅，孙鹏，刘婉婷：《日本实施国民收入倍增计划的背景、经验及启示》，《世界经济与政治论坛》，2014(5).

[29]郑之杰：《跨越“中等收入陷阱”的国际经验教训》，《红旗文稿》，2014(19).

[30]王小鲁，樊纲：《中国收入差距的走势和影响因素分析》，《经济研究》，2005(10).

[31]王少平，欧阳志刚：《我国城乡收入差距的度量及其对经济增长的效应》，《经济研究》，2007(10).

[32]张东辉，孙华臣：《城乡收入差距对经济增长的影响分析——基于门限回归的视角》，《社会科学辑刊》，2012(5).

[33]曹永栋：《中国区域收入差距拉大的原因分析——基于制度变迁理论角度的解释和协调检验》，《经济问题探究》，2013(4).

[34]王一鸣：《“中等收入陷阱”的国际比较和原因分析》，《现代人才》，2011(2).

[35]巴曙松，刘宝森：《中国应对“中等收入陷阱”的财税政策及其路径选择》，http://www.360doc.com，2015-10-26.

[36]巴曙松：《当中国遭遇“中等收入国家陷阱”》，《大众证券》，2015-10-30.

[37]方竹君：《跨越“中等收入陷阱”的国际比较及经验借鉴》，中南财经政法大学硕士毕业论文，2017(硕士指导老师：刘绮霞).

[38]蔡昉：《中国经济如何跨越低中等收入陷阱》，《中国社会科学院研究生院学报》，2008(1).

[39]马可：《日本科技政策的历史沿革》，《科技信息》，2010(27).

[40]李盼盼：《日本中小企业现代化发展及经验借鉴研究》，硕士毕业论文，2017.

[41]郑登莲:《中小企业发展现状及对策研究》,《经营管理者》,2012(8).

[42]罗捷:《中小企业人力资源管理问题与对策研究》,《广西大学学报》(哲学社会科学),2007(12).

[43]石英:《日本中小企业现代化政策的研究》,《现代日本经济》,2000(3).

[44]张西虎:《日本经济立法对中小企业现代化的作用》,《陕西师范大学学报》(哲学社会科学版),2005(1).

[45]段平方,宋明佳:《日本国民收入倍增计划的经验及对中国的启示》,《改革与战略》,2013(11).

[46]信卫平:《关于对利益受损职工补偿问题的思考》,《中国劳动关系学院学报》,2012(1).

[47]付瑶:《当前中国收入分配改革的复杂性研究》,云南师范大学硕士论文,2013.

[48]谢梦远:《我国中小企业发展存在的问题与对策》,福建师范大学经济学院,2014(12).

[49]刘绮霞,刘绮莉:《日本"国民收入倍增计划"的策略和路径研究》,《财政研究》,2015(3).

[50]冯昭奎:《战后70年日本科技发展的轨迹与特点》,《日本学刊》,2015(5).

[51]刘绮霞,王志伟:《我国实施"居民收入倍增计划"的路径与经验借鉴研究》,《中央财经大学学报》,2015(11).

[52]魏衬衬:《日本中小企业发展对我国的启示》,《科技创新与生产力》,2016(3).

[53]刘绮霞,赵晋平:《日本"国民收入倍增计划"出台的历史背景及其决策要素》,《日本学刊》,2016(3).

[54]智瑞芝,袁瑞娟,肖秀丽:《日本技术创新的发展动态及政策分析》,《现代日本经济》,2016(5).

[55]王慧,李欣章:《我国城乡居民收入影响因素分析研究》,《山东社会科学》,2016(8).

[56]刘绮霞,王志伟:《经济转型期基于制度要素的收入分配差距与

经济增长的相关性研究——以日本"国民收入倍增计划"为鉴》,《中央财经大学学报》,2017(9).

[57]康成文:《中日国民收入倍增计划及其意义的差异分析》,《哈尔滨商业大学学报》(社会科学版),2018(1).

[58]李华,马进:《新常态下我国跨越中等收入陷阱的挑战及对策》,《技术经济与管理研究》,2018(8).